Robert von Ranke-Graves

DIE GÖTTER GRIECHENLANDS

Die klassischen Mythen und Sagen

Rowohlt

Autorisierte deutsche Übersetzung von Hugo Seinfeld unter
Mitwirkung von Boris von Borresholm. John Buchanan-Brown hat den Text
für diese Ausgabe eingerichtet. «Greek Myths» ist vollständig
veröffentlicht unter dem Titel «Griechische Mythologie.
Quellen und Deutung», Bd. 1 und 2, als Nr. 113 und 115 in der
Reihe rowohlts deutsche enzyklopädie.
Schutzumschlag- und Einbandgestaltung von Werner Rebhuhn
(Foto: Haupt der Bronzestatue Poseidons. Um 460 v. Chr. Athen,
Nationalmuseum – Konrad Helbig / ZEFA)
Bildquellenverzeichnis für die Abbildungen
im Innenteil auf Seite 216

Frontispiz: *Statue des Zeus (Vatikan)*

1. Auflage August 1981

Gesetzt aus der 10 pt Baskerville Monotype Lasercomp
durch LibroSatz, Kriftel
Druck und Einband durch Fakenham Press Ltd.,
Fakenham, Norfolk, Großbritannien
ISBN 3 498 05692 1

INHALT

Friedrich Schiller

DIE GÖTTER GRIECHENLANDES

Da ihr noch die schöne Welt regiertet,
an der Freude leichtem Gängelband
glücklichere Menschenalter führtet,
schöne Wesen aus dem Fabelland!
Ach! da euer Wonnedienst noch glänzte,
wie ganz anders, anders war es da!
Da man deine Tempel noch bekränzte,
Venus Amathusia!

Da der Dichtkunst malerische Hülle
sich noch lieblich um die Wahrheit wand! –
Durch die Schöpfung floß da Lebensfülle,
und, was nie empfinden wird, empfand.
An der Liebe Busen sie zu drücken,
gab man höhern Adel der Natur.
Alles wies den eingeweihten Blicken
alles eines Gottes Spur.

Wo jetzt nur, wie unsre Weisen sagen,
seelenlos ein Feuerball sich dreht,
lenkte damals seinen goldnen Wagen
Helios in stiller Majestät.
Diese Höhen füllten Oreaden,
eine Dryas starb mit jenem Baum,
aus den Urnen lieblicher Najaden
sprang der Ströme Silberschaum.

Jener Lorbeer wand sich einst um Hilfe
Tantals Tochter schweigt in diesem Stein,
Syrinx Klage tönt' aus jenem Schilfe,
Philomelens Schmerz in diesem Hain.
Jener Bach empfing Demeters Zähre,
die sie um Persephonen geweint,
und von diesem Hügel rief Cythere
ach vergebens! ihrem schönen Freund.

Zu Deukalions Geschlechte stiegen
damals noch die Himmlischen herab,
Pyrrha's schöne Töchter zu besiegen,
nahm Hyperion den Hirtenstab.
Zwischen Menschen, Göttern und Heroen
knüpfte Amor einen schönen Bund.
Sterbliche mit Göttern und Heroen
huldigten in Amathunt.

Betend an der Grazien Altären
kniete da die holde Priesterin,
sandte stille Wünsche an Cytheren
und Gelübde an die Charitin.
Hoher Stolz, auch droben zu gebieten,
lehrte sie den göttergleichen Rang,
und des Reizes heilgen Gürtel hüten,
der den *Donn'rer* selbst bezwang.

Himmlisch und unsterblich war das Feuer,
das in Pindars stolzen Hymnen floß,
niederströmte in Arions Leier,
in den Stein des Phidias sich goß.
Bessre Wesen, edlere Gestalten
kündigten die hohe Abkunft an.
Götter, die vom Himmel niederwallten,
sahen *hier* ihn wieder aufgetan.

Werther war von eines Gottes Güte
teurer jede Gabe der Natur.
Unter Iris schönem Bogen blühte
reizender die perlenvolle Flur.
Prangender erschien die Morgenröte
in Himerens rosigtem Gewand,
schmelzender erklang die Flöte
in des Hirtengottes Hand.

Liebenswerter malte sich die Jugend,
blühender in Ganymeda's Bild,
heldenkühner göttlicher die Tugend
mit Tritoniens Medusenschild.
Sanfter war, da Hymen es noch knüpfte,
heiliger der Herzen ew'ges Band.
Selbst des Lebens zarter Faden schlüpfte
weicher durch der Parzen Hand.

Das Evoe muntrer Thyrsusschwinger,
und der Panther prächtiges Gespann,
meldeten den großen Freudebringer.
Faun und Satyr taumeln ihm voran,
um ihn springen rasende Mänaden,
ihre Tänze loben seinen Wein,
und die Wangen des Bewirters laden
lustig zu dem Becher ein.

Höher war der Gabe Wert gestiegen,
die der Geber freundlich *mit* genoß,
näher war der Schöpfer dem Vergnügen,
das im Busen des Geschöpfes floß.
Nennt der Meinige sich dem Verstande?
Birgt ihn etwa der Gewölke Zelt?
Mühsam späh' ich im Ideenlande,
fruchtlos in der Sinnenwelt.

Eure Tempel lachten gleich Palästen,
euch verherrlichte das Heldenspiel
an des Isthmus kronenreichen Festen,
und die Wagen donnerten zum Ziel.
Schön geschlungne seelenvolle Tänze
kreisten um den prangenden Altar,
eure Schläfe schmückten Siegeskränze,
Kronen euer duftend Haar.

Seiner Güter schenkte man das Beste,
seiner Lämmer liebstes gab der Hirt,
und der Freudetaumel seiner Gäste
lohnte dem erhabnen Wirt.
Wohin tret ich? Diese traurge Stille
kündigt sie mir meinen Schöpfer an?
Finster, wie er selbst, ist seine Hülle,
mein Entsagen – was ihn feiern kann.

Damals trat kein gräßliches Gerippe
vor das Bett des Sterbenden. Ein Kuß
nahm das letzte Leben von der Lippe,
still und traurig senkt' ein Genius
seine Fackel. Schöne lichte Bilder
scherzten auch um die Notwendigkeit,
und das ernste Schicksal blickte milder
durch den Schleier sanfter Menschlichkeit.

Nach der Geister schrecklichen Gesetzen
richtete kein heiliger Barbar,
dessen Augen Tränen nie benetzen,
zarte Wesen, die ein Weib gebar.
Selbst des Orkus strenge Richterwaage
hielt der Enkel einer Sterblichen,
und der Thrakers seelenvolle Klage
rührte die Erinnyen.

Seine Freuden traf der frohe Schatten
in Elysiens Hainen wieder an;
Treue Liebe fand den treuen Gatten
und der Wagenlenker seine Bahn;
Orpheus Spiel tönt die gewohnten Lieder,
in Alcestens Arme sinkt Admet,
seinen Freund erkennt Orestes wieder,
seine Waffen Philoktet.

Aber ohne Wiederkehr verloren
bleibt, was *ich* auf dieser Welt verließ,
jede Wonne hab ich abgeschworen,
alle Bande die ich selig pries.
Fremde, nie verstandene Entzücken
schaudern mich aus jenen Welten an,
und für Freuden, die mich jetzt beglücken,
tausch' ich neue, die ich missen kann.

Höh're Preise stärkten da den Ringer
auf der Tugend arbeitvoller Bahn:
Großer Taten herrliche Vollbringer
klimmten zu den Seligen hinan;
Vor dem Wiederforderer der Toten
neigte sich der Götter stille Schar.
Durch die Fluten leuchtet dem Piloten
vom Olymp das Zwillingspaar.

Schöne Welt, wo bist du? – Kehre wieder,
holdes Blütenalter der Natur!
Ach! nur in dem Feenland der Lieder
lebt noch deine goldne Spur.
Ausgestorben trauert das Gefilde,
keine Gottheit zeigt sich meinem Blick,
Ach! von jenem lebenwarmen Bilde
blieb nur das Gerippe mir zurück.

Alle jene Blüten sind gefallen
von des Nordes winterlichem Wehn.
Einen zu bereichern, unter allen,
mußte diese Götterwelt vergehn.
Traurig such ich an dem Sternenbogen,
dich, Selene, find ich dort nicht mehr;
Durch die Wälder ruf ich, durch die Wogen,
ach! sie widerhallen leer!

Unbewußt der Freuden, die sie schenket,
nie entzückt von ihrer Trefflichkeit,
nie gewahr des Armes, der sie lenket,
reicher nie durch meine Dankbarkeit,
fühllos selbst für ihres Künstlers Ehre,
gleich dem toten Schlag der Pendeluhr,
dient sie knechtisch dem Gesetz der Schwere
die entgötterte Natur!

Morgen wieder neu sich zu entbinden,
wühlt sie heute sich ihr eignes Grab,
und an ewig gleicher Spindel winden
sich von selbst die Monde auf und ab.
Müßig kehrten zu dem Dichterlande
heim die Götter, unnütz einer Welt
die, entwachsen ihrem Gängelbande,
sich durch eignes Schweben hält.

Freundlos, ohne Bruder, ohne Gleichen,
keiner Göttin, keiner Ird'schen Sohn,
Herrscht ein Andrer in des Äthers Reichen
auf Saturnus umgestürztem Thron.
Selig, eh sich Wesen um ihn freuten,
selig im entvölkerten Gefild,
sieht er in dem langen Strom der Zeiten
ewig nur – sein eignes Bild.

Bürger des Olymps konnt' ich erreichen,
jenem Gotte, den sein Marmor preist,
konnte einst der hohe Bildner gleichen;
Was ist neben *Dir* der höchste Geist
derer, welche Sterbliche gebaren?
Nur der Würmer Erster, Edelster.
Da die Götter menschlicher noch waren,
waren Menschen göttlicher.

Dessen Strahlen mich darnieder schlagen,
Werk und Schöpfer des Verstandes! dir
nach zu ringen, gib mir Flügel, Waagen
dich zu wägen – oder nimm von mir
nimm die ernste strenge Göttin wieder,
die den Spiegel blendend vor mir hält;
Ihre sanft're Schwester sende nieder,
spare jene für die andre Welt.

1

AM ANFANG

Der pelasgische Schöpfungsmythos

Am Anfang war Eurynome, die Göttin aller Dinge. Nackt erhob sie sich aus dem Chaos. Aber sie fand nichts Festes, darauf sie ihre Füße setzen konnte. Sie trennte daher das Meer vom Himmel und tanzte einsam auf seinen Wellen. Sie tanzte gen Süden; und der Wind, der sich hinter ihr erhob, schien etwas Neues und Eigenes zu sein, mit dem das Werk der Schöpfung beginnen konnte. Sie wandte sich um und erfaßte diesen Nordwind und rieb ihn zwischen ihren Händen. Und, siehe da! es war Ophion, die große Schlange. Eurynome tanzte, um sich zu erwärmen, wild und immer wilder, bis Ophion, lüstern geworden, sich um ihre göttlichen Glieder schlang und sich mit ihr paarte. So ward Eurynome schwanger.

Dann nahm Eurynome die Gestalt einer Taube an, ließ sich auf den Wellen nieder und legte zu ihrer Zeit das Weltei. Auf ihr Geheiß wand sich Ophion siebenmal um dieses Ei, bis es ausgebrütet war und aufsprang. Aus ihm fielen all die Dinge, die da sind: Sonne, Mond, Planeten, Sterne, die Erde mit ihren Bergen und Flüssen, ihren Bäumen, Kräutern und lebenden Wesen.

Die nächste Tat der Göttin war die Erschaffung der sieben Planeten. Über jeden setzte sie eine Titanin und einen Titanen. Aber der erste Mensch war Pelasgos, Ahnherr der Pelasger, er entsprang dem Boden Arkadiens, gefolgt von anderen, die er lehrte, Hütten zu bauen und Eicheln zu essen. Die Kleidung nähten sie aus Schweinshäuten, wie sie noch heute arme Leute in Euboia und Phokis tragen.

Der homerische und der orphische Schöpfungsmythos

Es heißt, alle Götter und alle Lebewesen hätten ihren Ursprung im Strome des Okeanos, der die Welt umgürtet, und Tethys sei die Mutter aller seiner Kinder.

Aber die Orphiker sagen, daß die schwarzgeflügelte Nacht, eine Göttin, vor der selbst Zeus in Ehrfurcht stand, vom Wind umworben wurde, und daß sie ein silbernes Ei im Schoße der Dunkelheit legte; und daß Eros, den manche Phanes nennen, diesem Ei entschlüpfte und das All in Bewegung setzte. Eros war zweigeschlechtlich und goldgeflügelt. Manchmal brüllte er mit seinen vier Häuptern wie ein Stier oder ein Löwe, manchmal aber zischte er wie eine Schlange oder blökte wie ein Widder. Seine Mutter, die Dunkelheit, lebte mit ihm in einer Höhle. Sie selbst zeigte sich in der Trinität von Nacht, Ordnung und Gerechtigkeit. Vor der Höhle saß die unentrinnbare Mutter Rhea, eine bronzene Trommel rührend, und lenkte des Menschen Aufmerksamkeit auf das Orakel der Göttin. Eros schuf die Erde, den Himmel, die Sonne und den Mond; aber die Dreifaltige Göttin regierte das All, bis ihr Zepter an Uranos überging.

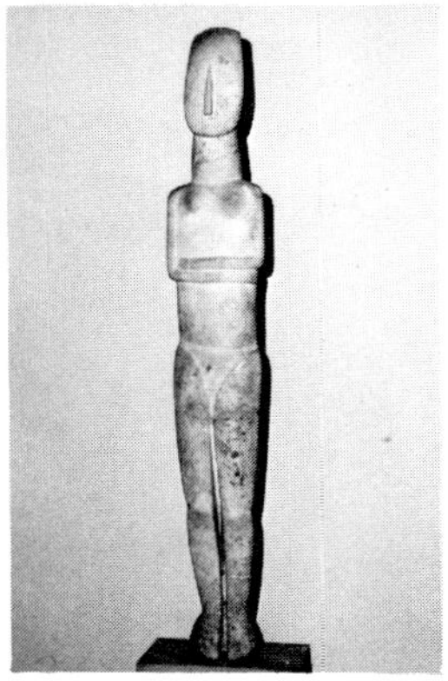

Marmorstandbild der kykladischen Muttergottheit (Archäologisches Nationalmuseum, Athen)

Der olympische Schöpfungsmythos

Am Anfang aller Dinge tauchte Mutter Erde aus dem Chaos und gebar im Schlafe ihren Sohn Uranos. Er blickte von den Bergen liebevoll auf sie herab und sprühte fruchtbaren Regen über die geheimen Öffnungen ihres Leibes. Da gebar sie das Gras, die Blumen und die Bäume und auch die Tiere und Vögel, die dazu gehörten. Der gleiche Regen brachte die Flüsse zum Fließen und füllte die Tiefen, so daß Seen und Meere entstanden.

Ihre ersten Kinder, die hundertarmigen Riesen Briareos, Gyges und Kottos, waren von halbmenschlicher Gestalt. Nach ihnen kamen die drei wilden, einäugigen Kyklopen Brontes, Steropes und Arges, Meisterschmiede und Erbauer gigantischer Mauern. Odysseus traf ihre Söhne auf Sizilien. Sie selbst aber wurden von Apollon aus Rache für den Tod Asklepios' getötet und ihre Geister in die Höhlen des Vulkans Ätna verbannt.

Die fünf Zeitalter der Menschheit

Manche sagen, daß die Erde als die besten ihrer Früchte spontan die Menschen gebar.

Diese Menschen waren die sogenannte Goldene Rasse, Untertanen des Kronos. Sie lebten ohne Sorge und Arbeit; sie aßen nur Eicheln, wilde Früchte und Honig, der von den Bäumen tropfte, und tranken die Milch der Schafe und Ziegen. Sie alterten nie und tanzten und lachten viel; für sie war der Tod ebensowenig ein Schrecken wie der Schlaf. Sie alle sind nicht mehr. Aber ihre Seelen überlebten sie als Geister glücklicher, ländlicher Zufluchtsorte, als Spender von Glück und als Hüter der Gerechtigkeit.

Als nächstes kam eine Silberne Rasse, die sich von Brot ernährte. Auch sie war eine Schöpfung der Götter. Die Männer waren ihren Müttern gänzlich untertan und wagten es nicht, ihnen den Gehorsam zu verweigern, selbst wenn sie hundert Jahre alt waren. Sie waren streitsüchtig und unwissend und opferten niemals den Göttern, doch bekämpften sie einander nicht. Zeus vernichtete sie alle.

Danach kam eine Bronzene Rasse, die wie Früchte von der Esche fielen. Sie trugen Bronzewaffen, aßen sowohl Fleisch als auch Brot und fanden Freude am Krieg: Sie waren dreist und mitleidslos. Der Schwarze Tod raffte sie alle hinweg.

Die vierte Menschenrasse war ebenfalls bronzen, aber edler und großzügiger, da sie von den Göttern mit sterblichen Müttern gezeugt worden waren. Sie kämpften glorreich bei der Belagerung von Theben, auf der Argonautenfahrt und im Trojanischen Krieg. Sie sind Heroen und bewohnen die Elysischen Gefilde.

Die fünfte Rasse ist die Eisenrasse unserer Tage, wertlose Abkömmlinge der vierten Rasse. Sie ist entartet, grausam, ungerecht, böswillig, unzüchtig, ohne Achtung vor den Eltern und verräterisch.

Die Entmannung des Uranos

Uranos zeugte mit Mutter Erde die Titanen, nachdem er seine aufständischen Söhne, die Kyklopen, in den Tartaros geworfen hatte. Dies ist ein finsterer Ort in der Unterwelt, der so weit von der Erde liegt wie die Erde vom Himmel; ein fallender Amboß würde neun Tage brauchen, um seinen Grund zu erreichen. Auf Rache sinnend, verleitete Mutter Erde die Titanen, den Vater anzugreifen. Geführt von Kronos, dem jüngsten der sieben, den die Mutter mit einer Sichel aus Feuerstein bewaffnet hatte, überraschten sie Uranos im Schlafe. Und mit der steinernen Sichel entmannte der erbarmungslose Kronos den Uranos. Er faßte des Vaters Genitalien mit der linken Hand (die seit jener Zeit immer als Hand des bösen Omens gilt) und warf sie, zusammen mit der Sichel, in das Meer bei Kap Depranon. Doch die Blutstropfen, die aus der Wunde flossen, fielen auf Mutter Erde, und sie gebar die drei Erinyen – Alekto, Tisiphone und Megaira –, Furien, die Vatermord und Meineid rächen.

Die Titanen befreiten dann die Kyklopen aus dem Tartaros und sprachen die Oberherrschaft über die Erde dem Kronos zu.

Kaum fand sich aber Kronos im Besitze der Macht, verbannte er die Kyklopen, zusammen mit den Hundertarmigen, wieder in den Tartaros und regierte, nachdem er seine Schwester Rhea zur Frau genommen hatte, in Elis.

Die Entthronung des Kronos

Kronos heiratete seine Schwester Rhea, der die Eiche geweiht ist. Doch wurde ihm von Mutter Erde und von seinem sterbenden Vater Uranos vorausgesagt, daß einer seiner eigenen Söhne ihn entthronen würde. Daher verschlang er alljährlich die Kinder, die ihm Rhea gebar: als erstes Hestia, dann Demeter und Hera, dann Hades und schließlich Poseidon.

Rhea war voll Zornes. Sie gebar Zeus, ihren dritten Sohn, in finsterer Nacht auf dem Berge Lykaion in Arkadien, wo kein Wesen Schatten wirft. Sie badete ihn im Flusse Neda und gab ihn dann der Mutter Erde. Diese trug ihn nach Lyktos auf Kreta und verbarg ihn in der Diktischen Höhle auf dem Aigaiischen Hügel, wo er von der Ziegennymphe Amaltheia und von den Eschennymphen Adrasteia und Io, den Töchtern des Melisseus, gepflegt wurde. Seine Nahrung war Honig, und er trank Amaltheias Milch zusammen mit Pan, seinem Ziehbruder.

Die goldene Wiege des Kindes Zeus hing hoch in einem Baume, daß ihn Kronos nicht finden sollte, weder im Himmel noch auf Erden, noch im Meere. Um die Wiege standen die bewaffneten Kureten, die Söhne Rheas. Sie schlugen mit ihren Speeren gegen ihre Schilde und schrien mit lauter Stimme, den Lärm seines Weinens verdeckend, daß Kronos ihn nicht von weitem hören sollte. Denn Rhea hatte einen Stein in Windeln gewickelt und ihn Kronos auf dem Berge Thaumasion in Arkadien gegeben. Er verschluckte den Stein und dachte, er verschlucke das Kind Zeus.

13 Die Entthronung des Kronos

Kureten lärmen mit ihren Waffen, um das Weinen des Zeusknaben zu übertönen, Terrakottarelief (Britisches Museum, London)

Zeus wuchs bei den Hirten des Ida-Gebirges zum Manne heran. Auch hier verbarg er sich in einer Höhle. Dann suchte er Metis auf, die Titanin, die am Okeanstrome lebte. Auf ihren Rat ging er zu seiner Mutter Rhea und bat sie, ihn zum Mundschenk des Kronos zu machen. Bereitwillig half ihm Rhea in seinen Racheabsichten; sie gab ihm Senf und Salz, die er, wie Metis geraten, mit dem Honigtrunk des Kronos mischte. Kronos nahm einen tiefen Zug und erbrach zuerst den Stein und dann die älteren Brüder und Schwestern des Zeus. Sie sprangen unverletzt hervor, und voller Dankbarkeit baten sie Zeus, ihr Anführer im Kriege gegen die Titanen zu sein. Diese wählten ihrerseits den riesenhaften Atlas zu ihrem Anführer, denn Kronos war alt geworden.

Der Krieg dauerte schon zehn Jahre, da prophezeite Mutter Erde ihrem Enkel Zeus den Sieg, wenn er sich mit denen verbündete, die Kronos in den Tartaros verbannt hatte. So schlich er sich denn an Kampe heran, die alte Gefängniswärterin des Tartaros, tötete sie, nahm ihre Schlüssel an sich und befreite die Kyklopen und die Hundertarmigen und stärkte sie mit göttlicher Nahrung und göttlichem Trunk. Da gaben die Kyklopen Zeus den Blitz als Waffe des Angriffs, Hades gaben sie die Tarnkappe und Poseidon den Dreizack. Nachdem die drei Brüder Kriegsrat gehalten hatten, schlich sich Hades ungesehen an Kronos heran und stahl dessen Waffen. Während Poseidon den

Kronos mit seinem Dreizack bedrohte und so dessen Aufmerksamkeit ablenkte, schlug ihn Zeus mit dem Blitze nieder. Die drei Hundertarmigen steinigten mit Felsbrocken die übrigen Titanen, die, von einem plötzlichen Schrei Pans erschreckt, die Flucht ergriffen. Die Götter stürmten ihnen nach. Kronos und die besiegten Titanen, mit Ausnahme des Atlas, wurden in den Tartaros verbannt und dort von den Hundertarmigen bewacht. Atlas, ihr Führer, erhielt als besondere Strafe, den Himmel auf seinen Schultern zu tragen.

Die Geburt der Athene

Athenes eigene Priester erzählen die folgende Geschichte über ihre Geburt: Zeus gelüstete es nach Metis, der Titanin. Um ihm zu entfliehen, verwandelte sie sich in vielerlei Gestalten. Zeus aber wurde ihrer doch habhaft und schwängerte sie. Ein Orakel der Mutter Erde verkündete dann, daß es ein Mädchen sein würde und daß Metis, sollte sie wieder empfangen, einen Sohn gebären würde, der vom Schicksal bestimmt wäre, Zeus zu entthronen, so wie Zeus Kronos entthront hatte und Kronos den Uranos. Daher lockte Zeus sie mit honigsüßen Worten auf sein Lager, öffnete plötzlich seinen Mund und verschlang sie. Dies war das Ende der Metis, obwohl Zeus später behauptete, sie säße in seinem Bauche und gäbe ihm Ratschlag. Im Laufe der Zeit aber geschah es, als er entlang dem Ufer des Tritonsees wandelte, daß er von einem tobenden Kopfschmerz erfaßt wurde. Ihm schien, als ob sein Schädel bersten wollte. Er heulte vor Schmerz, bis das ganze Firmament erbebte. Da lief Hermes herbei, der sofort den Grund des Schmerzes erfaßte. Er überredete Hephaistos oder, wie andere sagen, Prometheus, Hammer und Keil zu bringen und einen Spalt in den Schädel des Zeus zu schlagen; und diesem entsprang die voll bewaffnete Athene mit einem mächtigen Schrei.

Die Schicksalsgöttinnen

Es gibt drei zusammenwirkende Schicksalsgöttinnen, gekleidet in weiße Gewänder. Erebos zeugte sie mit der Nacht. Sie hießen Klotho, Lachesis und Atropos. Atropos hatte die kleinste Gestalt, und sie war die schrecklichste.

Zeus wägt das Leben der Menschen und tut den Schicksalsgöttinnen seine Beschlüsse kund. Er kann die, die ihm gefallen, retten, wenn der Faden des Lebens, der auf Klothos Spindel gesponnen ist und gemessen mit dem Maß der Lachesis, von den Scheren der Atropos zerschnitten werden soll.

Andere glauben im Gegensatz zum vorher Gesagten, daß selbst Zeus den Schicksalsgöttinnen untertan ist: Dies offenbarte einst die pythische Priesterin in einem Orakel. Denn sie sind nicht Kinder des Zeus, sondern parthenogene Töchter der Großen Göttin Schicksal, gegen die sich auch die Götter nicht auflehnen können. Sie wird ‹das starke Geschick› genannt.

Die Geburt der Aphrodite

Aphrodite, die Göttin der Liebe, erhob sich nackt aus dem Schaume des Meeres und ritt auf einer Muschelschale zum Ufer der Insel Kythera. Aber sie entdeckte, daß dies nur eine kleine Insel war, und zog weiter zum Peloponnes.

Endlich nahm sie ihren Wohnsitz zu Paphos auf Kypros. Dieses ist noch heute der Hauptsitz ihres Kultes. Gras und Blumen entsprangen dem Boden, wohin auch immer sie trat. Es eilten zu Paphos die Jahreszeiten, Töchter der Themis, sie zu kleiden und zu schmücken. Sie erhebt sich in die Lüfte, begleitet von Tauben und Sperlingen.

Hera und ihre Kinder

Hera, Tochter des Kronos und der Rhea, war auf der Insel Samos oder, wie manche sagen, zu Argos geboren worden. Sie wurde in Arkadien von Temenos, Sohn des Pelasgos, aufgezogen. Die Jahreszeiten waren ihre Ammen. Nachdem Heras Zwillingsbruder Zeus den Vater Kronos verbannt hatte, suchte er sie zu Knossos auf Kreta auf; vielleicht auch – wie manche meinen – auf dem Berge Thornax in Argolis. Hier umwarb er sie zuerst erfolglos; aber als er die Gestalt eines zerzausten Kuckucks annahm, erbarmte sie sich seiner. Während sie ihn zärtlich an ihrem Busen wärmte, nahm er seine wahre Gestalt an und vergewaltigte sie, so daß sie ihn heiraten mußte.

Alle Götter brachten Gaben zur Hochzeit. Mutter Erde schenkte Hera einen Baum mit goldenen Äpfeln, den dann die Hesperiden in Heras Garten auf dem Berge Atlas hüteten. Sie und Zeus verbrachten die Hochzeitsnacht, die dreihundert Jahre dauerte, auf Samos.

Hera und Zeus wurden Ares, Hephaistos und Hebe geboren. Manche behaupten zwar, daß Hephaistos ihr parthenogenes Kind war – ein Wunder, welches Zeus nicht glauben wollte. Er setzte sie in einen mechanischen Stuhl, dessen Arme sich um sie schlossen, gefangen und zwang sie so, beim Flusse Styx zu schwören, daß sie die Wahrheit gesagt hätte.

Zeus und Hera

Nur Zeus, Vater des Himmels, darf den Donnerkeil schwingen: Mit der Drohung seines tödlichen Blitzes hielt er auf dem Berg Olympos seine streitlustige und aufrührerische Familie in Schranken. Er ordnete die Himmelskörper, schuf Gesetze, erzwang die Erfüllung von Eiden und sah in die Zukunft. Seine Mutter Rhea sah voraus, welchen Kummer seine Wollust schaffen würde, und verbot ihm zu heiraten. Als er voller Ärger drohte, sie zu vergewaltigen, verwandelte sie sich in eine Schlange. Dies aber schreckte Zeus nicht ab. Er verwandelte sich selbst in eine männliche Schlange und wand sich um sie in einem unlösbaren Knoten. So verwirklichte er seine Drohung. Damit begann die lange Reihe seiner Liebesabenteuer. Er zeugte mit Themis die Jahreszeiten und die drei Schicksalsgöttinnen; die Chariten mit Eurynome; mit Mnemosyne, der er neun Nächte lang beiwohnte, die drei Musen. Manche behaupten, daß er auch der Vater Persephones sei, der Königin der Unterwelt, die sein Bruder Hades mit Gewalt zur Frau nahm. So fehlte es ihm nicht an Macht über und unter der Erde. Nur in einem war ihm sein Weib Hera gleich: Noch konnte sie, wie es ihr gefiel, Mensch oder Tier die Gabe des Wahrsagens verleihen.

Es kam eine Zeit, als der Stolz und die Launenhaftigkeit des Zeus so unerträglich wurden, daß Hera, Poseidon, Apollon und all die anderen

Die Geburt der Aphrodite (Thermenmuseum, Rom)

Olympier, mit Ausnahme Hestias, ihn plötzlich umringten, als er schlafend auf seinem Bette lag. Sie banden ihn mit ledernen Riemen und hundert Knoten, so daß er sich nicht bewegen konnte. Er drohte ihnen mit sofortigem Tod, aber sie hatten den Donnerkeil außer Reichweite gelegt und verlachten ihn höhnisch. Während sie ihren Sieg feierten und eifersüchtig über die Nachfolge stritten, eilte Thetis, die Nereide, die einen Bürgerkrieg auf dem Olympos befürchtete, den hundertarmigen Briareus zu suchen. Dieser löste mit hundert Händen schnell die Knoten und befreite seinen Herrn. Da Hera die Verschwörung gegen ihn angeführt hatte, hängte Zeus sie mit goldenen Fesseln um die Armgelenke an den Himmel und band ihr einen Amboß an jedes Fußgelenk. Die anderen Götter waren zutiefst empört, aber sie wagten nicht, Hera trotz ihrer mitleiderregenden Schreie zu Hilfe zu kommen. Schließlich versprach Zeus, Hera zu befreien, wenn die Götter schwören wollten, sich nie wieder gegen ihn aufzulehnen. Sie taten es widerwillig. Zeus strafte Poseidon und Apollon und sandte sie als Sklaven zum König Laomedon, für den sie die Stadt Troia bauen mußten. Den anderen verzieh er.

Die Geburt des Hermes, des Apollon, der Artemis und des Dionysos

Liebestoll schlief Zeus mit zahlreichen Nymphen, Abkömmlingen der Titanen oder der Götter und, nach der Erschaffung des Menschen, auch mit sterblichen Frauen: Nicht weniger als vier große olympische Gottheiten wurden ihm außerehelich geboren. Zuerst begattete er Maia, Tochter des Atlas, die ihm den Hermes gebar, in einer Höhle auf dem Berge Kyllene in Arkadien. Als nächste zeugte er Apollon und Artemis mit Leto, Tochter der Titanen Koios und Phoibe. Er verwandelte sich selbst und sie in Wachteln,

Dionysos entspringt dem Schenkel des Zeus (Vatikan)

und sie paarten sich. Aber die eifersüchtige Hera entsandte die Schlange Python, die Leto überallhin verfolgen sollte, und erklärte, daß sie Leto nirgends, wo die Sonne schiene, entbinden lassen wollte. Getragen von den Flügeln des Südwindes, kam Leto endlich nach Ortygia, in der Nähe von Delos, wo sie Artemis gebar. Sobald Artemis geboren war, half sie der Mutter, die enge Meeresstraße zu überqueren und dort, zwischen einem Olivenbaum und einer Dattelpalme auf der Nordseite des delischen Berges Kynthos, am neunten Tage der Wehen Apollon zur Welt zu bringen. Delos, bis dahin eine schwimmende Insel, wurde unbeweglich im Meere verankert. Auf göttlichen Befehl darf nun niemand mehr dort geboren werden oder sterben: Kranke und schwangere Frauen werden über das Meer nach Ortygia geführt.

Zeus, in der Gestalt eines Sterblichen, hatte eine geheime Liebschaft mit Semele (‹Mond›), Tochter des Königs Kadmos von Theben. Die eifersüchtige Hera, die sich als alte Nachbarin verstellte, gab Semele, die damals schon im sechsten Monat ihrer Schwangerschaft war, den Rat, von ihrem geheimnisvollen Liebhaber zu verlangen, daß er sie nicht länger täuschen und sich ihr in seiner wahren Natur und Gestalt zeigen sollte. Wie könnte sie denn sonst wissen, daß er nicht ein Ungeheuer sei? Semele folgte diesem Rat. Als Zeus ihr die Bitte abschlug, versagte sie ihm ihr Lager. Da erschien er ihr voller Zorn als Donner und Blitz, und sie ward verzehrt. Aber Hermes rettete ihren sechs Monate alten Sohn: Er nähte ihn in den Schenkel des Zeus, daß er dort noch weitere drei Monate reifen sollte. Als dann die Zeit gekommen war, gebar Zeus den Dionysos, was ‹der zweimal Geborene› oder ‹das Kind der doppelten Tür› bedeutet.

Die Geburt des Eros

In manchen Mythen heißt es, daß Eros, der dem Weltei entschlüpfte, der erste der Götter war, da ohne ihn keiner der anderen hätte geboren werden können. Andere behaupten, daß er Aphrodites Sohn wäre, von Hermes oder von Ares oder von ihrem eigenen Vater gezeugt. Er war ein wilder Knabe, der weder vor Alter noch Rang Achtung zeigte. Er flog umher und verschoß wahllos seine Pfeile oder setzte Herzen mit seinen schrecklichen Fackeln in Flammen.

oben: *Die Geburt der Athene, Vasenmalerei (Britisches Museum, London)*

gegenüber: *Eros (Britisches Museum, London)*

rechts: *Zeus und Hera (Archäologisches Museum, Palermo)*

2

DIE OLYMPIER

Poseidon und seine Taten

Als Zeus, Poseidon und Hades sich ihres Vaters Kronos entledigt hatten und die Oberherrschaft über den Himmel, das Meer und die dunkle Unterwelt unter sich auslosten – die Erde ließen sie als gemeinsamen Besitz –, gewannen Zeus den Himmel, Hades die Unterwelt und Poseidon das Meer. Poseidon, seinem Bruder Zeus an Würden, doch nicht an Macht gleich, ist von eigensinnigem und streitsüchtigem Charakter. Sofort ging er daran, seine Wagenpferde und einen goldenen Wagen zu schaffen, bei dessen Nahen Stürme sich legen.

Da er sich eine Gemahlin wünschte, die in der Tiefe des Meeres zu Hause wäre, machte er der Nereide Thetis den Hof. Als aber Themis prophezeite, daß jeder von Thetis geborene Sohn größer sein würde als sein Vater, ließ er von ihr ab und erlaubte ihr, einen Sterblichen namens Peleus zu heiraten. Amphitrite, eine Nereide, der er sich danach näherte, wurde von Widerwillen gegen ihn erfüllt und floh vor ihm zu den Atlasbergen. Er aber sandte Boten hinter ihr her, unter ihnen Delphinos, der sich so überzeugend für Poseidon einsetzte, daß sie nachgab und ihm den Auftrag gab, die Heirat vorzubereiten. Zum Dank setzte Poseidon das Bildnis des Delphinos unter die Sterne.

Amphitrite gebar Poseidon drei Kinder: Triton, Rhode und Benthesikyme. Er aber gab ihr fast ebensoviel Grund zur Eifersucht wie Zeus der Hera. Zahlreich waren seine Liebschaften mit Göttinnen, Nymphen und Sterblichen.

Poseidon ist gierig nach irdischen Königreichen. Einst wollte er von Attika Besitz ergreifen und schleuderte seinen Dreizack in die Akropolis von Athen. Sogleich sprudelte ein Quell von Seewasser hervor, der noch immer zu sehen ist. Wenn der Südwind bläst, kann man von tief unten den Donner der Brandung hören. Später, während der Regierung des Kekrops, nahm Athene in ungleich zarterer Weise von Athen Besitz, indem sie den ersten Olivenbaum neben der Quelle pflanzte. Wütend forderte Poseidon sie zum Zweikampf. Athene hätte angenommen, wenn sich Zeus nicht dazwischengestellt und ihnen befohlen hätte, ihren Streit einem Schiedsgericht zu unterbreiten. Zeus selbst enthielt sich der Stimme, aber während die Götter Poseidon unterstützten, unterstützten die Göttinnen Athene. So beschloß das Gericht mit der Mehrheit von einer Stimme, daß Athene ein größeres Recht auf Athen hätte, weil sie ihm ein besseres Geschenk gemacht habe.

Poseidon stritt mit Athene auch über den Besitz von Troizen. Bei dieser Gelegenheit befahl Zeus, daß die Stadt beiden zu gleichen Teilen zugesprochen werde. Als nächstes versuchte Poseidon, allerdings erfolglos, von Zeus Aigina und von Dionysos Naxos zu bekommen. Für seinen Anspruch auf Korinth erhielt er nur den Isthmos, während die Akropolis Helios zugesprochen wurde. Voll Ärger versuchte er der Hera Argolis zu entwenden. Wieder war er bereit zu kämpfen und weigerte sich, vor seinesgleichen zu erscheinen, die, wie er sagte, gegen ihn voreingenommen waren. Daher übertrug Zeus diese Angelegenheit den Flußgöttinnen Inachos, Kephissos und Asterion, die zugunsten Heras entschieden.

Er rühmt sich, das Pferd geschaffen zu haben, obwohl manche wissen, daß Rhea, während er noch ein Säugling war, bereits dem Kronos ein Pferd zu essen gab. Er rühmt sich ferner, den Zügel erfunden zu haben, was jedoch Athenes Verdienst ist. Aber sein Anspruch, das Pferderennen eingeführt zu haben, wird ihm nicht streitig gemacht. Gewiß, Pferde sind ihm geweiht, vielleicht wegen seiner liebestollen Jagd auf Demeter, da diese voller Tränen ihre Tochter Persephone suchte. Es heißt, daß Demeter, erschöpft und entmutigt durch ihr Suchen und ohne jeglichen Sinn für erotisches Geplänkel, sich in eine Mähre verwandelte. Jedoch konnte sie Poseidon nicht täuschen: Er verwandelte sich selbst in einen Hengst und nahm von ihr Besitz. Dieser schändlichen Vereinigung entsprangen die Nymphe Despoina und das wilde Pferd Arion.

Hermes und seine Taten

Als Hermes auf dem Berge Kyllene geboren ward, wickelte ihn seine Mutter Maia in Windeln und legte ihn in eine Wiege. Er aber wuchs mit erstaunlicher Schnelligkeit zum Knaben heran, und sobald sie ihm den Rücken kehrte, schlich er davon, auf der Suche nach Abenteuern. Als er in Pieria ankam, wo Apollon eine Herde edler Kühe weidete, beschloß er, sie zu stehlen. Da er befürchtete, daß die Spuren ihn verraten könnten, machte er aus der Rinde einer gestürzten Eiche Schuhe und band sie mit geflochtenem Gras den Kühen an die Hufe. Dann trieb er sie, als es Nacht war, davon. Apollon entdeckte den Verlust, aber er fand keine Spur. Er suchte in westlicher Richtung bis Pylos und in östlicher Richtung bis Onchestos. Schließlich mußte er eine Belohnung auf die Ergreifung des Diebes aussetzen. Silenos und seine Satyrn, gierig auf die Belohnung, zerstreuten sich in alle Richtungen, um den Dieb aufzuspüren. Lange waren sie ohne Erfolg. Bis einige, die durch Arkadien zogen, die gedämpften Klänge einer Musik vernahmen, wie sie noch niemals vorher gehört worden war. Die Nymphe Kyllene, die in der Öffnung einer Höhle saß, erzählte ihnen, daß hier jüngst ein höchst begabtes Kind geboren worden war, das sie zu hüten habe. Das Kind hätte ein wunderbares Musikinstrument aus dem Panzer einer Schildkröte und dem Darme einer Kuh gebaut und damit seine Mutter in den Schlaf gesungen.

«Und wo fand es den Kuhdarm?» fragte der aufgeweckte Satyr, der zwei Kuhhäute außerhalb der Höhle aufgespannt sah. «Willst du gar das arme Kind des Diebstahls beschuldigen?» fragte Kyllene. Es gab harte Worte.

In diesem Augenblick erschien Apollon. Er betrat die Höhle, weckte Maia und forderte in strengem Ton, daß Hermes die gestohlenen Kühe zurückgäbe.

Poseidon, Bronzestatue im Ausschnitt (Archäologisches Nationalmuseum, Athen)

Die Aphrodite von Rhodos (Museum, Rhodos)

Maia zeigte auf das Kind, das noch in seine Windel gewickelt war und sich schlafend stellte. «Welch eine lächerliche Anschuldigung!» rief sie aus. Aber Apollon hatte schon die Häute erkannt. Er hob Hermes auf, trug ihn zum Olymp und beschuldigte ihn dort des Diebstahls. Die Häute legte er als Beweis vor. Zeus, der den Gedanken, daß sein neugeborener Sohn ein Dieb sein sollte, zutiefst verabscheute, ermutigte Hermes, auf seiner Unschuld zu bestehen. Aber Apollon ließ nicht locker, und schließlich gestand Hermes seine Schuld.

«Also gut, komm mit mir», sagte er, «du kannst deine Herde wiederhaben. Ich habe nur zwei Tiere geschlachtet und diese in zwölf Teile geschnitten, als Opfergabe an die zwölf Götter.»

«Zwölf Götter?» fragte Apollon, «wer ist denn der zwölfte?»

«Ihr Diener, Herr», antwortete Hermes bescheiden. «Ich aß nicht mehr als meinen Anteil, obwohl ich sehr hungrig war. Den Rest habe ich verbrannt, wie es die Pflicht gebietet.»

Dies war das erste Fleischopfer, das je dargebracht wurde.

Die beiden Götter kehrten zum Berge Kyllene zurück, wo Hermes etwas, das er unter einem Schaffell versteckt hatte, hervorholte.

«Was hast du denn dort?» fragte Apollon.

Als Antwort zeigte ihm Hermes seine geniale Erfindung: die Schildpattleier. Mit dem Plektron, das er auch erfunden hatte, spielte er darauf eine so bezaubernde Melodie, daß ihm sofort verziehen wurde. Hermes führte Apollon nach Pylos und gab ihm dort den Rest der Viehherde zurück, die er in einer Höhle versteckt gehalten hatte. «Laß uns tauschen!» rief Apollon aus. «Du behältst die Kühe, und ich nehme die Leier.» «Einverstanden», sagte Hermes, und sie schüttelten sich zur Bekräftigung die Hände.

Während die hungrigen Kühe weideten, schnitt Hermes einige Riede und machte aus ihnen eine Hirtenflöte, auf der er eine neue Melodie spielte. Von neuem begeistert, rief Apollon aus: «Laß uns nochmals tauschen! Wenn du mir diese Flöte gibst, will ich dir den goldenen Stab, mit dem ich mein Vieh hüte, geben; in Zukunft sollst du der Gott aller Viehzüchter sein.»

«Meine Flöte ist mehr wert als dein Stab», erwiderte Hermes. «Ich gebe sie dir nur, wenn du mich das Wahrsagen lehrst.» «Das kann ich nicht», sagte Apollon, «aber wenn du zu meinen alten Ammen gehst, den Thrien, so werden sie dich lehren wahrzusagen.» Und wieder schüttelten sie sich die Hände. Und Apollon, der das Kind zurück zum Olympos nahm, erzählte Zeus alles, was geschehen war. Zeus war über den Knaben froh.

«Dann mache mich zu deinem Boten, Vater», erwiderte Hermes, «und ich werde für die Sicherheit alles göttlichen Besitzes sorgen und niemals mehr lügen. Aber ich kann nicht versprechen, immer die ganze Wahrheit zu sagen.» «Das wird auch nicht von dir erwartet», sagte Zeus mit einem Lächeln. «Deine Pflichten würden im Schließen von Verträgen, in der Förderung des Handels und in der Aufrechterhaltung des Wegrechtes für alle Reisenden auf allen Straßen der Welt bestehen.» Als Hermes diesen Bedingungen zustimmte, gab ihm Zeus einen Heroldstab mit weißen Bändern, den laut seinem Befehl jeder respektieren mußte. Außerdem einen runden Hut gegen den Regen und geflügelte goldene Sandalen, die ihn mit der Geschwindigkeit des Windes umhertrugen. Später zeigten die Thrien Hermes, wie man die Zukunft voraussagen kann. Er selbst erfand das Würfelspiel und die Kunst, daraus zu weissagen. Auch Hades machte ihn zu seinem Boten, der die Sterbenden mit sanfter Überredung abberuft, indem er ihnen seinen goldenen Stab auf die Augen legt. Er half den drei Schicksalsgöttinnen in der Zusammenstellung des Alphabets, erfand die Astronomie, die Tonleiter, die Kunst des Boxens und des Turnens, die Gewichte und Maße und die Kultur des Olivenbaumes. Hermes hatte zahlreiche Söhne, unter ihnen Echion, den Herold der Argonauten; Autolykos, den Dieb; und Daphnis, den Erfinder der bukolischen Poesie.

Aphrodite und ihre Taten

Nur selten konnte Aphrodite überredet werden, ihren magischen Gürtel, der jeden mit Liebe zu seiner Trägerin erfüllte, den anderen Göttinnen zu borgen; denn sie wachte eifersüchtig über ihre Vorrangstellung. Zeus hatte sie mit Hephaistos, dem lahmen Schmiedegott, verheiratet; aber der wahre Vater der drei Kinder, die sie ihm gebar – Phobos, Deimos und Harmonia –, war Ares. Hephaistos wußte nichts von diesem Betrug, bis eines Nachts die Liebenden zu lange im Bette des Ares blieben. Da sah sie Helios bei ihrem Treiben und hinterbrachte es dem Hephaistos.

Hephaistos zog sich verärgert in seine Schmiede zurück und hämmerte ein Fangnetz aus Bronze, fein wie Spinnweb, doch unzerreißbar. Das band er insgeheim um die Pfosten seines Ehebettes. Zu Aphrodite, die lachend aus Thrakien zurückkehrte und ihm erklärte, sie sei in Korinth beschäftigt gewesen, sagte er: «Entschuldige, geliebtes Weib, daß ich einen kurzen Urlaub mache auf Lemnos, meiner geliebten Insel.» Aphrodite erbot sich nicht, ihn zu begleiten, und sandte, als er ihr aus den Augen war, eiligst nach Ares. Die beiden stiegen munter ins Bett, aber als die Morgendämmerung kam, sahen sie sich im Netz verfangen, nackt und unfähig zu entfliehen. So überraschte sie der zurückgekehrte Hephaistos. Er rief alle Götter als Zeugen zusammen. Dann verkündete er, daß er sein Weib nicht eher freilassen würde, bis dessen Adoptivvater Zeus ihm die wertvollen Heiratsgaben zurückgegeben habe.

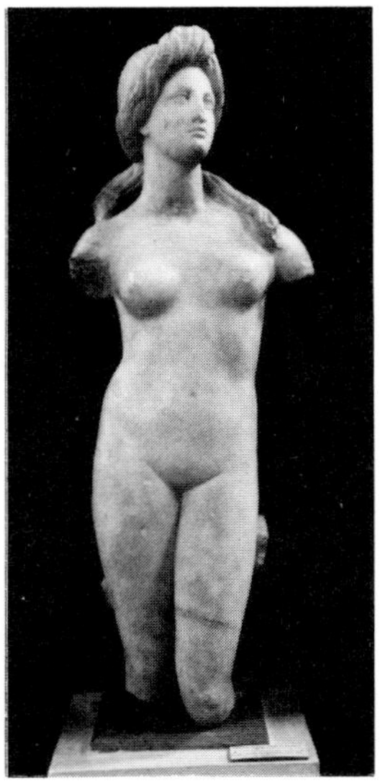

Marmorstatue der Aphrodite (Soli, Zypern)

Die Götter eilten heran, doch die Göttinnen, von Zartgefühl geleitet, blieben in ihren Häusern. Apollon stieß Hermes in die Seite und fragte: «Dir würde es nichts ausmachen, an der Stelle des Ares zu sein, mit Netz und allem anderen? Nicht wahr?» Da schwor Hermes, daß es ihm nichts ausmachte, selbst wenn es dreimal soviel Netz gäbe und alle Göttinnen mißbilligend zusähen. Bei dieser Bemerkung lachten beide Götter brüllend auf; Zeus aber war so angewidert, daß er von einer Rückerstattung der Heiratsgaben wie überhaupt von dem Streit zwischen Frau und Mann nichts wissen wollte. Poseidon gab vor, mit Hephaistos zu fühlen. «Da Zeus sich weigert zu helfen», sagte er, «so will ich dafür bürgen, daß Ares den Gegenwert der Heiratsgaben als Lösegeld zahlen wird.» «Das klingt alles recht schön», antwortete Hephaistos finster. «Aber sollte Ares sich weigern, müßtest du seinen Platz unter dem Netze einnehmen.» «Ich kann mir nicht denken, daß Ares nicht zahlen wird», sagte Poseidon in falschem Edelmut. «Aber sollte es doch der Fall sein, so bin ich bereit, die Schuld zu tragen und Aphrodite selber zu heiraten.» So wurde Ares wieder in Freiheit gesetzt und kehrte nach Thrakien zurück. Aphrodite ging nach Paphos, wo sie ihre Jungfräulichkeit im Meere erneuerte.

Geschmeichelt durch das Eingeständnis seiner Liebe, verbrachte Aphrodite eine Nacht mit Hermes. Die Frucht dieser Nacht war Hermaphroditos, ein zwiegeschlechtliches Wesen. Auch Poseidon erhielt den Lohn für seinen Beistand. Aphrodite gebar ihm zwei Söhne, Rhodos und Herophilos. Später gab sich Aphrodite noch dem Dionysos hin und gebar ihm Priapos, ein häßliches Kind mit riesigen Geschlechtsteilen. Er ist ein Gärtner und trägt ein Gartenmesser.

Obwohl Zeus niemals, wie manche behaupten, mit seiner Adoptivtochter Aphrodite das Lager teilte, führte ihn doch die Magie ihres Gürtels oft in Versuchung. Zu guter Letzt beschloß er, sie zu erniedrigen: Er ließ sie sich leidenschaftlich in einen Sterblichen verlieben. Es war dies der schöne Anchises, König der Dardaner, ein Enkel des Ilos. Eines Nachts, als er in der Hütte seiner Hirten auf dem troischen Berg Ida schlief, besuchte ihn Aphrodite in der Verkleidung einer phrygischen Prinzessin, in einem funkelnden, roten Gewand, und gab sich ihm hin. Als sie sich in der Morgendämmerung trennten, offenbarte sie ihm ihre göttliche Natur und ließ sich sein Wort geben, über diese Nacht tiefstes Stillschweigen zu bewahren. Anchises wurde von Schreck erfaßt, als er erfuhr, daß er die Nacktheit einer Göttin gesehen hatte, und bat sie, sein Leben zu schonen. Sie versicherte ihm, daß er nichts zu befürchten hätte und daß ihr Sohn Aïneias berühmt sein würde.

oben: *Der ptoische Apollon, Ausschnitt (Nationalmuseum, Athen)*

gegenüber: *Der Piombino-Apollon (Louvre, Paris)*

rechts: *Der Ares von Todi, Bronzestatue im Ausschnitt (Vatikan)*

Eines Tages prahlte die Gemahlin des Königs Kinyras von Kypros, daß ihre Tochter Smyrna schöner noch wäre als Aphrodite. Unverzüglich rächte sich die Göttin für diese Beleidigung. Sie ließ Smyrna sich in ihren Vater verlieben und in dunkler Nacht in sein Bett kriechen; ihre Dienerin hatte ihn so trunken gemacht, daß er nicht mehr wußte, wer er war. Später entdeckte Kinyras, daß er sowohl der Vater wie auch der Großvater des ungeborenen Kindes seiner Tochter war. Wild vor Zorn ergriff er sein Schwert. Aber Aphrodite verwandelte Smyrna schnell in einen Myrrhenbaum, den das herabfallende Schwert in zwei Hälften spaltete. Heraus fiel das Kind Adonis. Aphrodite verbarg Adonis in einer Truhe, die sie Persephone, der Königin der Toten, anvertraute.

Doch Persephone, von Neugier gepackt, öffnete die Truhe und fand darin Adonis. Er war so lieblich, daß sie ihn heraushob und in ihrem eigenen Palaste aufzog. Die Nachricht erreichte Aphrodite, die sofort in den Tartaros eilte, um Adonis zurückzufordern. Persephone, die den schönen Jüngling inzwischen zu ihrem Liebhaber gemacht hatte, wies sie ab. Aphrodite wandte sich an Zeus. Dem aber war nicht verborgen geblieben, daß auch Aphrodite mit Adonis liegen wollte. Er weigerte sich, diesen so peinlichen Streitfall zu schlichten. Er verwies ihn an einen niedrigen Gerichtshof, dem die Muse Kalliope vorstand. Kalliope entschied, daß Persephone und Aphrodite gleiches Recht an Adonis hätten. Dem Jüngling aber sollte jährlich ein Urlaub von den Forderungen der beiden unersättlichen Göttinnen zustehen. Daher teilte sie das Jahr in drei gleiche Teile, von denen er einen Teil mit Persephone, einen mit Aphrodite und den dritten allein verbringen sollte.

Aphrodite aber versuchte, den Schiedsspruch zu hintertreiben: Mit Hilfe ihres magischen Gürtels verführte sie Adonis, auf seine Ferien zu verzichten und ihr auch den Teil des Jahres zu schenken, der Persephone zustand.

Persephone erzählte Ares, daß Aphrodite ihn mit Adonis betröge. Ares wurde eifersüchtig und stürzte sich in der Verkleidung eines wilden Ebers auf Adonis, der in den Bergen des Libanon jagte. Er spießte ihn vor den Augen Aphrodites auf seine Hauer und tötete ihn. Dem Blute des Adonis entsprangen Anemonen, und seine Seele stieg hinab in den Tartaros. Aphrodite ging weinend zu Zeus und bat, daß Adonis nur die dunkle Hälfte des Jahres mit Persephone verbringen sollte, während er für die Sommermonate ihr verbleiben solle. Großherzig bewilligte Zeus ihre Bitte.

Ares und seine Taten

Der thrakische Ares liebt den Kampf um seiner selbst willen. Seine Schwester Eris sucht immer wieder nach Gelegenheiten für einen Krieg. So wie sie hat auch ihr Bruder keinerlei Vorliebe für diese oder jene Partei, diese oder jene Stadt. Wenn die Lust zu töten ihn überfällt, kämpft er auf dieser oder jener Seite, mordend und zerstörend. Alle Götter, von Zeus und Hera angefangen, hassen ihn, ausgenommen Eris, Aphrodite und Hades, der gierig auf die jungen Krieger wartet, die in grausamen Schlachten fallen.

Nicht immer ist Ares siegreich gewesen. Athene, die viel geschickter ist als er, hat ihn zweimal im Kampf besiegt; und einst überwältigten ihn die gigantischen Söhne des Aloeus und hielten ihn dreizehn Monate in einem bronzenen Behälter gefangen, bis er, halb tot, von Hermes befreit wurde; bei einer anderen Gelegenheit flüchtete er ängstlich vor Herakles auf den Olymp. Er empfindet eine tiefe Verachtung für das Gesetz, deshalb erschien er nie als Kläger vor dem Gericht, nur einmal als Angeklagter: als die anderen Götter ihn wegen des mutwilligen Mordes an Halirrhothios, dem Sohn des Poseidon, anklagten. Er sprach von Notwehr und behauptete, er hätte seine Tochter Alkippe vor Vergewaltigung retten müssen. Da niemand Zeuge des Vorfalles gewesen war, mußte ihn das Gericht freisprechen. Dies war das erste Urteil in einem Mordprozeß. Der Hügel, auf dem die Gerichtssitzung stattfand, wurde als Areopagos bekannt.

Hestia und ihre Taten

Als einzige der großen Olympier niemals an Kriegen oder Streitigkeiten teilzunehmen – das rühmt man der Hestia nach. Wie Artemis und Athene widerstand sie stets dem Liebeswerben der Götter, Titanen und anderer. Nachdem Kronos entthront worden war, stritten sich Poseidon und Apollon um sie. Da schwor sie beim Haupte des Zeus, ewig eine Jungfrau zu bleiben. Zeus belohnte sie, da sie den Frieden auf dem Olympos bewahrt hatte, mit jeder ersten Gabe öffentlicher Opferfeiern.

Hestia ist die Göttin des Herdes. In jedem Hause in jeder Stadt schützt sie die um Obdach Bittenden. Sie erfreut sich allgemeiner Verehrung, nicht nur weil sie als die mildeste, die gerechteste und wohltätigste aller Olympier gilt, sondern weil sie auch die Kunst des Hausbauens erfunden hat. Ihr Feuer ist heilig: Wenn je ein Herd, sei es durch Zufall oder als Zeichen der Trauer, verlöschen sollte, wird er mit Hilfe eines Feuerrades neu angezündet.

Apollon und seine Taten

Apollon war der Sohn des Zeus und der Leto. Themis nährte ihn mit Nektar und Ambrosia, und als der vierte Tag dämmerte, verlangte er bereits Pfeil und Bogen und ging geradewegs zum Parnass. Dort lauerte die Schlange Python, die seiner Mutter Feind war; mit seinen Pfeilen verwundete er sie schwer. Python floh zum Orakel der Mutter Erde in die Stadt Delphi. Aber Apollon wagte es, Python in den Schrein zu folgen und ihn dort neben dem heiligen Spalt zu töten.

Mutter Erde berichtete diese Untat Zeus. Dieser befahl Apollon nicht nur, zum Zwecke der Vergebung Tempe aufzusuchen, sondern auch zu Ehren von Python die Pythischen Spiele einzurichten. Achtlos überging Apollon den Befehl des Zeus, sich nach Tempe zu begeben. Statt dessen suchte er, begleitet von Artemis, in Aigialaia Vergebung. Dann segelte er nach Tarrha auf Kreta, wo König Karmanor die Zeremonie durchführte.

Bei seiner Rückkehr nach Griechenland suchte Apollon den Pan auf. Nachdem Apollon ihn überredet hatte, das Geheimnis der Kunst der Prophezeiung preiszugeben, übernahm er selbst das Delphische Orakel.

Als Leto Nachricht davon bekam, ging sie mit Artemis nach Delphi. In einem abgelegenen heiligen Hain vollzog sie die heiligen Riten. Der Riese Tityos unterbrach ihre Andacht, indem er sie zu vergewaltigen versuchte. Apollon und Artemis hörten die Schreie ihrer Mutter und eilten herbei. Mit

rechts: *Die Artemis von Ephesos (Stadthalle von Ephesos)*

rechts: *Hephaistos in seiner Schmiede (Britisches Museum, London)*

gegenüber: *Athene mit ihrem Wagen (Akropolis-Museum, Athen)*

einer Salve von Pfeilschüssen töteten sie Tityos. Zeus, der auch der Vater des Tityos war, hieß diese Rache gut. Im Tartaros strafte man Tityos: Seine Arme und Beine wurden an den Boden genagelt, und zwei Geier fraßen an seiner Leber.

Dann tötete Apollon den Satyr Marsyas. Ursache hierfür war ein Fluch. Athene hatte eines Tages aus den Knochen eines Steinbocks eine doppelte Flöte gemacht. Bei einem Gelage der Götter spielte sie darauf. Anfangs konnte sie nicht verstehen, warum Hera und Aphrodite sich darüber ins Fäustchen lachten, obwohl die Musik den anderen Göttern zu gefallen schien. Sie ging daher allein mit ihrer Flöte an einen Fluß in einem phrygischen Wald und beobachtete ihr Spiel im Spiegel des Wassers. Sofort erkannte sie, wie lächerlich diese aufgeblasenen Wangen sie machten, warf die Flöte fort und verfluchte jeden, der sie aufheben sollte.

Marsyas stolperte über diese Flöte. Kaum hatte er sie an die Lippen gesetzt, da begann sie die Musik der Athene zu spielen. Und er zog durch Phrygien und erfreute die unwissenden Bauern mit seinem Spiel. Sie riefen, daß selbst Apollon nicht schönere Musik hätte machen können, auch nicht auf seiner Leier. Marsyas war töricht genug, ihnen nicht zu widersprechen. Da wurde Apollon zornig und forderte ihn zu einem Wettbewerb auf. Der Sieger sollte dem Verlierer jede Strafe, die er wollte, auferlegen dürfen.

Der Wettstreit zeigte, daß sie einander gleich waren, bis daß Apollon dem Marsyas zurief: «Ich verlange, daß du mit deinem Instrument das gleiche machst wie ich mit meinem. Drehe es um und singe und spiele zur gleichen Zeit.»

Dies war selbstverständlich mit einer Flöte unmöglich, und Marsyas konnte der Aufforderung nicht nachkommen. Dann rächte Apollon sich, obwohl er Milde vortäuschte, äußerst grausam an Marsyas: Er zog ihm bei lebendigem Leibe die Haut ab und nagelte sie an eine Tanne in der Nähe der Quelle des Flusses, der nun seinen Namen trägt.

Später gewann Apollon vor den Augen des Königs Midas noch einen musikalischen Wettkampf: Er siegte über Pan. So sicherte er sich den Rang eines Gottes der Musik. Eine andere seiner Pflichten war, die Herden der Götter zu hüten; aber später übertrug er diese Aufgabe dem Hermes.

Obwohl Apollon sich nicht ehelich binden wollte, so schwängerte er doch viele Nymphen und sterbliche Frauen; Phthia gehörte dazu und die Muse Thalia, Koronis, Aria und Kyrene. Er verführte auch die Nymphe Dryope, war aber nicht immer in seinen Liebesabenteuern erfolgreich. Einmal versuchte er, Marpessa ihrem Gatten Idas zu stehlen, doch sie blieb ihm treu. Bei einer anderen Gelegenheit verfolgte er Daphne, die Bergnymphe, eine Priesterin der Mutter Erde, Tochter des Flusses Peneios in Thessalien, und fing sie. Daphne rief die Mutter Erde an, die sie im letzten Moment nach Kreta hinwegzauberte, wo sie als Pasiphaë bekannt wurde. An ihrer Stelle ließ Mutter Erde einen Lorbeerbaum zurück, aus dessen Blättern Apollon sich zum Troste einen Kranz wand.

Da war auch der Fall des schönen Jünglings Hyakinthos, eines spartanischen Prinzen, der nicht nur von dem Poeten Thamyris geliebt wurde – der erste Mann, der je einen seines eigenen Geschlechtes umwarb –, sondern auch von Apollon selbst – dem ersten Gott, der dies tat. Aber auch der Westwind fand Gefallen an Hyakinthos und wurde maßlos eifersüchtig auf Apollon, als dieser eines Tages den Knaben im Diskuswerfen unterwies. Der Westwind packte den Diskus mitten in der Luft, schleuderte ihn gegen den Schädel des Hyakinthos und tötete ihn. Aus dem Blute des Hyakinthos entsprang die Hyazinthe.

Nur einmal zog sich Apollon den Ärger des Zeus zu: als er versuchte, ihn zu entthronen. Sein Sohn Asklepios, der Arzt, hatte die Kühnheit besessen, einen Toten wiederzuerwecken und so Hades eines Untertanen zu berauben; selbstverständlich beklagte sich Hades beim Olymp. Zeus tötete den Asklepios mit einem Blitz, und Apollon rächte sich: Er tötete die Kyklopen. Zeus war erzürnt über den Verlust seiner Waffenschmiede und hätte Apollon für immer in den Tartaros verbannt, wenn nicht Leto für ihren Sohn um Vergebung gefleht hätte. Seine Strafe bestand in einem Jahr harter Arbeit in den Schafställen des Königs Admetos von Pherai. Apollon befolgte Letos Rat, diente demütig und überschüttete Admetos zudem mit großen Wohltaten.

Artemis und ihre Taten

Artemis, die Schwester des Apollon, ist mit Pfeil und Bogen bewaffnet. Wie Apollon kann sie den Sterblichen Seuchen und plötzlichen Tod schicken oder sie heilen. Sie ist die Beschützerin der Kinder und der Tiere, wenngleich sie die Jagd liebt.

Eines Tages, als sie drei Jahre alt war, fragte sie ihr Vater Zeus, auf dessen Knien sie saß, welche Geschenke sie wohl haben möchte. Artemis antwortete schnell: «Ich bitte dich, gib mir ewige Jungfräulichkeit; so viele Namen, als mein Bruder Apollon hat; einen Pfeil und Bogen gleich dem seinen; das Amt der Lichtbringerin; ein Jagdgewand, das bis zu meinen Knien reicht; sechzig junge Ozeannymphen als Ehrenjungfrauen; zwanzig Flußnymphen, um meine Jagdgewänder zu pflegen und meine Hunde zu füttern; alle Berge der Welt; und zuletzt jede Stadt, die du für mich auswählen solltest, aber eine wäre genug, denn ich möchte den Großteil meiner Zeit auf den Bergen leben. Unglücklicherweise werden mich oft Frauen in den Wehen anrufen, da mich meine Mutter Leto ohne Schmerzen trug und gebar. Deshalb haben mich die Schicksalsgöttinnen zur Schutzgöttin der Gebärenden gemacht.»

Zeus lächelte stolz und sagte: «Deine Wünsche sollen erfüllt werden und mehr noch: nicht eine, sondern dreißig Städte und Teile in vielen anderen sollen dir gehören; ich ernenne dich zur Hüterin ihrer Straßen und Häfen.»

Artemis dankte ihm und ging zum Berge Leukos auf Kreta und dann zum Strome Okeanos. Dort wählte sie die Nymphen zu ihren Begleiterinnen. Sodann besuchte sie die Kyklopen auf der Insel Lipara. Brontes hatte den Auftrag erhalten, ihr jeden Wunsch zu erfüllen. Er hob sie auf seine Knie; da sie aber seine Zärtlichkeiten nicht mochte, riß sie ein Büschel Haare aus seiner Brust. Bis an das Ende seiner Tage blieb dort ein kahler Fleck. Die Nymphen erschraken beim Anblick der wilden Kyklopen – verständlicherweise; denn wenn immer ein kleines Mädchen der Mutter nicht gehorsam ist, droht diese ihr mit Brontes, Arges oder Steropes. Aber kühn befahl Artemis den Kyklopen, ihr einen silbernen Bogen zu schmieden, mit einem Köcher voller Pfeile. Als Dank dafür versprach sie ihnen das erste Tier, das sie erlegen würde. Mit

Persephone flieht vor Hades (Akropolis-Museum, Athen)

diesen Waffen ging sie nach Arkadien, wo Pan ihr drei langohrige Jagdhunde gab, zwei gescheckt und einer fleckig, die zusammen imstande waren, lebende Löwen zu ihrer Hütte zu zerren; außerdem sieben schnelle Jagdhunde aus Sparta.

Einmal wagte der Flußgott Alpheios, Sohn der Thetis, sich in Artemis zu verlieben und sie über Griechenland hinaus zu verfolgen. Sie aber ging nach Letrini in Elis und beschmierte ihr Gesicht und das aller Nymphen mit weißem Schlamm, so daß sie von ihren Gespielinnen nicht zu unterscheiden war. Alpheios war gezwungen, unter höhnischem Gelächter wieder abzuziehen.

Artemis verlangte die gleiche vollständige Keuschheit von ihren Begleiterinnen, wie sie selbst sie befolgte. Als Zeus eine von ihnen verführte, und zwar Kallisto, die Tochter des Lykaon, und Artemis bemerkte, daß sie schwanger war, verwandelte sie sie in einen Bären und rief ihre Hunde. Kallisto wäre zu Tode gehetzt worden, hätte Zeus selbst sie nicht in den Himmel geholt; später setzte er ihr Abbild zwischen die Sterne. Arkas, das Kind der Kallisto, wurde gerettet und Ahnherr der Arkadier.

Bei einer anderen Gelegenheit sah Aktaion zufällig Artemis nahe in einem Strome baden und blieb, sie zu beobachten. Damit er später nicht wagen könnte, sich vor seinen Freunden zu rühmen und zu erzählen, daß er sie nackt gesehen hätte, verwandelte sie ihn in einen Bock und ließ ihn von seiner eigenen Meute von fünfzig Hunden in Stücke reißen.

Hephaistos und seine Taten

Hephaistos, der häßliche und übellaunige Schmiedegott, war bei seiner Geburt so schwach, daß seine Mutter Hera ihn abstoßend fand. Sie warf ihn vom Olymp herunter, um sich so der Verlegenheit seiner armseligen Erscheinung zu entledigen. Er fiel jedoch in das Meer und überstand, ohne sich zu verletzen, das Unglück. Thetis und Eurynome eilten herbei und retteten ihn. Diese freundlichen Göttinnen hüteten ihn in ihrer Tiefseegrotte. Dort errichtete er seine erste Schmiede und belohnte ihre Freundlichkeit, indem er ihnen verschiedene kunstvolle und nützliche Gegenstände formte.

Eines Tages, als er schon neun Jahre alt war, traf Hera Thetis. Thetis trug zufälligerweise eine Brosche, die seine Arbeit war, und Hera fragte sie: «Wo in aller Welt hast du dieses wundervolle Schmuckstück gefunden?»

Thetis zögerte, aber Hera entlockte ihr die Wahrheit. Sofort holte sie Hephaistos zum Olymp zurück und errichtete ihm eine viel schönere Schmiede. Sie umgab ihn mit viel Sorgfalt und förderte seinen Wunsch, Aphrodite zu ehelichen.

Hephaistos versöhnte sich mit Hera. Er wagte es, Zeus selbst zu tadeln: Dieser hatte sie an ihren Handgelenken vom Himmel hängen lassen, als sie gegen ihn rebellierte. Der erzürnte Zeus warf ihn nun zum zweitenmal vom Olymp. Er fiel einen ganzen Tag und stürzte auf die Insel Lemnos. Er brach beide Beine, und obwohl er unsterblich war, lebte er kaum noch, als die Inselbewohner ihn fanden. Später wurde ihm vergeben, er kehrte auf den Olymp zurück, doch konnte er nur an goldenen Krücken gehen.

Demeter und ihre Taten

Obwohl die Priesterinnen der Demeter, der Göttin der Kornfelder, die jungen Frauen und Männer in die ehelichen Geheimnisse einweihen, hat sie selber keinen eigenen Ehemann. Als sie noch jung und heiter war, gebar sie Kore. Von ihrem Bruder Zeus hatte sie Iakchos, ebenfalls unehelich. Dem Titanen Iasios, in den sie sich bei der Hochzeit des Kadmos und der Harmonia verliebte, gebar sie Plutos. Trunken von Nektar schlichen sich die Verliebten aus dem Hause und lagen miteinander unter freiem Himmel in einem dreimal gepflügten Feld. Bei ihrer Rückkehr erriet Zeus, was geschehen war. Den Iasios, der es gewagt hatte, Demeter zu berühren, erschlug er mit einem Blitz.

Demeter selbst war von sanfter Natur. Erysichthon, der Sohn des Tropias, war einer der wenigen Menschen, mit dem sie streng verfuhr. Erysichthon wagte es, an der Spitze von zwanzig Freunden einen Hain zu betreten, den die Pelasger der Göttin zu Ehren in Dotion gepflanzt hatten. Sie fällten die heiligen Bäume, um Bauholz für ihre neue Festhalle zu haben. Demeter erschien als Priesterin des Haines Nikippe und forderte Erysichthon freundlich auf, von seinem Tun abzulassen. Als er sie aber mit seiner Axt bedrohte, zeigte sie ihre Macht und verdammte ihn zu ewigem Hunger. Er wurde hungriger und dünner, je mehr er aß. Als seine Eltern ihn nicht länger mit Nahrung versorgen konnten, ging er in den Straßen betteln und aß Abfall.

Hades verliebte sich in Kore und bat Zeus, sie heiraten zu dürfen. Zeus fürchtete, seinen älteren Bruder durch eine Weigerung zu kränken, wußte aber auch, daß Demeter ihm nie verzeihen würde, wenn Kore in den Tartaros gehen müßte. Er antwortete daher, daß er seine Zustimmung weder geben noch verweigern könne. Da wagte es Hades, das Mädchen, das auf einer Wiese Blumen pflückte, zu entführen. Das geschah irgendwo in den weit voneinander liegenden Gegenden, die Demeter auf ihrer Suche nach Kore betrat. Ihre eigenen Priester sagen, es sei in Eleusis gewesen. Sie suchte Kore neun Tage und Nächte, in denen sie weder aß noch trank, ohne Rast. Vergebens rief sie die ganze Zeit nach ihrer Tochter. Den einzigen Hinweis erhielt sie von der alten Hekate, die eines Morgens Kore «Gewalt! Gewalt!» schreien gehört hatte. Als sie ihr aber zu Hilfe eilte, fand sie keine Spur von ihr.

Am zehnten Tage kam Demeter in Verkleidung nach Eleusis. König Keleus und seine Frau Metaneira gewährten ihr Gastfreundschaft und boten ihr an, als Amme für Demophoon, den neugeborenen Prinzen, zu bleiben. Die lahme Tochter Iambe versuchte, Demeter mit komisch frivolen Versen zu trösten. Die andere Amme, die alte Baubo, überredete sie, Gerstensaft zu trinken, stöhnte wie in Wehen und zauberte plötzlich unter ihrem Rocke Demeters eigenen Sohn Iakchos hervor, der seiner Mutter in die Arme sprang und sie küßte.

«Oh, wie gierig du trinkst!» rief Abas, ein älterer Sohn des Keleus: Da verwandelte Demeter den Burschen in eine Eidechse. Demeter schämte sich ihrer Ungezügeltheit und beschloß, Keleus zu Gefallen dessen jüngsten Sohn Demophoon unsterblich zu machen. Sie hielt ihn über ein Feuer, um seine Sterblichkeit hinwegzubrennen. Aber noch bevor das Werk vollendet war, trat Metaneira hinzu und brach den Zauber. Demophoon starb. «Wie unglücklich ist doch mein Haus!» klagte Keleus. «Trockne deine Tränen», sagte

Persephone mit Granatapfel, Terrakotta (Britisches Museum, London)

Demeter, «du hast noch drei Söhne, denen ich solche Gaben verleihen werde, daß du den Verlust deiner zwei Söhne vergessen wirst.»

Triptolemos hütete das Vieh seines Vaters. Er hatte Demeter erkannt und ihr die Nachricht gegeben, die sie suchte: Zehn Tage vorher waren seine Brüder Eumolpos, ein Schafhirt, und Eubuleus, ein Schweinehirt, auf den Feldern gewesen. Sie hatten ihre Tiere gefüttert, als die Erde sich plötzlich vor ihnen öffnete und die Schweine des Eubuleus vor dessen eigenen Augen verschlang. Dann erschien ein Wagen, von schwarzen Pferden gezogen, und jagte in die Kluft. Des Wagentreibers Gesicht war unsichtbar. Aber sein rechter Arm war fest um ein schreiendes Mädchen geschlungen.

Demeter rief die Hekate. Sie gingen zusammen zu Helios, dem Allessehenden, und zwangen ihn zuzugeben, daß Hades der Entführer sei. Demeter war darüber so empört, daß sie nicht zum Olymp zurückkehrte. Sie wanderte weiterhin über die Erde und verbot den Bäumen, Früchte zu tragen, und den Pflanzen zu wachsen, so lange, bis das Geschlecht der Menschen auszusterben drohte. Zeus sandte ihr zuerst durch Iris eine Botschaft und dann eine Abordnung der olympischen Götter mit versöhnenden Gaben. Demeter aber wollte nicht zum Olymp zurückkehren und schwor, daß die Erde unfruchtbar bleiben würde, bis Kore zurückgekehrt sei.

Zeus sah sich gezwungen, Hermes mit einer Botschaft zu Hades zu senden: «Wenn du Kore nicht zurückgibst, sind wir alle dem Untergang geweiht!» Demeter ließ er wissen: «Du kannst deine Tochter zurückhaben, vorausgesetzt, daß sie nicht von der Totenspeise gegessen hat.»

Kore hatte sich geweigert, auch nur eine Kruste Brot zu sich zu nehmen. So war Hades gezwungen, seinen Ärger zu verbergen, und sagte freundlich zu ihr: «Mein Kind, du scheinst hier unglücklich zu sein, und deine Mutter weint nach dir. Daher will ich dich wieder heimsenden.»

Kore hörte auf zu weinen. Als sie sich aber gerade auf den Weg nach Eleusis machen wollten, begann Askalaphos, einer der Gärtner des Hades, zu schreien und spöttisch zu rufen: «Da ich Kore einen Granatapfel in deinem Garten pflücken und sieben Kerne essen sah, will ich Zeuge sein, daß sie von der Totenspeise gekostet hat!»

Voller Freude begrüßte Demeter Kore in Eleusis. Als sie aber von dem Granatapfel hörte, wurde sie trauriger denn je und sagte wieder: «Nie werde ich zum Olymp zurückkehren, nie meinen Fluch von der Erde nehmen.» Da überredete Zeus seine Mutter Rhea, die auch Hades und Demeter geboren hatte, sich bei Demeter einzusetzen. So wurde endlich eine Lösung gefunden: Kore sollte drei Monate im Jahr bei Hades sein, als Königin des Tartaros, mit dem Titel Persephone, und die übrigen neun Monate mit Demeter verbringen.

Da endlich entschloß sich Demeter, nach Hause zurückzukehren. Bevor sie Eleusis verließ, unterrichtete sie Triptolemos, Eumolpos und Keleus (zusammen mit Diokles, König von Pherai, der inzwischen unermüdlich nach Kore gesucht hatte) in ihrer Anbetung und ihren Mysterien. Triptolemos erhielt Saatgut, einen hölzernen Pflug und einen von Schlangen gezogenen Wagen. Sie sandte ihn über die ganze Erde, damit er alle Menschen in der Kunst des Ackerbaus unterrichten könnte. Den Askalaphos aber strafte sie für seinen Verrat.

Athene und ihre Taten

Athene erfand die Flöte, die Trompete, den gebrannten Tontopf, den Pflug, den Rechen, das Joch der Ochsen, den Zaum des Pferdes, den Wagen und das Schiff. Von Athene stammen auch die Wissenschaft der Zahlen und die Künste der Frauen. Obwohl eine Göttin des Krieges, hat sie doch keine Freude an Schlachten. Viel eher findet sie Vergnügen im Schlichten von Streitereien und in der Befolgung des Gesetzes mit friedlichen Mitteln. In Zeiten des Friedens trägt sie keine Waffen. Wenn sie welche braucht, borgt sie sie sich von Zeus. Bemerkenswert ist ihre Neigung zur Milde: Bei Stimmengleichheit der Richter gibt sie ihre Stimme immer zugunsten des Angeklagten ab. Wenn sie aber zum Kampf gezwungen wird, bleibt sie Siegerin, selbst gegen Ares. Sie ist die taktisch Klügere. Kluge Heeresführer bitten sie immer wieder um Rat.

Viele Götter, Titanen und Riesen hätten mit Freude Athene geheiratet. Sie aber wies alle Annäherungen zurück. Einmal, als Zeus ihr keine Waffen leihen wollte, bat sie Hephaistos, ihr eigene Waffen zu schmieden. Hephaistos weigerte sich, einen Preis dafür auszumachen. Scheinheilig versicherte er, daß er die Arbeit aus Liebe verrichten würde. Sie mißverstand die Zweideutigkeit dieser Worte und betrat arglos die Schmiede, um ihm bei seiner Arbeit zuzusehen. Da drehte er sich plötzlich um und versuchte, sie zu vergewaltigen. Hephaistos, nicht immer so grob, war das Opfer eines böswilligen Scherzes geworden: Poseidon hatte ihm zuvor mitgeteilt, Athene sei auf dem Wege zur Schmiede und hoffe, mit Zustimmung des Zeus, vergewaltigt zu werden. Als sie sich von ihrem Bedränger losriß, verspritzte Hephaistos seinen Samen gegen ihren Schenkel, ein wenig oberhalb des Knies. Sie wischte die Flecken mit einer Handvoll Wolle ab und warf das Knäuel voller Ekel von sich. Es fiel auf die Erde. Abgestoßen von dem Gedanken, ein Kind zu tragen, das Hephaistos mit Athene gewaltsam zu zeugen versucht hatte, erklärte Mutter Erde, sie würde keinerlei Verantwortung für das Kind übernehmen.

«Gut», sagte Athene, «ich selbst werde mich des Kindes annehmen.» So übernahm sie die Pflege des Knaben und nannte ihn Erichthonios. Um zu verhindern, daß Poseidon über den Erfolg seines Streiches triumphiere, versteckte sie das Kind in einem heiligen Korb. Diesen gab sie der ältesten Tochter des Königs Kekrops von Athen, der Aglauros, mit dem Auftrag, ihn sorgsam zu bewachen.

Kekrops, ein Sohn der Mutter Erde, war der erste König, der die Bedeutung der Vaterschaft erkannte. Er führte die Monogamie ein und schaffte einige blutige Opfer ab, die er durch Darbringung von Gerstenkuchen ersetzte. Seine Gemahlin hieß Agraulos. Seine drei Töchter hießen Aglauros, Herse und Pandrosos. Eines Abends, als die Mädchen von einem Feste heimkehrten und Athenes heiligen Korb auf ihrem Haupte trugen, bestach Hermes Aglauros, ihm den Eintritt zu Herse, der jüngsten der drei, in die er sich heftig verliebt hatte, zu ermöglichen. Aglauros nahm zwar das Gold des Hermes, erfüllte aber seinen Wunsch nicht, denn Athene hatte sie auf Herses Glück eifersüchtig gemacht. Hermes verwandelte Aglauros in einen Stein und befriedigte seine Gier. Die Frucht dieser Vereinigung waren Kephalos und Keryx. Das verwaiste Körbchen, das Aglauros gehütet hatte, machte ihre

Pan mit Flöte, Bronzestatuette (Britisches Museum, London)

Mutter und ihre Schwestern so neugierig, daß sie hineinschauten. Als sie darin ein Kind mit einem Schlangenschwanz an Stelle von Beinen entdeckten, schrien sie vor Angst auf und sprangen von der Akropolis.

Als Athene von dem Unglück erfuhr, wurde sie zornig. Sie ließ den riesigen Felsen, den sie zum Schutz der Akropolis stets bei sich trug, herabfallen; so entstand der Berg Lykabettos. Die weiße Krähe, die ihr die Unglücksbotschaft gebracht hatte, verwandelte sie in eine schwarze und verbot allen Krähen, sich jemals wieder der Akropolis zu nähern. Erichthonios versteckte sie in ihrer Aigis, wo sie ihn so zärtlich aufzog, daß manche sie für seine Mutter hielten. Er wurde später König von Athen und führte hier die Anbetung der Athene ein. Seine Untertanen lehrte er die Verwendung des Silbers. Sein Bild wurde als Sternbild Fuhrmann unter die Sterne gesetzt. Erichthonios ist auch der Erfinder des vierpferdigen Gespanns.

Pan und seine Taten

Pan, sagen manche, ist der Sohn des Hermes und der Dryope. Es heißt, daß er bei seiner Geburt so häßlich war, daß seine Mutter entsetzt vor ihm floh. Hermes soll ihn zur Belustigung der Götter auf den Olymp gebracht haben.

Aber Pan war der Ziehbruder des Zeus und somit älter als Hermes. Andere wieder lassen ihn den Sohn des Kronos und der Rhea sein oder des Zeus von Hybris. Dies aber ist höchst unwahrscheinlich.

Er lebte in Arkadien, bewachte dort die Herden und Bienenstöcke, nahm an den Lustbarkeiten der Bergnymphen teil und half den Jägern, ihre Beute zu finden. Im großen und ganzen war er gutmütig und faul und liebte nichts mehr als seinen Nachmittagsschlaf. Störte man ihn dabei, so rächte er sich durch einen lauten Schrei, der den Störenfrieden die Haare zu Berge stehen ließ.

Pan verführte verschiedene Nymphen, darunter Echo. Mit Eupheme, Amme der Musen, zeugte er Krotos, den Bogenschützen im Tierkreis. Einst versuchte er, die keusche Pitys zu vergewaltigen, die ihm nur entkam, weil sie in eine Fichte verwandelt wurde, von der er einen Zweig hernach als Kranz trug. Bei anderer Gelegenheit verfolgte er die Syrinx bis zum Flusse Ladon; hier nahm sie die Gestalt eines Schilfrohrs an. Da er sie nicht von allen anderen unterscheiden konnte, schnitt er willkürlich einige Rohre ab und formte daraus eine Flöte (Pansflöte). Sein größter Erfolg war die Verführung der Selene. Dazu versteckte er seine haarige und dunkle, ziegenhafte Gestalt unter wohlgewaschenen weißen Fellen. Sie erkannte ihn nicht und war bereit, auf seinem Rücken zu reiten und ihn mit ihr tun zu lassen, was ihm gefiel.

Die olympischen Götter, die Pan verachteten, nützten indes seine Kräfte weidlich aus. Apollon entlockte ihm die Kunst der Prophezeiung, und Hermes kopierte seine Flöte, die er dann als seine eigene Erfindung ausgab und dem Apollon verkaufte.

Pan ist der einzige Gott, der in irdischen Zeiten starb. Die Kunde von seinem Tod kam zu Thamos, einem Matrosen, dessen Schiff sich auf einer Reise nach Italien befand. Eine göttliche Stimme rief über das Meer: «Thamos, bist du da? Wenn du nach Palodes kommst, verkünde dorten, daß der Große Gott Pan gestorben ist!» Thamos tat, wie ihm geheißen, und an allen Küsten erhob sich lautes Weinen und Klagen.

Dionysos und seine Taten

Auf Heras Befehl ergriffen die Titanen Zeus' neugeborenen Sohn Dionysos und rissen ihn in Stücke. Die Reste kochten sie in einem Kessel. Aber seine Großmutter Rhea sammelte alle Teile und fügte sie wieder zusammen. Dionysos wurde Persephone anvertraut. Diese brachte ihn zu König Athamas von Orchomenos. Sie überredete dessen Frau Ino, das Kind als Mädchen verkleidet in den Frauengemächern aufzuziehen. Aber Hera ließ sich nicht täuschen. Sie strafte das königliche Paar mit Wahnsinn.

Dann verwandelte Hermes, auf Befehl des Zeus, Dionysos zeitweilig in ein Zicklein oder einen Widder und vertraute ihn den Nymphen Makris, Nysa, Erato, Bromie und Bakche auf dem Berg Nysa an. Sie pflegten Dionysos in einer Höhle. Dafür setzte Zeus ihr Abbild unter die Sterne und nannte es die Hyaden. Auf dem Berge Nysa entdeckte Dionysos den Wein, eine Tat, für die er noch heute gefeiert wird.

Trotz der Verweiblichung, die seine Erziehung bewirkt hatte, erkannte ihn Hera als den Sohn des Zeus. Sie schlug ihn mit Wahnsinn. Er wanderte über die ganze Welt, begleitet von seinem Erzieher Silenos und einer wilden Herde von Satyrn und Mainaden. Deren Waffen waren ein efeuumwundener Stab, auf dessen Spitze ein Tannenzapfen steckte – man nannte ihn den Thyrsosstab –, sowie Schwerter, Schlangen und fürchterliche Lärminstrumente. Mit einer Fuhre Wein segelte er nach Ägypten. In Pharos bereitete ihm König Proteus einen freundschaftlichen Empfang.

Bei den Libyern des Nildeltas, gegenüber Pharos, herrschten Amazonen-Königinnen. Dionysos forderte sie auf, mit ihm gegen die Titanen zu ziehen. Der Sieg des Dionysos über die Titanen und die Wiedereinsetzung König Ammons waren der erste seiner zahlreichen militärischen Erfolge. Dann wandte er sich ostwärts und brach nach Indien auf und eroberte das ganze Land. Er lehrte überall die Kunst des Weinbaus, schuf neue Gesetze und gründete große Städte. Bei seiner Rückkehr fand er die Amazonen in hellem Aufruhr. Er trieb sie vor sich her bis Ephesos. Andere flohen nach Samos. Dionysos folgte ihnen in Booten und tötete viele von ihnen.

Dann kehrte Dionysos über Phrygien nach Europa zurück. Seine Großmutter Rhea reinigte ihn von den vielen Mordtaten, die er im Wahnsinn begangen hatte, und führte ihn in ihre Mysterien ein. Bald überrannte er Thrakien. Aber kaum waren seine Leute an der Mündung des Flusses Strymon gelandet, da trat ihnen Lykurgos, König der Edoner, entgegen und nahm die ganze Armee gefangen. Nur Dionysos entkam. Er warf sich ins Meer und suchte in Thetis' Grotte Zuflucht. Rhea schlug Lykurgos mit Wahnsinn, so daß er seinen eigenen Sohn Dryas mit einer Axt tötete, im Glauben, einen Weinstock zu fällen. Das ganze Land Thrakien wurde vor Entsetzen ob dieses Verbrechens unfruchtbar. Dionysos verkündete, daß diese Unfruchtbarkeit so lange andauern würde, bis Lykurgos getötet sei. Der unglückliche König wurde von den Edonern zum Berge Pangaion geführt, wo wilde Pferde ihn zerrissen.

Nach der Niederwerfung Thrakiens reiste Dionysos in sein geliebtes Boiotien. In Theben verleitete er die Frauen, sich seinen Lustbarkeiten auf dem Berge Kithairon anzuschließen. Pentheus, der König von Theben, hatte eine Abneigung gegen die verwahrloste Erscheinung des Dionysos. Er nahm ihn, zusammen mit all seinen Mainaden, gefangen, verfiel aber dem Wahnsinn und fesselte an Stelle des Dionysos einen Stier. Wieder entflohen die Mainaden und zogen tobend über den Berg. Pentheus versuchte, ihrem Treiben Einhalt zu gebieten. Aber von Wein und religiöser Inbrunst berauscht, zerrissen sie auch ihn Glied um Glied. Seine eigene Mutter Agaue führte die Rasenden an. Sie war es, die ihrem Sohn eigenhändig den Kopf abriß.

In Orchomenos weigerten sich die drei Töchter des Minyas, Alkithoë, Leukippe und Arsippe, an den Ausschweifungen teilzunehmen. Dionysos selbst, als Mädchen verkleidet, hatte sie dazu eingeladen. Darauf wechselte er seine Aufmachung und erschien nacheinander als Löwe, als Stier und als Panther. Die Mädchen wurden wahnsinnig. Leukippe bot ihren eigenen Sohn Hippasos als Opfer an. Die drei Schwestern rissen ihn in Stücke und verschlangen ihn. Dann zogen sie in wilder Lust über die Berge, bis endlich Hermes sie in Vögel verwandelte.

Als ganz Boiotien die Göttlichkeit des Dionysos anerkannt hatte, zog er über die Aigaiischen Inseln und verbreitete Freude und Schrecken. Auf Ikaria fand er sein Schiff beschädigt vor und mietete eines von tyrrhenischen Seefahrern. Sie hatten gesagt, daß sie auf dem Wege nach Naxos seien. Es waren jedoch Piraten. Ohne zu wissen, daß sie einen Gott an Bord hatten, steuerten sie nach Asien, in der Absicht, ihren Passagier dort als Sklaven zu verkaufen. Dionysos ließ auf dem Deck einen Weinstock wachsen, der den Mast umwucherte. Efeu schlang sich um die Verstrebungen. Die Ruder verwandelte er in Schlangen, sich selbst in einen Löwen. Er füllte das Schiff mit geisterhaften Tieren und ließ Flötenmusik erklingen, so daß die verwirrten Piraten über Bord sprangen und zu Delphinen wurden.

In Naxos traf Dionysos die liebliche Ariadne, die von Theseus verlassen worden war. Er heiratete sie prompt. Sie gebar ihm Oinopion, Thoas, Staphylos, Latromis, Euanthes und Tauropolos. Später setzte er ihren Brautkranz als Sternbild ans Firmament.

Von Naxos zog er nach Argos und strafte Perseus, der sich ihm anfangs entgegengestellt hatte. Er tötete viele von Perseus' Untertanen und verbreitete Wahnsinn unter deren Frauen. Schnell gab Perseus seinen Fehler zu und besänftigte Dionysos mit dem Bau eines Tempels.

Die Götter der Unterwelt

Wenn die Geister zum Tartaros hinabsteigen, erhalten sie von frommen Verwandten eine Münze. Diese wird ihnen unter die Zunge gelegt. So können sie Charon, den Geizigen, bezahlen, der sie dann in seinem Nachen über den Styx fährt. Geldlose Geister müssen ewig an dem diesseitigen Ufer des Flusses warten, wenn es ihnen nicht gelingt, ihrem Führer Hermes zu entfliehen und sich durch einen Hintereingang einzuschleichen. Ein dreiköpfiger Hund namens Kerberos bewacht das gegenüberliegende Ufer des Styx.

Die erste Region des Tartaros umfaßt die trostlosen Asphodelischen Felder. Die Seelen der Heroen wandeln hier zwecklos im Gedränge unbedeutender Toter umher. Diese schreien wie Fledermäuse. Ihre einzige Freude besteht in einem Schluck Blut, das sie gelegentlich von Lebenden erhaschen; wenn sie davon trinken, fühlen sie sich fast wieder wie Menschen. Jenseits dieser Wiesen liegen Erebos und der Palast des Hades und der Persephone. Dicht daneben, auf einem Platz, wo drei Straßen zusammentreffen, sitzen Minos, Rhadamanthys und Aiakos über die neu angekommenen Geister zu Gericht. Ist das Urteil verkündet, werden die Geister zu einem der drei Wege geleitet. Waren sie im Leben böse, warten die Straffelder des Tartaros auf sie; die Tugendsamen werden in die Obstgärten Elysiums gebracht. Waren sie weder gut noch böse, harren ihrer die Asphodelischen Wiesen.

Elysium ist dem Hades benachbart und wird von Kronos regiert. Es ist das glückliche Land ewigen Tages, ohne Kälte und Schnee, wo Spiele, Musik und Feste nie enden. Seinen Bewohnern steht es frei, wiedergeboren zu werden. Daran angrenzend liegen die Glücklichen Inseln, bestimmt für diejenigen, die dreimal geboren wurden und dreimal nach Elysium zurückkamen.

Der wilde Hades besucht die oberen Regionen nur aus seltenen Anlässen, etwa wenn er plötzlich von Lust erfaßt wird. Eines Tages blendete er die Nymphe Minthe mit dem Glanz seines goldenen Wagens und seiner vier Rappen. Er würde sie ohne Schwierigkeiten verführt haben, hätte nicht

Hades und Persephone in der Unterwelt, Detail von einer apulischen Amphore (Britisches Museum, London)

Persephone Minthe in ein süß duftendes Kraut, die Minze, verwandelt. Freiwillig läßt Hades keinen seiner Untertanen entfliehen. Nur wenige, die den Tartaros sahen, kehren lebend zurück.

Hades weiß nie, was in der oberen Welt oder im Olymp vorgeht. Nur lückenhafte Kunde erreicht ihn, wenn Sterbliche mit ihren Fäusten auf die Erde schlagen und sich mit Verwünschungen und Flüchen an ihn wenden. Sein kostbarster Besitz ist der Helm der Unsichtbarkeit. Er hatte ihn von den Kyklopen als Zeichen ihrer Dankbarkeit erhalten, als er sie, wenn auch auf Befehl des Zeus, freiließ. Alle Reichtümer an Edelsteinen und edlen Metallen, die in der Erde verborgen sind, gehören ihm. Oberhalb der Erde hat er keinen Besitz, mit Ausnahme einiger düsterer Tempel in Griechenland.

Königin Persephone kann, im Gegensatz zu ihrem Gemahl, gnadenreich und mitleidsvoll sein. Sie ist dem Hades treu, hat aber von ihm keine Kinder und zieht ihm die Gesellschaft Hekates, der Königin der Hexen, vor.

Tisiphone, Alekto und Megaira, die Erinyen oder Furien, leben in Erebos. Sie sind älter als Zeus oder irgendeiner der anderen Olympier. Ihre Aufgabe ist es, Klagen, die die Sterblichen vorbringen, anzuhören: Klagen über die Rücksichtslosigkeit Junger gegen Betagte, der Kinder gegenüber den Eltern, des Gastgebers gegenüber seinen Gästen, des Dienstherrn oder des Stadtrats gegenüber Bittstellern, und solche Verbrechen zu bestrafen: Sie jagen die Schuldigen unbarmherzig. Die Erinyen sind alte Weiber. Sie haben Schlangenhaare, Hundehäupter, kohlschwarze Körper, Fledermausflügel und blutunterlaufene Augen. In ihren Händen tragen sie messingumwickelte Geißeln; ihre Opfer sterben unter Qualen. Es ist unklug, sie gesprächsweise beim Namen zu nennen. So werden sie für gewöhnlich die Eumeniden genannt, was ‹die Freundlichen› bedeutet, und Hades heißt auch Pluton, ‹der Reiche›.

Tyche und Nemesis

Tyche ist eine Tochter des Zeus. Er verlieh ihr die Macht, über das Schicksal der Sterblichen zu entscheiden. Manche beschenkt sie reich mit Gaben aus ihrem Füllhorn; anderen raubt sie alles, was sie besitzen. Tyche ist in ihrem Tun völlig unberechenbar. Ihr Spielzeug ist ein Ball, der die Zufälligkeit des Glücks darstellt. Aber sollte ein Sterblicher, dem sie ihre Gunst erwiesen hatte, sich seiner Reichtümer brüsten und nicht den Göttern einen Teil davon opfern oder damit die Armut seiner Mitbürger lindern, dann greift die alte Göttin Nemesis ein und erniedrigt ihn. Sie hält in der einen Hand einen Apfelzweig und in der anderen ein Rad. Auf dem Kopf trägt sie eine silberne, mit Hirschen verzierte Krone. An ihrem Gürtel hängt eine Geißel.

Münzbild von Dionysos (Archäologisches Museum, Syrakus)

3

GÖTTER, MENSCHEN UND HEROEN

Orpheus

Orpheus, Sohn des thrakischen Königs Oiagros und der Muse Kalliope, ist der berühmteste Dichter und Musiker. Apollon schenkte ihm eine Leier, und die Musen lehrten ihn, darauf zu spielen. Sein Gesang zähmte nicht nur die wilden Tiere, sondern entzückte auch die Bäume und Felsen, die ihre Plätze verließen, um seiner Stimme zu folgen.

Nach einem Aufenthalt in Ägypten schloß sich Orpheus den Argonauten an. Er segelte mit ihnen nach Kolchis und half ihnen mit seiner Musik, viele Schwierigkeiten zu überwinden. Bei seiner Rückkehr heiratete er Eurydike und ließ sich unter den wilden Kikonen Thrakiens nieder.

Eines Tages begegnete Eurydike in der Nähe von Tempe im Tale des Flusses Peneius dem Aristaios. Aristaios versuchte sie zu vergewaltigen. Sie floh und trat dabei auf eine Schlange, an deren Biß sie starb. Orpheus stieg kühn in den Tartaros hinab, um sie zurückzuholen. Bei seiner Ankunft im Totenreich rührte er nicht nur den Fährmann Charon, den Höllenhund Kerberos und die drei Totenrichter mit seiner Musik, sondern linderte auch für eine Weile die Qualen der Verdammten. Selbst der wilde Hades ließ sich erweichen und erlaubte Eurydike, in die Oberwelt zurückzukehren. Hades stellte nur eine Bedingung: Orpheus dürfe nicht zurückschauen, bis sie sicher im Lichte der Sonne wären. Eurydike folgte Orpheus durch den dunklen Gang, geführt von den Klängen seiner Leier. Als er das Sonnenlicht erreicht hatte, drehte er sich nach ihr um. Und verlor sie für immer.

Als Dionysos in Thrakien einfiel, lehnte Orpheus es ab, ihm Ehre zu erweisen. Statt dessen führte er andere, frommere Mysterien ein und predigte gegen das Übel der Menschenopfer. Voll Zorn darüber hetzte Dionysos die Mainaden auf ihn. Sie warteten, bis ihre Männer die Waffen abgelegt und Apollons Tempel betreten hatten, wo Orpheus als Priester diente. Dann ergriffen sie die Waffen, brachen in den Tempel ein, töteten ihre Männer und zerrissen Orpheus Glied um Glied. Sein Haupt warfen sie in den Fluß Hebros, aber es schwamm, immer noch singend, zum Meere und wurde zur Insel Lesbos getragen.

Weinend sammelten die Musen seine Glieder und begruben sie in Leibethra, am Fuße des Berges Olympos, wo seither die Nachtigallen süßer als sonstwo auf der Welt singen. Das Haupt des Orpheus wurde in einer dem Dionysos geweihten Höhle zu Antissa aufgebahrt. Den Angriff einer eifersüchtigen lemnischen Schlange wehrte Apollon ab, indem er sie in einen Stein verwandelte. Auch in der Höhle prophezeite Orpheus' Mund Tag und Nacht, bis Apollon herausfand, daß seine Orakel in Delphi, Gryneion und Klaros vernachlässigt wurden. Er eilte zu der Höhle und rief: «Störe meine Kreise nicht!» Darauf verstummte der Mund. Auch Orpheus' Leier war nach Lesbos getrieben und in einem Tempel des Apollon aufbewahrt worden. Auf Fürsprache Apollons und der Musen setzte Zeus die Leier unter die Sternbilder.

Ganymedes

Ganymedes, Sohn des Königs Tros, der Troia seinen Namen gab, war der schönste aller Jünglinge. Er wurde daher von den Göttern erwählt, der Mundschenk des Zeus zu sein. Es wird berichtet, daß Zeus, der in lüsterner Begierde nach Ganymedes entbrannt war, sich in Adlerfedern kleidete und ihn von der troischen Ebene forttrug.

Auf Befehl des Zeus schenkte Hermes dem Tros als Trost für den Verlust des Ganymedes einen goldenen Weinstock – eine Arbeit des Hephaistos – und zwei wertvolle Pferde. Gleichzeitig versicherte er ihm, daß Ganymedes unsterblich geworden sei, verschont von den Leiden des hohen Alters, und daß er dem Vater des Himmels hellen Nektar aus einer goldenen Schale darböte.

Der Aufstand der Giganten

Weil Zeus ihre Brüder, die Titanen, in den Tartaros verbannt hatte, planten die Giganten, zottige, gräßliche Ungeheuer, einen Angriff auf den Himmel. Mutter Erde hatte sie zu Phlegra in Thrakien geboren – es waren ihrer vierundzwanzig an der Zahl.

Ohne vorherige Warnung schleuderten sie von ihren Bergspitzen Felsen und Feuerbrände in die Höhe, so daß die Olympier in Not gerieten. Finster prophezeite Hera, daß die Giganten niemals von einem Gott, sondern nur von einem löwenhäutigen Sterblichen getötet werden könnten. Selbst dieser wäre machtlos, wenn er nicht eher als der Feind ein gewisses Kraut der Unverletzbarkeit fände, das an einem geheimen Platz auf der Erde wachse. Da beriet sich Zeus mit Athene und sandte sie zu Herakles, dem löwenhäutigen Sterblichen. Eos, Selene und Helios verbot er zu scheinen, solange noch Gefahr bestünde. Beim schwachen Licht der Sterne suchte Herakles seinen Weg in die Gegend, die ihm Athene gewiesen hatte, fand das Kraut und brachte es sicher zum Himmel.

Nun konnten die Olympier sich mit den Giganten im Kampfe messen. Herakles schoß seinen ersten Pfeil gegen Alkyoneus, den Führer der Feinde ab. Dieser stürzte zu Boden, sprang aber sofort wieder lebend auf, weil dies sein Geburtsort Phlegra war. «Schnell!» rief Athene. «Bringe ihn in ein anderes Land!» Herakles warf Alkyoneus über seine Schulter und trug ihn über die Grenze nach Boiotien, wo er ihn mit einer Keule tötete.

Dann sprang Porphyrion von einer großen Steinpyramide, die die Giganten errichtet hatten, in den Himmel. Keiner der Götter konnte ihm Widerstand leisten. Porphyrion warf sich auf Hera und wollte sie erwürgen. Aber rechtzeitig noch schoß ihm Eros einen Pfeil in die Leber. Porphyrions Wut verwandelte sich in Lust. Als Zeus sah, daß sein Weib vergewaltigt werden sollte, eilte er in eifersüchtigem Zorn hinzu und schlug Porphyrion mit einem Blitz nieder. Porphyrion sprang wieder auf, aber Herakles kam gerade noch zur rechten Zeit von Boiotien zurück und verwundete ihn mit einem Pfeil tödlich. Inzwischen hatte Ephialtes den Kampf mit Ares aufgenommen und ihn in die Knie gezwungen. Apollon jagte einen Pfeil in das linke Auge des Ungeheuers, und der herbeieilende Herakles schoß einen zweiten in dessen rechtes. So starb Ephialtes.

Wenn immer ein Gott einen Giganten verwundete, so war es doch stets Herakles, der ihnen den Todesstoß zu geben hatte. Die friedliebenden Göttinnen Hestia und Demeter nahmen an dem Kampf nicht teil. Sie standen verzweifelt beiseite und rangen die Hände.

Entmutigt flohen die überlebenden Giganten zurück zur Erde, verfolgt von den Olympiern. Athene schleuderte dem Enkelados einen Felsen nach. Der Fels schlug den Fliehenden platt. So entstand die Insel Sizilien. Poseidon brach mit seinem Dreizack ein Stück aus der Insel Kos und warf es auf Polybutes. Dieser fiel ins Meer, wodurch die in der Nähe Siziliens liegende kleine Insel Nisyros, unter der Polybutes begraben liegt, entstand.

Die übrigen Giganten versuchten noch einmal bei Bathos, in der Nähe von Trapezos, Fuß zu fassen. Hermes, der von Hades den Helm der Unsichtbarkeit entliehen hatte, schlug Hippolytos nieder, und Artemis durchbohrte Gration mit einem Pfeil. Die Keulen der Schicksalsgöttinnen zertrümmerten die Schädel des Agrios und des Thoas. Die restlichen Giganten wurden nun von Ares mit seinem Speer und von Zeus mit seinem Donnerkeil hart bedrängt. Doch wieder mußte Herakles herbeigerufen werden, um die Verwundeten zu töten.

Typhon

Aus Rache für den Untergang der Giganten schlief Mutter Erde mit Tartaros. Bald darauf gebar sie ihren jüngsten Sproß, Typhon: das größte Ungeheuer, das je das Licht der Welt erblickte. Von seinen Schenkeln abwärts bestand er nur aus sich windenden Schlangen. Seine Arme hatten zahllose Schlangenköpfe an Stelle von Händen. Wenn er sie ausstreckte, waren sie in jeder Richtung hundert Meilen lang. Sein bestialisches Eselshaupt berührte die Sterne, seine ungeheueren Flügel verfinsterten die Sonne, Feuer brach aus seinen Augen, und flammende Lava schoß aus seinem Munde. Als er gegen den Olymp stürmte, flohen die Götter voll Schreck nach Ägypten, wo sie sich in Gestalt von Tieren versteckten.

Athene allein hielt stand und verspottete Zeus wegen seiner Feigheit, so lange, bis er seine ursprüngliche Gestalt wieder annahm und einen Blitz gegen Typhon schleuderte. Dann schwang er die Feuersteinsichel, die schon zur Entmannung des Uranos gedient hatte. Verwundet floh der schreiende Typhon vor Zeus zum Berge Kasios. Dort rangen sie miteinander. Typhon schlang seine tausend Finger um Zeus, beraubte ihn seiner Sichel, durchschnitt die Sehnen seiner Arme und Beine und schleppte ihn in die Korykische Höhle. Zeus konnte kein Glied mehr bewegen. Typhon verbarg die Sehnen unter einem Bärenfell und ließ Delphyne, seine schlangenschwänzige und grauenvoll anzusehende Schwester, darüber wachen.

Typhon, das Ungeheuer mit drei Köpfen, Plastik aus Naxos (Akropolis-Museum, Athen)

Die Nachricht von der Niederlage des Zeus verbreitete Verzweiflung unter den Göttern. Aber Hermes und Pan schlichen heimlich zur Höhle. Pan verjagte Delphyne mit einem schrecklichen Schrei, Hermes nahm flink die Sehnen und setzte sie wieder in die Glieder des Zeus.

Zeus kehrte zum Olymp zurück und bestieg einen von geflügelten Pferden gezogenen Wagen. Wieder verfolgte er Typhon mit seinen Blitzen. Der eilte zum Berge Haimos in Thrakien und warf riesige Felsbrocken gegen Zeus. Aber Zeus hielt den Geschossen seine Blitze entgegen, so daß sie auf das Ungeheuer zurückfielen und es furchtbar zurichteten. Typhon floh nach Sizilien. Hier beendete Zeus den Kampf, indem er den Berg Ätna auf ihn stürzte. Noch heute speit der Ätna Feuer.

Die Deukalionische Flut

Die Deukalionische Flut, so genannt, um sie von der Ogygischen und anderen Fluten zu unterscheiden, wurde durch den Zorn des Zeus über die unfrommen Söhne des Lykaon verursacht. Der war ein Sohn des Pelasgos. Auf die Nachrichten von den Untaten dieser Söhne machte Zeus sich selber auf und besuchte sie, als armer Reisender verkleidet. Sie waren so unverschämt, ihm eine Suppe aus den Eingeweiden ihres Bruders Nyktimos und denen von Schafen und Ziegen vorzusetzen. Zeus ließ sich nicht täuschen und stieß den Tisch, auf dem sie ihm dieses ekelerregende Mahl servierten, um. Mit Ausnahme des Nyktimos, den er wieder zum Leben erweckte, verwandelte Zeus alle Söhne Lykaons in Wölfe.

Nach seiner Rückkehr zum Olymp ließ Zeus aus Ekel über die Menschen eine Flutwelle aufsteigen. Er wollte das ganze Menschengeschlecht ausrotten. Aber Deukalion, König von Phthia, war von seinem Vater Prometheus, dem Titanen, gewarnt worden. Er baute eine Arche, lagerte Nahrungsmittel ein und begab sich mit seiner Gemahlin Pyrrha an Bord. Dann begann der Südwind zu blasen, Regen fiel, und die Flüsse stürzten nieder zum Meer, das mit erstaunlicher Geschwindigkeit anstieg und alle Städte an der Küste und in der Ebene überschwemmte. Bald war die ganze Erde, mit Ausnahme einiger weniger Berggipfel, ein Meer. Alle Erdenbewohner mußten umgekommen sein. Nur Deukalion und Pyrrha lebten noch. Die Arche schwamm neun Tage, bis endlich das Wasser zu steigen aufhörte. Sie landeten auf dem Berge Parnassos.

Sie stiegen aus der Arche und dankten Vater Zeus mit einem Opfer. Dann gingen sie zum Heiligtum der Themis, am Ufer des Flusses Kephissos. Sie beteten demütig, daß die Menschheit erneuert werden möge. Zeus hörte ihre Stimmen von ferne und sandte Hermes zu ihnen mit dem Versprechen, ihnen jeden Wunsch zu erfüllen. Auch Themis machte sich mit den Worten bemerkbar: «Bedeckt eure Häupter und werft die Knochen eurer Mutter hinter euch!» Da Deukalion und Pyrrha verschiedene Mütter hatten, die beide tot waren, glaubten sie, daß die Sprecherin Mutter Erde meinte, deren Gebeine als Felsbrocken am Flußufer lagen. Sie beugten sich mit verdecktem Antlitz nieder, hoben die Steine auf und warfen sie über ihre Schultern. Wo die Steine niederfielen, erhoben sich Menschen, Männer aus Deukalions Würfen, Frauen aus denen der Pyrrha.

Deukalion und Pyrrha waren jedoch nicht die einzigen Überlebenden der Flut. Megaros, ein Sohn des Zeus, war durch den Schrei der Kraniche in seinem Bett aufgeschreckt worden. Er lief zum Gipfel des Berges Gerania, der über die Wasser ragte. Die Einwohner von Parnassos wurden durch das warnende Geheul von Wölfen gerettet. Sie stiegen auf den Berggipfel. Ihre Stadt, die sie wieder aufbauten, nannten sie, nach den Wölfen, Lykorea.

Deukalion war der Bruder der kretischen Ariadne und der Vater des Orestheus, des Königs der ozolischen Lokrer. Orestheus pflanzte einen Stock, den eine weiße Hündin geworfen hatte, in die Erde. Aus dem Stock wuchs die Weinrebe. Amphiktyon, ein anderer von Deukalions Söhnen, beherbergte Dionysos; er war der erste Mensch, der Wein mit Wasser mischte. Sein ältester und berühmtester Sohn war Hellen, Vater aller Griechen.

Atlas und Prometheus

Prometheus hat den Menschen erschaffen. Manche zählen ihn zu den sieben Titanen. Er war entweder der Sohn des Titanen Eurymedon oder der Sohn des Iapetos und der Nymphe Klymene. Seine Brüder hießen Epimetheus, Atlas und Menoitios.

Atlas und Menoitios schlossen sich Kronos und den übrigen Titanen in einem erfolglosen Krieg gegen die olympischen Götter an. Zeus tötete Menoitios mit einem Blitz und schickte ihn hinunter in den Tartaros. Atlas verschonte er, doch verdammte er ihn, für alle Ewigkeit den Himmel auf seinen Schultern zu tragen.

Atlas war der Vater der Pleiaden, der Hyaden und der Hesperiden. Seine Himmelslast nahm ihm nur einmal Herakles für kurze Zeit ab. Manche behaupten, Perseus habe Atlas, indem er ihm das Haupt der Gorgo zeigte, in den Berg Atlas versteinert.

Prometheus war klüger als Atlas und sah den Ausgang der Erhebung des Zeus gegen Kronos voraus. Er zog es daher vor, an der Seite des Zeus zu kämpfen, und überredete Epimetheus, das gleiche zu tun. In der Tat war er der weiseste seines Stammes. Athene lehrte ihn Architektur, Astronomie, Mathematik, Navigation, Medizin, Metallurgie und andere nützliche Künste, ein Wissen, das er später der Menschheit vermachte. Als Zeus einmal bereit war, das Menschengeschlecht auszurotten – er war auf die wachsende Macht und die Fähigkeiten der Sterblichen eifersüchtig geworden –, schonte er sie nur auf die flehende Bitte des Prometheus hin.

Eines Tages brach in Sikyon ein Streit darüber aus, welcher Teil des Stiers den Göttern geopfert und welcher Teil selber gegessen werden sollte. Prometheus wurde aufgefordert, die Rolle des Schiedsrichters zu übernehmen. Er zog dem Stier die Haut ab und zerlegte ihn. Aus der Haut nähte er zwei Säcke und stopfte den zerlegten Stier hinein. Der eine Sack enthielt alles Fleisch, doch versteckt im Magen, der ja der am wenigsten verlockende Teil des Tieres ist. Im anderen Sack waren die Knochen, versteckt unter einer reichen Schicht von Fett. Er bot Zeus die Wahl an, der den Sack mit den Knochen und dem Fett (welches seither der Anteil der Götter ist) wählte. Zeus strafte Prometheus, der hinter seinem Rücken lachte, indem er den Menschen das Feuer vorenthielt.

Prometheus wandte sich an Athene und bat sie um Einlaß zum Olymp durch eine rückwärtige Tür. Sie erfüllte seinen Wunsch. Am feurigen Wagen der Sonne entzündete er eine Fackel, brach ein Stück glühender Holzkohle ab und warf es in die Markhöhle des Stengels eines Riesenfenchels, löschte seine Fackel und stahl sich unentdeckt fort. So wurde der Menschheit das Feuer geschenkt.

Zeus schwor Rache. Er befahl Hephaistos, eine Frau aus Ton zu formen; die vier Winde wies er an, Leben in diese Form zu blasen. Alle Göttinnen des Olymps mußten sie schmücken. Diese Frau, Pandora, war die schönste, die je geschaffen wurde. Zeus schickte sie als Geschenk zu Epimetheus. Aber Epimetheus war von seinem Bruder davor gewarnt worden, Geschenke von Zeus anzunehmen. Er entschuldigte sich voller Ehrfurcht und lehnte die Gabe ab. Wütender denn je, kettete Zeus Prometheus nackt an eine Säule in den kaukasischen Bergen. Jeden Tag, jahrein, jahraus, fraß ein gieriger Geier von seiner Leber. Der Schmerz war grenzenlos, denn jede Nacht wuchs seine Leber und wurde wieder ganz.

Zeus wollte nicht zugeben, daß er rachsüchtig sei. Er entschuldigte seine Grausamkeit mit einem lügenhaften Gerücht: Er sagte, Athene habe Prometheus zu einem geheimen Liebesabenteuer auf den Olymp eingeladen.

Epimetheus war über das Geschick seines Bruders bestürzt. Er zögerte nicht lange, Pandora zu heiraten. Zeus hatte sie so dumm, böswillig und faul gemacht, wie sie schön war. Eine Büchse, die Epimetheus von Prometheus mit der Warnung erhalten hatte, sie geschlossen zu halten, öffnete sie. Alle Übel, von denen die Menschheit geplagt wird, hatte der Weise darin eingesperrt: Alter, Wehen, Krankheiten, Irrsinn, Laster und Leidenschaften. Sie entflohen augenblicklich in einer Wolke, stachen Epimetheus und Pandora in alle Körperteile und fielen über sämtliche anderen Sterblichen her. Die trügerische Hoffnung jedoch, die Prometheus auch in die Büchse gesperrt hatte, hielt die geplagten Menschen davon ab, all ihrem Leid durch freiwilligen Tod ein Ende zu setzen.

oben: *Ganymedes und Zeus (Eremitage, Leningrad)*

gegenüber: *Hermes, Eurydike und Orpheus in der Unterwelt (Louvre, Paris)*

rechts: *Apollon und Artemis in der Schlacht zwischen Göttern und Giganten (Archäologisches Museum, Delphi)*

Eos

Am Ende jeder Nacht erhebt sich von ihrem Lager im Osten Eos, Tochter des Titanen Hyperion und der Titanin Theia. Sie besteigt ihren Wagen und fährt zum Olymp. Dort verkündet sie die Ankunft ihres Bruders Helios. Wenn Helios erscheint, begleitet sie ihn auf seiner Reise, bis sie ihre gemeinsame Ankunft an den westlichen Küsten des Okeanos verkündet.

Einmal fand Aphrodite Ares im Bette der Eos. Ärgerlich bestrafte sie Eos mit einer ständigen Begierde nach jungen Sterblichen. Heimlich und voller Scham begann Eos die Menschen zu verführen, zuerst Orion, dann Kephalos, dann Kleitos, einen Enkel des Melampos, obwohl sie mit Astraios vom Stamme der Titanen verheiratet war.

Schließlich entführte Eos Ganymedes und Tithonos, beides Söhne des Tros. Als Zeus ihr Ganymedes raubte, erbat sie sich für Tithonos Unsterblichkeit. Zeus gewährte ihren Wunsch. Aber sie vergaß, für ihn auch ewige Jugend zu erbitten, ein Vorteil, den Selene für Endymion herausgeschlagen hatte. Tithonos wurde jeden Tag älter und grauer, sein Antlitz wurde runzelig und seine Stimme keifend. Als Eos müde ward, ihn zu pflegen, sperrte sie ihn in ihr Schlafgemach ein, wo er sich in eine Zikade verwandelte.

Orion

Orion, ein Jäger im boiotischen Hyria und einer der schönsten Männer, war der Sohn des Poseidon und der Euryale. Eines Tages kam er nach Hyria in Chios und verliebte sich in Merope, die Tochter Oinopions, der ein Sohn des Dionysos war. Oinopion versprach Orion seine Tochter, wenn er die Insel von den wilden Tieren befreien würde. Orion brachte jeden Abend die Pelze der erlegten Tiere zu Merope. Als endlich Orion seinen Lohn forderte, redete Oinopion von Löwen, Bären und Wölfen, die noch immer in den Hügeln wären, und weigerte sich, seine Tochter herzugeben.

Enttäuscht trank Orion eines Nachts einen Schlauch voll von Oinopions Wein, der ihn so berauschte, daß er in Meropes Schlafgemach eindrang und sie verführte. Oinopion wandte sich an seinen Vater Dionysos. Dieser beauftragte die Satyrn, Orion noch mehr Wein zu geben, damit er in einen tiefen Schlaf fiele. Oinopion überfiel den völlig Wehrlosen, blendete ihn und warf ihn an die Meeresküste. Ein Orakel verkündete, daß der Blinde sein Augenlicht wiedergewinnen würde, wenn er gen Osten reisen und seine Augenhöhlen dem aus dem Ozean aufsteigenden Helios zuwenden würde. Orion ruderte in einem kleinen Boot hinaus aufs Meer. Dem Lärm des Gehämmers des Kyklopen folgend, erreichte er Lemnos. Dort betrat er die Schmiede des Hephaistos, nahm einen Lehrling namens Kedalion auf seine Schultern und trug ihn als Führer mit sich fort. Kedalion führte Orion über Land und Meer, bis sie endlich an die Grenze des Okeanos kamen, wo Eos sich in den blinden Mann verliebte und ihr Bruder Helios ihm das Augenlicht wiedergab.

Orion wollte an Oinopion Rache nehmen. Er konnte ihn jedoch in Chios nirgendwo finden. Oinopion hielt sich in einer unterirdischen Kammer versteckt. Orion segelte nach Kreta, da er glaubte, Oinopion habe bei seinem Großvater Minos Schutz gesucht. Hier traf er Artemis, die seine Liebe für die Jagd teilte. Sie überredete ihn, mit ihr auf die Jagd zu gehen.

Apollon wußte, daß Orion die Einladung der Eos, ihr Lager auf der heiligen Insel Delos zu teilen, nicht ausgeschlagen hatte. Apollon fürchtete daher, daß wie Eos auch seine Schwester Artemis den Reizen Orions erliegen könnte. Er ging zur Mutter Erde und wiederholte hämisch Orions Prahlereien, die ganze Erde werde er von wilden Tieren und Ungeheuern säubern. Dann hetzte er einen riesenhaften Skorpion auf ihn. Orion griff das Untier zuerst mit Pfeilen, dann mit seinem Schwert an. Als er erkannte, daß dessen Panzer für die Waffen der Sterblichen undurchdringbar sei, tauchte er ins Meer und schwamm nach Delos. Dort, so hoffte er, würde Eos ihn beschützen. Aber Apollon rief Artemis zu: «Siehst du dort etwas Schwarzes, weit weg im Meere, in der Nähe von Ortygia? Es ist der Kopf eines Schuftes, der Kandaon heißt. Soeben hat er Opis, eine deiner hyperboreischen Priesterinnen, verführt. Durchbohre ihn doch mit einem deiner Pfeile!» Nun war Kandaon Orions boiotischer Kosename, aber Artemis wußte das nicht: Sie zielte und ließ den Pfeil schwirren. Dann schwamm sie ihm nach, um ihre Beute zu fassen. Da sah sie, daß sie Orion durch den Kopf geschossen hatte. Voller Verzweiflung flehte sie Apollons Sohn Asklepios an, ihn wieder zu beleben. Asklepios war bereit, dies zu tun, aber ehe er ihre Bitte erfüllen konnte, wurde er von einem Blitz des Zeus getötet. Da setzte Artemis Orions Bild unter die Sterne, ewig verfolgt vom Skorpion. Sein Geist war bereits zu den Asphodelischen Wiesen hinabgestiegen.

Helios

Helios ist ein Bruder Selenes und der Eos. Geweckt von einem krähenden Hahn und angekündigt von Eos, treibt er seinen vierspännigen Wagen täglich über den Himmel. Er fährt von seinem prunkvollen Palast im fernen Osten, in der Nähe von Kolchis, zu einem gleich herrlichen im fernen Westen. Dort läßt er seine ausgespannten Pferde auf den Inseln der Seligen weiden. Dann segelt er heim entlang dem Strome Okeanos, der rund um die Welt fließt. Er lädt seinen Wagen und sein Gespann auf eine goldene Fähre, die Hephaistos für ihn machte.

Helios kann alles sehen, was auf Erden geschieht. Allerdings ist er nicht besonders aufmerksam – selbst den Raub seines heiligen Viehs durch die Gefährten des Odysseus sah er nicht. Sein Familiensitz ist auf Rhodos. Als Zeus die Inseln und die Städte an die Götter verteilte, übersah er Helios. «Schade», rief Zeus, als er sich dessen bewußt wurde, «nun muß ich wieder von vorn anfangen!»

«Nicht doch, Majestät», erwiderte Helios höflich, «heute bemerkte ich Zeichen einer neuen Insel, die aus dem Meere auftaucht, im Süden Kleinasiens. Mit ihr werde ich wohl zufrieden sein.»

Zeus zog die Schicksalsgöttin Lachesis als Zeugin dafür hinzu, daß die neue Insel Helios gehöre. Als Rhodos sich aus den Wellen erhoben hatte, nahm Helios sie in Besitz und zeugte dort mit der Nymphe Rhode sieben Söhne und eine Tochter. Manche sagen, Rhodos wäre damals nicht neu entstanden, sondern nur von einer Sturmflut, die Zeus verursacht hatte, verdeckt gewesen. Die Telchinen waren ihre ersten Bewohner. Poseidon hatte sich in eine von ihnen, die Nymphe Halia, verliebt, mit der er Rhode und sechs Söhne zeugte. Die Telchinen sahen die Flut voraus und segelten in alle Richtungen.

16592

oben: *Helios zieht in seinem Wagen über den Himmel, Detail von einer zweihenkeligen Schale (Britisches Museum, London)*

gegenüber oben: *Pandora, Vasenmalerei (Britisches Museum, London)*

gegenüber unten: *Atlas sieht, wie der Geier den gefesselten Prometheus angreift, schwarzfigurige Vasenmalerei (Vatikan)*

Sie gaben ihren Anspruch auf Rhodos auf, so daß Rhode die alleinige Erbin blieb. Die sieben Söhne, die sie Helios geboren hatte, beherrschten die wieder aufgetauchte Insel. Sie wurden berühmte Astronomen. Einer der Brüder, Aktis mit Namen, wurde wegen Brudermordes verbannt und floh nach Ägypten. Hier gründete er die Stadt Heliopolis und lehrte, von seinem Vater angeregt, die Ägypter die Astrologie. Später bauten die Rhoder ihm zu Ehren den Kolossos, der siebzig Ellen hoch war.

Eines Morgens erlaubte Helios seinem Sohn Phaëthon, der ihn schon öfter darum gebeten hatte, den Sonnenwagen zu lenken. Phaëthon wollte seinen Schwestern Prote und Klymene zeigen, welch tüchtiger Bursche er wäre. Seine Mutter Rhode liebte ihn über alles und ermutigte ihn voller Stolz. Nun war er aber nicht stark genug, den Lauf der weißen Pferde, die seine Schwestern für ihn gezäumt hatten, zu lenken. Phaëthon fuhr zuerst so hoch über der Erde, daß alle froren, und dann so niedrig, daß die Felder verbrannten. Da wurde Zeus zornig und tötete den ungeschickten Lenker mit einem Blitz. Phaëthon stürzte in den Fluß Po. Seine gramerfüllten Schwestern wurden in Pappeln verwandelt.

Tereus

Tereus, ein Sohn des Ares, regierte über Thrakien. Später eroberte er Daulis in Phokis. Nachdem er in einem Grenzstreit als Vermittler für Pandion, den König Athens und Vater der Zwillinge Butes und Erechtheus, aufgetreten war, heiratete er deren Schwester Prokne, die ihm einen Sohn, Itys, gebar.

Unglücklicherweise verliebte sich Tereus in Pandions jüngere Tochter Philomela, nachdem er ihre Stimme gehört hatte. Ein Jahr später erzählte er Pandion, Prokne sei gestorben. Er hatte sie jedoch nur in Daulis versteckt. Pandion bemitleidete Tereus und bot ihm großzügig Philomela an Stelle Proknes an. Als Philomela im Palaste ankam, hatte er sie bereits gezwungen, mit ihm zu schlafen. Prokne erfuhr bald davon, aber Tereus schnitt ihr aus Vorsicht die Zunge ab und setzte sie in den Räumen der Sklaven gefangen. Sie konnte sich mit Philomela nur dadurch in Verbindung setzen, daß sie eine geheime Botschaft in das Muster des Brautgewandes, das für Philomela bestimmt war, webte: ‹Prokne ist unter den Sklaven.›

Inzwischen war Tereus von einem Orakel gewarnt worden, Itys würde von der Hand eines Blutsverwandten sterben. Tereus verdächtigte seinen Bruder Dryas dieses mörderischen Planes, denn er glaubte, Dryas wolle so den Thron an sich reißen, und tötete ihn, der nichts ahnte, mit einer Axt. Am gleichen Tage las Philomela die Botschaft, die in das Kleid gewebt war. Sie eilte in die Räume der Sklaven und fand dort eines der Zimmer verriegelt. Sie brach die Tür auf und befreite Prokne. «Könnte ich mich doch an Tereus rächen, der vorgab, du seiest tot, und mich verführte!» jammerte Philomela entsetzt.

Prokne konnte ohne Zunge nicht antworten. Sie rannte aus dem Zimmer, ergriff ihren Sohn Itys und tötete ihn, nahm seine Geweide aus und kochte ihn in einem Kupferkessel, daß Tereus ihn bei seiner Rückkehr esse.

Als Tereus erkannte, von wessen Fleisch er gekostet hatte, verfolgte er die Schwestern, die aus seinem Palaste flohen. Er wollte gerade einen Doppelmord begehen, da verwandelten die Götter alle drei in Vögel: Prokne wurde eine Schwalbe, Philomela eine Nachtigall und Tereus ein Wiedehopf.

Boreas

Oreithyia, die Tochter des Königs Erechtheus von Athen und seiner Gemahlin Praxithea, tanzte eines Tages am Ufer des Flusses Ilissos, als Boreas, der Sohn des Astraios und der Eos, Bruder des Süd- und Westwindes, sie entführte und sie, gehüllt in einen Mantel dunkler Wolken, vergewaltigte.

Boreas hatte schon lange Oreithyia geliebt und des öfteren um ihre Hand angehalten. Erechtheus aber hielt ihn so lange mit leeren Versprechungen hin, bis Boreas schließlich, mit der Begründung, daß schon zuviel Zeit mit Worten verschwendet worden wäre, Gewalt anwandte.

Er nahm sie mit zur Stadt der thrakischen Kikonen, wo sie seine Gemahlin wurde und ihm die Zwillingssöhne Kalais und Zetes gebar. Beiden wuchsen Flügel, als sie Männer wurden. Sie gebar ihm auch zwei Töchter: Chione und Kleopatra.

Einst verwandelte er sich in einen dunkelmähnigen Hengst und deckte zwölf der dreitausend Mähren, die dem Erichthonios, dem Sohne des Dardanos, gehörten. Die Mähren grasten für gewöhnlich auf den Wasserweiden am Flusse Skamander. Zwölf Fohlen entsprangen dieser Paarung. Sie konnten sowohl über die reifen Ähren des Kornes galoppieren, ohne diese zu biegen, als auch über die Kämme der Wellen.

Die Athener sahen in Boreas ihren Schwager. Da sie einst erfolgreich die Vernichtung der Flotte des Königs Xerxes erbeten hatten, bauten sie ihm einen herrlichen Tempel am Ufer des Flusses Ilissos.

Io

Io, die Tochter des Flußgottes Inachos, war eine Priesterin der Hera in Argos. Iynx, eine Tochter des Pan und der Echo, hatte über Zeus einen Zauber ausgebreitet, der ihn in Liebe zu Io entbrennen ließ. Als Hera ihn der Untreue bezichtigte und Iynx zur Strafe in einen Wendehals verwandelte, log er: «Ich habe Io niemals angerührt.» Doch sicherheitshalber verwandelte er seinerseits Io in eine weiße Kuh, auf die Hera Anspruch erhob und die sie Argos Panoptes zu treuen Händen übergab. Sie befahl ihm: «Binde dieses Tier heimlich in Nemea an einen Ölbaum.» Zeus schickte den Hermes zu Ios Befreiung aus und zeigte ihm selbst, in der Verkleidung eines Spechts, den Weg nach Nemea. Obwohl Hermes der geschickteste aller Diebe war, wußte er, daß er Io nicht stehlen könnte, ohne von einem der hundert Augen des Argos entdeckt zu werden. Mit einer Flöte zauberte er ihn in Schlaf, erschlug ihn mit einem Felsen, enthauptete ihn und befreite Io. Hera pflanzte die Augen des Argos, zur Erinnerung an seine heimtückische Ermordung, in die Schwanzfedern des Pfaus und befahl einer Mücke, Io zu stechen und sie über die ganze Welt zu verfolgen.

Io floh zuerst nach Dodona und erreichte dort das Meer, das nach ihr das Ionische genannt wird. Dann aber wandte sie sich gen Norden zum Berge Haimos. Später wanderte sie über das Donaudelta zum Schwarzen Meer, überschritt den krimaiischen Bosporos und trabte den Fluß Hybristes aufwärts bis zu seiner Quelle im Kaukasos, wo Prometheus noch immer an seinem Felsen Qualen litt. Sie kehrte über Kolchis, das Land der Chalyber, und den thrakischen Bosporos nach Europa zurück. Dann galoppierte sie

Helios der Sonnengott, Silberdiskus (Britisches Museum, London)

durch Kleinasien nach Tarsos und Ioppe, von dort nach Media, Baktria und Indien und zog über den indischen Bosporos (die Meerenge von Bab-el-Mandeb) südwestlich durch Arabien, bis sie endlich nach Äthiopien kam. Von dort wanderte sie den Nil stromabwärts, wo die Pygmäen ewigen Krieg mit den Kranichen führten, und fand endlich Ruhe in Ägypten. Hier gab ihr Zeus ihre menschliche Gestalt wieder, und hier gebar sie seinen Sohn Epaphos. Dann heiratete sie Telegonos und begründete die Anbetung der Isis, die sie Demeter nannte. Epaphos, von dem das Gerücht ging, er sei der göttliche Stier Apis, herrschte über Ägypten. Er hatte eine Tochter, Libya, die durch Poseidon Mutter des Agenor und Belos wurde.

Europa und Kadmos

Agenor, Libyas und Poseidons Sohn und Zwillingsbruder des Belos, verließ Ägypten, um sich im Lande Kanaan niederzulassen. Dort heiratete er Telephassa, die ihm Kadmos, Phoinix, Kilix, Thasos, Phineus und die Tochter Europa gebar.

Zeus verliebte sich in Europa und beauftragte Hermes, Agenors Vieh zur Küste bei Tyros zu treiben, wo sie und ihre Gefährtinnen zu lustwandeln pflegten. Er selbst schloß sich der Herde an in der Gestalt eines schneeweißen Stiers. Europa war von seiner Schönheit überwältigt. Als sie ihn zudem sanft wie ein Lamm fand, überwand sie ihre Furcht und begann, mit ihm zu spielen. Sie legte Blumen in sein Maul und hängte Girlanden über seine Hörner; endlich kletterte sie auf seine Schultern und trabte mit ihm zum Meeresufer hinab. Plötzlich schwamm er fort, während sie voll Schrecken auf die zurückbleibende Küste blickte. In der Nähe Gortynas auf Kreta ging er an Land, verwandelte sich in einen Adler und vergewaltigte Europa. Sie gebar ihm drei Söhne: Minos, Rhadamanthys und Sarpedon.

Agenor sandte seine Söhne aus, ihre Schwester zu suchen. Er hatte ihnen verboten, ohne sie zurückzukehren. Sie segelten aus. Da sie aber nicht wußten, wohin der Stier geflohen war, steuerte jeder von ihnen einen anderen Kurs. Phoinix fuhr über Libyen hinaus gegen den Westen bis nach Karthago. Kilix landete bei den Hypachaiern, die seinen Namen Kilikia annahmen. Phineus kam nach Thynien, einer Halbinsel, die das Marmarameer vom Schwarzen Meer trennt. Thasos und sein Gefolge machten sich zuerst nach Olympia auf. Dann aber gingen sie daran, die Insel Thaos zu kolonisieren.

Kadmos segelte mit Telephassa nach Rhodos, wo er der Athene von Lindos einen kupfernen Kessel weihte. Er errichtete den Tempel des Poseidon. Auf Thera baute er einen ähnlichen Tempel. Schließlich erreichte er das Land der thrakischen Edoner, wo er und seine Gefährten freundlich aufgenommen wurden. Hier starb Telephassa plötzlich, und Kadmos machte sich zu Fuß auf den Weg zum Delphischen Orakel. Als er wissen wollte, wo Europa zu finden sei, riet ihm die Pythia, die Suche aufzugeben. Er solle einer Kuh folgen und dort, wo diese vor Müdigkeit niedersinken würde, eine Stadt bauen.

Kadmos traf auf einige Kuhhirten im Dienste des Königs Pelagon. Sie verkauften ihm eine Kuh. Kadmos trieb das Tier ohne Unterlaß durch Boiotien, bis es endlich erschöpft an der Stelle niedersank, wo nun die Stadt Theben steht. Hier errichtete er eine Statue der Athene.

Europa und der Stier, Metope (Seldschuken-Museum, Konya)

Kadmos befahl seinen Gefährten, die Kuh sogleich der Athene zu opfern und geweihtes Wasser aus den Kastalischen Quellen zu holen. Er wußte allerdings nicht, daß die Quellen von einer riesigen Schlange behütet werden. Fast alle seine Männer fielen dem Reptil zum Opfer. Kadmos eilte herbei und zerschmetterte der Schlange mit einem Felsen das Haupt. Seine Opfergabe wurde von Athene dankbar angenommen. Sie erschien und befahl ihm, die Zähne der Schlange im Boden auszusäen. Er tat, wie ihm geheißen. Sofort sprangen aus der Erde ‹Gesäte Männer› hervor und schlugen mit ihren Waffen aufeinander los. Kadmos warf einen Stein zwischen sie. Da begannen sie zu streiten und sich gegenseitig zu beschuldigen, den Stein geworfen zu haben. Sie kämpften so wild miteinander, daß zum Schlusse nur mehr fünf übrigblieben. Die Überlebenden, nämlich Echion, Udaios, Chthonios, Hyperenor und Peloros, boten Kadmos ihre Dienste an.

Kadmos und Harmonia

Als Kadmos zur Sühne für den Mord an der kastalischen Schlange acht Jahre in Knechtschaft gedient hatte, schenkte ihm Athene das Land Boiotien. Mit Hilfe seiner ‹Gesäten Männer› errichtete er die Akropolis zu Theben und nannte sie, sich selbst zu Ehren, ‹die Kadmea›. Nachdem er in die Mysterien, die Zeus Iasion gelehrt hatte, eingeführt worden war, heiratete er Harmonia, die Tochter der Aphrodite und des Ares.

Dies war die erste Hochzeit eines Sterblichen, an der die Olympier teilnahmen. Zwölf goldene Throne wurden für sie im Hause des Kadmos errichtet. Sie alle brachten Geschenke. Aphrodite schenkte Harmonia das berühmte goldene Halsband, das Hephaistos geschmiedet hatte: Unwiderstehliche Schönheit verlieh es seinem Träger. Athene schenkte ihr ein goldenes Gewand, mit dem göttliche Würden verbunden waren, dazu einen Satz Flöten. Hermes schenkte ihr eine Leier, Kadmos ebenfalls ein reiches Gewand. Elektra, die Mutter Iasions, lehrte sie die Riten der Großen Göttin, während Demeter ihr eine reiche Gerstenernte sicherstellte, indem sie sich mit Iasion in einem dreimal gepflügten Feld niederließ.

Im hohen Alter verzichtete Kadmos zugunsten seines Enkels Pentheus auf den Thron Thebens und lebte zurückgezogen in der Stadt. Als aber Pentheus von seiner eigenen Mutter getötet worden war, prophezeite Dionysos, daß Kadmos und Harmonia, auf einem von jungen Stieren gezogenen Wagen thronend, über barbarische Horden herrschen würden. Die gleichen Barbaren würden viele griechische Städte zerstören, einen Tempel des Apollon plündern und dafür schwer bestraft werden. Ares aber würde Kadmos und Harmonia, wenn alles in Erfüllung gegangen sei, in Schlangen verwandeln und sie retten, so daß sie dann glücklich und für alle Zeiten auf den Inseln der Seligen fortleben könnten.

Daraufhin wanderten Kadmos und Harmonia in das Land der Enchelaier. Als diese von den Illyrern angegriffen wurden, wählten sie im Einklang mit der Prophezeiung des Dionysos Kadmos zu ihrem Herrscher. Als die Prophezeiung sich restlos erfüllt hatte und Kadmos und Harmonia schon alt geworden waren, wurden sie in schwarz-blau gefleckte Schlangen verwandelt. Zeus ließ sie auf die Insel der Seligen bringen.

Belos und die Danaiden

König Belos, der zu Chemmis in der Thebais regierte, war der Sohn Libyas und Poseidons und ein Zwillingsbruder des Agenor. Seine Gemahlin Anchinoë, die Tochter des Nilos, gebar ihm die Zwillinge Aigyptos und Danaos und einen dritten Sohn, Kepheus. Aigyptos erhielt als Königreich Arabien. Er eroberte das Land der Melampoden und gab ihm seinen Namen: Aigypten. Von verschiedenen Müttern wurden ihm fünfzig Söhne geboren. Danaos, der Libyen regierte, hatte ebenfalls von verschiedenen Müttern fünfzig Töchter, die Danaiden.

Nach dem Tode des Belos stritten sich die Zwillinge um das Erbe. Zur Aussöhnung schlug Aigyptos eine Massenheirat zwischen den fünfzig Prinzen und fünfzig Prinzessinnen vor. Danaos fürchtete eine List und verweigerte seine Zustimmung. Als ein Orakel seinen Argwohn bestätigte und ihm verriet, daß Aigyptos alle Danaiden zu töten beabsichtigte, rüstete er zu seiner Flucht aus Libyen.

Mit Athenes Hilfe baute er für sich und seine Töchter ein Schiff und stach in Richtung Griechenland in See. Auf Rhodos, der ersten Zwischenstation, erbauten die Danaiden ihrer Beschützerin Athene einen Tempel. Danaos errichtete ihr ein Standbild.

Von Rhodos segelten sie zum Peloponnes und landeten in der Nähe von Lerna, wo Danaos verkündete, er sei von den Göttern auserwählt, König von Argos zu werden. Während der regierende König von Argos, Gelanor, diese Behauptung lediglich verlachte, versammelten sich seine Untertanen zu nächtlicher Beratung. Als bereits der Morgen heraufdämmerte, ohne daß ein Beschluß gefaßt worden war, brach aus den Hügeln kühn ein Wolf in die Rinderherde, die in der Nähe der Stadtmauer weidete, fiel den Leitstier an und riß ihn. Dieses Ereignis konnte nur ein böses Omen dafür sein, daß Danaos versuchen würde, den Thron mit Gewalt an sich zu reißen. Um Blutvergießen zu vermeiden, überredeten die Männer von Argos Gelanor, seinen Thron freiwillig herzugeben.

Danaos war überzeugt, daß der Wolf niemand anderer als Apollon gewesen sei. Er weihte dem Gott zu Argos den berühmten Wolfsschrein. Er selbst wurde ein so mächtiger Herrscher, daß sich alle Pelasger Griechenlands Danaer nannten. Die Befestigung von Argos ist sein Werk. Seine Töchter unterrichteten die Frauen in den Mysterien der ägyptischen Demeter.

Argolis litt unter einer lang anhaltenden Dürre. Poseidon ließ alle Flüsse und Ströme versiegen. Danaos schickte seine Töchter auf die Suche nach Wasser. Er befahl ihnen, Poseidon mit jedem erdenklichen Mittel umzustimmen. Eine von ihnen, Amymone mit Namen, weckte, als sie im Walde ein Reh jagte, einen schlafenden Satyr auf. Sofort sprang der Bockskerl auf und versuchte, sich das Mädchen gefügig zu machen. In ihrer Bedrängnis rief sie Poseidon um Hilfe an. Der schleuderte seinen Dreizack gegen den Satyr. Der Satyr wich dem Dreizack aus, so daß dieser zitternd in einem Felsen steckenblieb. Poseidon selbst machte dann Amymone zu seiner Geliebten. Das Mädchen war froh, ihres Vaters Befehl auf so angenehme Weise befolgen zu können. Nachdem Poseidon von ihrem Auftrag erfuhr, zeigte er auf seinen Dreizack und forderte sie auf, ihn aus dem Felsen herauszuziehen. Sie tat, wie ihr geheißen; sofort sprangen drei Wasserstrahle aus den drei Löchern. Diese Quelle, die Amymones Namen erhielt, ist die Quelle des Flusses Lerna, der niemals, selbst im heißesten Sommer nicht, versiegt.

Aigyptos schickte seine Söhne mit dem Auftrag nach Argos, Danaos und seine Familie zu strafen. Vor den Toren der Stadt baten sie Danaos, seine frühere Entscheidung aufzuheben und sie seine Töchter heiraten zu lassen. In der Hochzeitsnacht wollten sie sie umbringen. Als Danaos ihr Anerbieten ausschlug, belagerten sie Argos, und die Stadt war zu dieser Zeit ohne Wasser. Als Danaos sah, daß Wassermangel ihn bald zur Kapitulation zwingen würde, versprach er den Söhnen des Aigyptos, was sie verlangten.

Eine Massenhochzeit wurde vorbereitet. Danaos wählte die Paare aus. Während des Hochzeitsfestes aber verteilte Danaos an seine Töchter scharfe Nadeln, die sie in ihrem Haar verbargen. Um Mitternacht stach jede damit ihren Gemahl durchs Herz. Nur einer überlebte das Massaker: Lynkeus. Auf den Rat der Artemis schonte Hypermnestra sein Leben, weil er ihre Jungfräulichkeit respektiert hatte. Sie verhalf ihm zur Flucht. Am Morgen nach dem Massaker erfuhr Danaos, daß Hypermnestra ungehorsam gewesen war. Sie wurde vor ein Gericht gestellt, doch die Richter sprachen sie frei.

Die Häupter der gemordeten Männer wurden zu Lerna begraben, ihre Leiber unter den Stadtmauern von Argos mit vollen Ehren bestattet. Obwohl Athene und Hermes mit dem Einverständnis des Zeus die Danaiden im See Lerna reinigten, wurden sie von den Richtern der Toten verurteilt, in alle Ewigkeit Wasser in durchlöcherten Krügen herbeizutragen.

Lynkeus und Hypermnestra wurden wieder vereint. Auch die anderen Töchter wollte Danaos so schnell wie möglich verheiratet sehen. Noch am Tage ihrer Reinigung rief er einige Bewerber zu einem Wettlauf auf. Die Straße, auf der das Rennen stattfand, wurde Apheta genannt. Der Sieger sollte die erste Wahl unter den Bräuten haben. Aber nur wenige junge Männer hatten den Mut, um die Hand einer Mörderin zu kämpfen. Als aber die Hochzeitsnacht dieser wenigen ohne neuerliche Greuel verlaufen war, fanden sich weitere Bewerber ein, so daß der Wettlauf wiederholt werden konnte. Lynkeus tötete später den Danaos und regierte an seiner Stelle. Inzwischen war auch Aigyptos nach Griechenland gekommen. Als er vom Schicksal seiner Söhne hörte, floh er nach Aroi, wo er bald darauf starb. Er wurde zu Patrai im Heiligtum des Serapis begraben.

Leda

Als Zeus der Nemesis lüstern nachstellte, floh sie vor ihm, konnte aber ihren Verfolger nicht abschrecken. Zu guter Letzt versuchte sie, als Wildgans in die Luft zu entkommen. Zeus verwandelte sich in einen Schwan und bemächtigte sich ihrer. Ergeben schüttelte Nemesis ihr Gefieder und zog sich nach Sparta zurück. Dort, in den Marschen, fand eines Tages Leda, Gemahlin des Königs Tyndareos, ein hyazinthenfarbenes Ei. Sie brachte es in ihr Haus und verbarg es in einer Truhe. Nach einiger Zeit schlüpfte daraus Helena von Troia.

In der am meisten verbreiteten Sage hat Leda selbst am Ufer des Flusses Eurotas den Gott in der Gestalt eines Schwanes empfangen. Die Frucht dieser Vereinigung war ein Ei, dem Helena, Kastor und Polydeukes entsprangen. Leda wurde als Nemesis unter die Götter aufgenommen. Aber Leda teilte noch in der gleichen Nacht das Lager mit ihrem Gemahl Tyndareos. So kam es, daß manche in ihm den Vater der Zwillinge Kastor und Polydeukes sahen, während andere diesen Erfolg Zeus zuschrieben, wobei sie, außer Helena, auch noch Klytaimnestra dazu rechneten.

Ixion

Ixion, ein Sohn Phlegyas, des lapithischen Königs, erklärte sich bereit, Dia, die Tochter des Eioneus, zu heiraten. Er lud Eioneus zu einem Festgelage ein. Indes ließ er vor den Toren seines Palastes eine Fallgrube anlegen, in der große Holzkohlenfeuer brannten. Eioneus stürzte hinein und verbrannte.

Zeus, der sich in Liebesangelegenheiten ähnlich schlecht benommen hatte, sprach den Mörder nicht nur frei, sondern lud ihn auch an seinen Tisch ein.

Zum Dank dafür nahm sich Ixion vor, Hera zu verführen. Zeus erkannte jedoch die Absichten des Ixion und formte eine Wolke nach dem Bilde Heras. Ixion, der schon zu betrunken war, um die Täuschung zu erkennen, stillte an

Leda und der Schwan (Archäologisches Museum, Iraklion)

ihr seine Lust. Zeus überraschte ihn dabei. Er befahl Hermes, den Übeltäter mitleidslos zu geißeln. Dann sollte er ihn an ein feuriges Rad binden, das ewig am Himmel entlangrollt. Die falsche Hera gebar Ixion den Bastard Kentauros. Als dieser zum Manne herangewachsen war, soll er mit den Stuten Magnesias die Kentauren gezeugt haben, von denen der weise Cheiron der berühmteste war.

Sisyphos

Sisyphos war ein Sohn des Aiolos. Seine Gemahlin Merope, mit dem Beinamen ‹die Pleiade›, die ihm die Söhne Glaukos, Ornytion und Sinon schenkte, war eine Tochter des Atlas. Merope besaß auf dem Isthmos von Korinth eine Herde edler Rinder.

In der Nähe des Paares lebte Autolykos, ein Sohn der Chione. Sein Zwillingsbruder Philamon war von Apollon gezeugt worden, während Autolykos selbst sich auf Hermes als seinen Vater berief.

Autolykos war ein Meister der Diebeskunst. Hermes hatte ihm die Gabe verliehen, alle Rinder, die er stahl, zu verwandeln. Sisyphos bemerkte zwar, daß seine Herden immer kleiner, die des Autolykos aber immer größer wurden. Er konnte ihm jedoch den Diebstahl nicht nachweisen. Da kam er eines Tages auf den Gedanken, in die Hufe seiner Rinder sein Monogramm SS

Sisyphos im Hades, schwarzfigurige Vasenmalerei aus Attika

einzuschneiden. Als Autolykos nachts nun wieder einige Rinder des Sisyphos in seinen Stall entführt hatte, zeigten die Hufspuren in der Frühe deutlich den Dieb an. Sisyphos rief seine Nachbarn als Zeugen herbei und drang in die Ställe des Autolykos ein, wo er sein Eigentum an den gezeichneten Hufen sofort wiedererkannte. Während er seine Zeugen sich mit dem überführten Bösewicht herumzanken ließ, rannte er selbst um das Haus herum, stürmte in die Frauengemächer und vergewaltigte Antikleia, die Tochter des Autolykos. Die Frucht dieses Racheaktes war Odysseus. Der sonderbare Charakter seiner Zeugung erklärt zur Genüge die Anlagen dieses Abenteurers.

Sisyphos gründete Ephyra, das später als Korinth bekannt wurde. Er bevölkerte die Stadt mit Menschen, die Pilzen entsprungen waren.

Als Zeus Aigina entführt hatte, kam der Flußgott Asopos nach Korinth, sie zu suchen. Sisyphos wußte wohl, was Aigina zugestoßen war, doch wollte er es nur dann verraten, wenn Asopos verspräche, der Stadt Korinth eine ewige Quelle zu schenken. So ließ Asopos die Quelle Peirene hinter Aphrodites Tempel hervorbrechen. Da erzählte ihm Sisyphos alles, was er wußte.

Zeus, der gerade noch der Rache des Asopos entgangen war, befahl seinem Bruder Hades, Sisyphos in den Tartaros zu holen und ihn ewiglich für den Verrat göttlicher Geheimnisse zu bestrafen. Doch Sisyphos war nicht zu überlisten. Schlauerweise fesselte er Hades selbst in seinen eigenen Fesseln, indem er ihn überredete, ihm doch zu zeigen, wie man diese verwendet, und sie dann schnell zuschloß. So war Hades einige Tage im Hause des Sisyphos gefangen. Endlich eilte Ares, dessen Interessen bedroht waren, heran, befreite ihn und lieferte Sisyphos ihm aus.

Sisyphos versuchte jedoch noch eine andere List. Bevor er zum Tartaros hinabstieg, befahl er seiner Gemahlin Merope, ihn nicht zu begraben. Als er im Palast des Hades ankam, ging er geradewegs zu Persephone. Er erzählte ihr, daß er als Unbegrabener kein Recht hätte, hier zu sein, sondern auf der anderen Seite des Flusses Styx sein müßte. «Laß mich in die obere Welt zurückkehren», bat er, «wo ich mein Begräbnis anordnen und mich für die geschehene Vernachlässigung rächen kann. Mein Aufenthalt hier ist gegen alle Ordnung. Innerhalb von drei Tagen werde ich zurückkommen.» Persephone ließ sich täuschen und gewährte ihm seine Bitte. Sobald aber Sisyphos sich wieder im Lichte der Sonne befand, brach er sein Versprechen an Persephone. Da wurde Hermes gerufen, ihn mit Gewalt zurückzubringen.

Über Sisyphos wurde jetzt eine außergewöhnlich harte Strafe verhängt. Die Richter der Toten zeigten ihm einen riesigen Stein – ähnlich dem, in den sich Zeus verwandelt hatte, als er vor Asopos floh – und befahlen ihm, diesen Stein den Hang eines Hügels hinaufzurollen. Oben angekommen, sollte er ihn auf der anderen Seite hinunterrollen lassen. Jedoch ist ihm dies nie gelungen. Wenn er fast den Gipfel erreicht hat, wird das Gewicht des tückischen Steines so groß, daß dieser wieder in das Tal hinabrollt. Von dort holt er ihn müde zurück und muß wieder von vorn anfangen, obwohl er in Schweiß gebadet ist und eine Staubwolke über seinem Haupte hängt.

Merope schämte sich, die einzige Pleiade zu sein, die einen Gemahl in der Unterwelt hatte – und noch dazu einen Verbrecher. Sie verließ ihre sechs schwesterlichen Sterne im Nachthimmel und wurde seitdem nicht wieder gesehen.

Alkestis

Alkestis, die schönste der Töchter des Pelias, wurde von vielen Königen und Prinzen zur Gemahlin begehrt. Pelias, der seine politische Stellung nicht durch Absagen verschlechtern wollte und doch nicht in der Lage war, mehr als einen zufriedenzustellen, verkündete, daß er Alkestis dem Manne zur Frau geben würde, der ein wildes Schwein und einen Löwen einjochen, vor seinen Wagen spannen und mit ihnen um den Rennplatz fahren könnte. Da rief Admetos, der König von Pherai, Apollon zu sich, der ihm auf Befehl des Zeus ein Jahr lang als Hirt diente, und fragte ihn: «Habe ich dir den Respekt, der dir, dem Gott, zukommt, erwiesen?» «Dies hast du in der Tat», bestätigte Apollon. Da bat Admetos: «Hilf mir, die Bedingungen des Pelias zu erfüllen und Alkestis zu gewinnen.» «Dies werde ich gern tun», erwiderte Apollon. Herakles half ihm, die wilden Tiere zu zähmen. Sofort trieb Admetos seinen Wagen, gezogen von diesem wilden Gespann, um den Rennplatz.

Man weiß nicht, warum Admetos das Opfer an Artemis vor seiner Heirat mit Alkestis vernachlässigte; doch die Göttin strafte ihn schnell. Als er bei Nacht das Brautgemach betrat, schreckte er entsetzt zurück. Statt der lieblichen, nackten Braut erwartete ihn auf seinem Ehelager ein sich windender Haufen zischender Schlangen. Da entfloh der entsetzte Admetos und rief Apollon um Hilfe an. Dieser setzte sich für ihn bei Artemis ein. Das versäumte Opfer wurde dargebracht, und alles ging seinen Gang. Apollon erhielt von Artemis sogar das Versprechen, daß Admetos, wenn sein Tag käme, vom Tode verschont bleiben würde, sollte ein Mitglied seiner Familie aus Liebe zu ihm freiwillig sterben.

Dieser schreckliche Tag kam früher, als Admetos erwartet hatte. Eines Tages flog Hermes zu seinem Palast und rief ihn zum Tartaros. Großer Kummer erfüllte alle; aber Apollon erwirkte noch eine Gnadenfrist für Admetos. Eilends lief Admetos zu seinen alten Eltern und bat sie, ihm den Rest ihrer Tage zu schenken. Doch beide weigerten sich, da sie noch viel Freude vom Leben erwarteten, und rieten ihm, sich wie jeder andere mit der ihm zugewiesenen Lebenszeit zufriedenzugeben.

Da nahm Alkestis aus Liebe zu Admetos Gift, und ihr Geist stieg hinab zum Tartaros. Doch unerwartet kam Herakles mit einer neuen Keule aus wildem Olivenholz und rettete sie.

Athamas

Athamas der Aioler, der Bruder des Sisyphos und des Salmoneus, regierte über Boiotien. Auf Befehl Heras heiratete er Nephele, ein Phantom, das Zeus als ihr Abbild geschaffen hatte, als er Ixion, den Lapithen, täuschen wollte, und das nun trostlos durch die Hallen des Olympos wandelte. Nephele gebar Athamas zwei Söhne: Phrixos und Leukon, und eine Tochter, Helle. Aber Athamas war über die Verachtung, die Nephele ihm zeigte, verärgert und verliebte sich in Ino, die Tochter des Kadmos. Er brachte sie heimlich zu seinem Palaste am Fuße des Berges Laphystion, wo er mit ihr Learchos und Melikertes zeugte.

Als Nephele durch die Palastdiener von ihrer Nebenbuhlerin erfuhr, kehrte sie zornig zum Olymp zurück und klagte Hera diese Beleidigung. Hera nahm

Bronzestatuette des Hermes mit einem Widder (Archäologisches Nationalmuseum, Athen)

für sie Partei und schwor: «Meine ewige Rache soll auf Athamas und sein Haus fallen!»

Daraufhin kehrte Nephele zum Berge Laphystion zurück, wo sie öffentlich Heras Eid verkündete und Athamas' Tod verlangte. Aber die Männer Boiotiens, die Athamas mehr als Hera fürchteten, wollten nicht auf Nephele hören. Die Frauen Boiotiens waren Ino ergeben, von der sie nun überredet wurden, das Saatgut ohne Wissen ihrer Männer zu versengen, auf daß die Ernte mißlingen sollte. Ino sah voraus, daß Athamas, wenn die Zeit zum Keimen des Korns gekommen war, aber keine Pflanze erschiene, das Delphische Orakel befragen würde, um den Grund dafür zu erfahren. Sie hatte bereits die Boten des Athamas bestochen, eine falsche Antwort zurückzubringen. Sie sollten berichten, daß das Land wieder fruchtbar werden würde, wenn Phrixos, der Sohn Nepheles, Zeus auf dem Berge Laphystion geopfert werde.

Phrixos war ein schöner Jüngling, in den sich seine Tante Biadike, die Gemahlin des Kretheus, verliebt hatte. Als er ihre Annäherungen zurückwies, klagte sie ihn der versuchten Vergewaltigung an. Die Männer Boiotiens glaubten der Geschichte Biadikes und priesen Apollons weise Wahl eines Sühneopfers. Sie verlangten, daß Phrixos sterben sollte; woraufhin Athamas laut weinend Phrixos auf den Berggipfel führte. Er wollte gerade seine Kehle durchschneiden, als Herakles, der zufällig in der Nähe war, heraneilte und das Opfermesser seiner Hand entwand. «Mein Vater Zeus», rief Herakles aus, «verabscheut Menschenopfer!» Trotzdem hätte Phrixos sterben müssen, wäre nicht ein geflügelter goldener Widder, den Hermes auf Befehl Heras – oder wie manche sagen, auf Befehl des Zeus selbst – gesandt hatte, plötzlich vom Olymp zu seiner Rettung niedergeflogen.

«Steige auf meinen Rücken!» rief der Widder, und Phrixos gehorchte.

«Nimm auch mich!» bat Helle. «Laß mich nicht zurück in den Händen meines Vaters.»

Da zog Phrixos sie auf den Widder, und dieser floh nach Osten, zum Lande Kolchis, wo Helios seine Pferde hält. Doch dauerte es nicht lange, und Helle wurde schwindlig. Sie verlor den Halt und stürzte in die Meeresenge zwischen Europa und Asien, die ihr zu Ehren Hellespont genannt wird. Phrixos kam sicher in Kolchis an und opferte den Widder Zeus, dem Retter. Das goldene Widderfell wurde berühmt, als eine Generation später die Argonauten kamen, es zu suchen.

Überwältigt von dem Wunder auf dem Berge Laphystion, gestanden die Boten des Athamas, daß sie von Ino bestochen worden wären, eine falsche Antwort von Delphi zu bringen. So kamen all ihre Schlauheit und die Verderbtheit der Biadike zutage. Wieder verlangte Nephele, daß Athamas sterben sollte, und das Opferband, das Phrixos getragen hatte, wurde auf sein Haupt gesetzt. Nur das erneute Eingreifen des Herakles rettete ihn vor dem Tode.

Hera war über Athamas erzürnt und trieb ihn zum Wahnsinn. Es war nicht nur Nepheles wegen, sondern auch, weil er Ino geholfen hatte, das Kind Dionysos zu verstecken, den Bastardsohn des Zeus mit ihrer Schwester Semele, das als Mädchen verkleidet in dem Palaste lebte. Athamas ergriff in seinem Wahn einen Bogen und rief aus: «Siehe, ein weißer Hirsch! Tritt zurück, während ich schieße!» Er sprach dies aus und durchbohrte Learchos mit einem Pfeil. Dann machte er sich daran, den noch zitternden Körper in Stücke zu reißen.

Ino riß ihren jüngeren Sohn Melikertes an sich und floh. Aber sie wäre der Rache des Athamas kaum entkommen, hätte das Kind Dionysos ihn nicht geblendet, so daß er irrtümlich eine Ziege an ihrer Stelle zu peitschen begann. Ino rannte zum Molurischen Felsen, von dem sie in das Meer sprang und ertrank. Dieser Felsen wurde später ein Platz üblen Rufes, denn der wilde Skiron pflegte von ihm Fremdlinge ins Meer zu stürzen. Aber Zeus, der sich der Freundlichkeit Inos gegenüber Dionysos erinnerte, wollte ihren Geist nicht in den Tartaros senden und machte sie zur Göttin Leukothea. Er vergöttlichte auch ihren Sohn Melikertes als den Gott Palaimon und sandte ihn reitend auf dem Rücken eines Delphins zum Isthmos von Korinth. Die Isthmischen Spiele, die ihm zu Ehren von Sisyphos gegründet wurden, werden immer noch jedes vierte Jahr gefeiert.

Athamas, der nun von Boiotien verbannt war und ohne Kinder lebte, da sein letzter Sohn Leukon krank geworden und gestorben war, fragte das Delphische Orakel, wo er sich niederlassen sollte. Es antwortete: «Wo immer dich wilde Tiere bewirten.» Er wanderte ziellos nach Norden, ohne Nahrung und Trunk, als er ein Wolfsrudel traf, das gerade eine Herde Schafe in einer einsamen thessalischen Ebene verschlang. Die Wölfe flohen, als er sich näherte. Er und seine hungernden Gefährten aßen, was vom Fleische übriggeblieben war. Dann erinnerte er sich des Orakelspruches und gründete, da er Haliartos und Koronea, seine korinthischen Großneffen, adoptiert hatte, eine Stadt. Er nannte sie Alos, vielleicht nach seinen Wanderungen oder nach seiner Dienstmagd Alos. Das Land wurde Athamania genannt. Später heiratete er Themisto und zog eine neue Familie heran.

Die Mähren des Glaukos

Glaukos, der Sohn des Sisyphos und der Merope, der Vater des Bellerophon, lebte zu Potniai in der Nähe von Theben. Er verachtete die Macht der Aphrodite und weigerte sich, seine Mähren zur Zucht zuzulassen. Er hoffte, sie dadurch lebhafter als die Stuten der anderen Wagenkämpfer zu machen. Diese Kämpfe waren sein Hauptinteresse. Doch Aphrodite war erzürnt. Sie beklagte sich bei Zeus, daß er die Mähren selbst mit menschlichem Fleisch fütterte. Als Zeus ihr erlaubte, Glaukos nach ihrem Gutdünken zu bestrafen, entführte sie die Mähren eines Nachts. Sie brachte sie zu einem Brunnen, der ihr geweiht war. Von diesem Wasser sollten sie trinken und von einer Pflanze, Hippomanes genannt, fressen. Sie tat dies, gerade bevor Iason die Begräbnisspiele des Pelias an der Meeresküste zu Iolkos feierte. Kaum hatte Glaukos seine Mähren vor seinen Wagen gespannt, als sie davonrannten, den Wagen umwarfen und ihn, in die Zügel verwirrt, durch die ganze Länge des Stadions über den Boden schleiften. Dann fraßen sie ihn bei lebendigem Leibe auf.

Der Geist des Glaukos, genannt Taraxippos oder Pferdeschreck, gespenstert noch immer um den Isthmos von Korinth. Sein Vater Sisyphos lehrte ihn dort die Kunst des Wagenlenkens. Er hatte Freude daran, die Pferde bei den Isthmischen Spielen zu erschrecken, wodurch er viele Unglücksfälle verursachte.

Perseus

Abas, König von Argolis und Enkel des Danaos, heiratete Aglaia und vermachte ihren Zwillingssöhnen, Proitos und Akrisios, sein Königtum. Er befahl ihnen, abwechselnd zu regieren. Ihr Streit, der schon im Mutterschoße begonnen hatte, wurde heftiger noch, als Proitos mit der Tochter des Akrisios, mit Danaë, lag und gerade noch mit dem Leben davonkam. Da Akrisios sich nun weigerte, am Ende seiner Regierungszeit den Thron zu übergeben, floh Proitos zum Hofe des Iobates, des Königs von Lykien, dessen Tochter Anteia er heiratete. Kurz darauf kehrte er an der Spitze einer lykischen Armee zurück. Eine blutige Schlacht wurde gefochten, in der keine Seite irgendwelche Vorteile erringen konnte. So kamen Proitos und Akrisios, wenn auch ungern, überein, das Königreich unter sich aufzuteilen.

Akrisios, der mit Aganippe verheiratet war, hatte keine Söhne, sondern nur die einzige Tochter Danaë, die Proitos verführt hatte. Er befragte ein Orakel, wie er einen männlichen Erben finden könne, und erhielt die Antwort: «Du wirst keine Söhne haben, und dein Enkel wird dich töten.» Um diesem Schicksal zu entgehen, setzte Akrisios Danaë in einem Gefängnis mit kupfernen Türen gefangen und ließ es von wilden Hunden bewachen. Aber trotz aller Vorsicht kam Zeus in einem Schauer von Gold und verführte sie. Sie gebar ihm einen Sohn, genannt Perseus. Als Akrisios von Danaës Geschick erfuhr, wollte er nicht glauben, daß Zeus der Vater sei, und verdächtigte seinen Bruder, von neuem Beziehungen mit ihr aufgenommen zu haben. Er wagte aber nicht, seine eigene Tochter zu töten, und sperrte sie und den Säugling Perseus in eine hölzerne Arche, die er in das Meer warf. Diese Arche wurde zur Insel Seriphos geschwemmt, wo ein Fischer namens Diktys Danaë und Perseus noch lebend fand. Er brachte sie sofort zu seinem Bruder, dem König Polydektes, der Perseus in seinem eigenen Haus aufzog.

Perseus, zum Mann geworden, verteidigte Danaë gegen Polydektes, der versucht hatte, sie zur Heirat zu zwingen. Polydektes versammelte dann seine Freunde und sagte, er wolle um die Hand Hippodameias, der Tochter des Pelops, anhalten. Er bat jeden um ein Pferd für seine Liebesgabe.

«Wie schade», antwortete Perseus, «ich besitze weder Pferd noch Gold, um eines zu kaufen. Wenn du aber Hippodameia heiraten willst und nicht meine Mutter, werde ich mich bemühen, was immer du auch nennst, für dich herbeizuschaffen.» Er fügte leichtsinnig hinzu: «Selbst das Haupt der Gorgo Medusa, solltest du dies verlangen.»

«Das würde mir in der Tat mehr gefallen als irgendein Pferd auf dieser Erde», antwortete Polydektes sofort. Nun trug aber die Gorgo Medusa Schlangen an Stelle von Haaren, hatte riesenhafte Zähne und eine hervorhängende Zunge. Ihr Gesicht war so häßlich, daß bei seinem Anblick alle sofort vor Angst versteinerten.

Athene begleitete Perseus auf seinem Abenteuer. Zuerst führte sie ihn nach Samos zu der Stadt Diekterion, wo Abbilder aller drei Gorgonen ausgestellt werden. So konnte Perseus Medusa von ihren unsterblichen Schwestern Stheno und Euryale unterscheiden. Dann warnte sie ihn, die Medusa nie selbst anzusehen, sondern nur ihr Spiegelbild. Dazu schenkte sie ihm einen glanzpolierten Schild.

Medusa, Vasenmalerei (Britisches Museum, London)

Auch Hermes half Perseus und gab ihm eine diamantene Sichel, mit der er die Medusa enthaupten sollte. Aber noch brauchte Perseus ein Paar geflügelter Sandalen, einen Zaubersack für das abgeschlagene Haupt und den dunklen Helm der Unsichtbarkeit, der dem Hades gehörte. All diese Dinge waren in der Obhut der stygischen Nymphen. Ihr Aufenthalt war aber nur den Schwestern der Gorgonen, den drei schwanengleichen Graien, die alle drei zusammen nur ein einziges Auge und einen einzigen Zahn besaßen, bekannt. Daher suchte Perseus die drei Graien am Fuße des Berges Atlas auf. Er schlich sich hinter sie und riß Auge und Zahn an sich, als diese von einer Schwester der anderen gereicht wurden, und gab sie erst wieder zurück, als ihm verraten worden war, wo die stygischen Nymphen lebten.

Dann holte Perseus die Sandalen, den Sack und den Helm von den Nymphen und flog gegen Westen zum Land der Hyperboreer. Dort fand er unter den regenverwaschenen Gestalten der Männer und wilden Tiere, die von der Medusa zu Stein verwandelt worden waren, die Gorgonen in Schlaf versunken vor. Er ließ seine Augen nicht vom Spiegelbild in seinem Schild, Athene führte seine Hand, und er schlug mit einem Streich seiner Sichel das Haupt der Medusa ab. Daraufhin entsprangen zu seiner großen Überraschung das geflügelte Pferd Pegasos und der Krieger Chrysaor schon ganz erwachsen und mit einem goldenen Schwert in seiner Hand ihrem toten Körper. Eilig warf er das Haupt in seinen Sack und machte sich davon. Stheno und Euryale wurden von ihren neuen Neffen geweckt und machten sich auf, ihn zu verfolgen. Doch der Helm machte Perseus unsichtbar, und er entkam in die Sicherheit des Südens.

Bei Sonnenuntergang landete Perseus in der Nähe des Palastes des Titanen Atlas. Als Strafe für dessen Ungastlichkeit zeigte er ihm das Haupt der Gorgo und verwandelte ihn so in einen Berg. Am folgenden Tage zog er nach Osten und flog über die Libysche Wüste; Hermes half ihm, das schwere Haupt zu tragen. Unterwegs ließ er das Auge und den Zahn der Graien in den See Triton fallen. Auch einige Tropfen vom Blute der Gorgo fielen in den Wüstensand; ihnen entsprang ein Schwarm giftiger Schlangen.

Perseus machte zu Chemmis in Ägypten, wo er noch heute verehrt wird, Rast, um sich zu erfrischen, und flog dann weiter. Als er nördlich an der Küste Philistias vorbeikam, erblickte er eine unbekleidete Frau, gekettet an eine Klippe im Meer, und verliebte sich in sie auf den ersten Blick. Es war Andromeda, die Tochter des Kepheus, des äthiopischen Königs von Ioppe, und der Kassiopeia. Kassiopeia hatte sich gerühmt, daß sie und ihre Tochter schöner seien als die Nereiden, die sich bei ihrem Beschützer Poseidon über diese Beleidigung beklagten. Poseidon sandte eine Sturmflut und ein weibliches Seeungeheuer, Philistia zu zerstören. Als Kepheus das Orakel des Ammon befragte, erhielt er zur Antwort, daß er nur dann auf Erlösung hoffen könne, wenn Andromeda dem Seeungeheuer geopfert würde. Da zwangen ihn seine Untertanen, sie an einen Felsen zu ketten, nackt bis auf einige Schmuckstücke, und sie dort zu lassen, um lebendig gefressen zu werden.

Als Perseus zu Andromeda flog, sah er, wie Kepheus und Kassiopeia ihn voller Angst von der nahen Küste beobachteten. Er landete an ihrer Seite, um sie um Rat zu fragen. Unter der Bedingung, daß Andromeda, sollte er sie retten können, seine Gattin werden und mit ihm nach Griechenland zurückkehren würde, erhob sich Perseus wieder in die Luft. Er ergriff seine Sichel und stürzte sich von oben auf das sich nähernde Seeungeheuer, das von seinem Schatten auf dem Meere getäuscht worden war, herab und enthauptete es.

Kepheus und Kassiopeia hießen ihn widerwillig als ihren Schwiegersohn willkommen, und als Andromeda darauf bestand, wurde die Heirat sofort gefeiert. Die Festlichkeiten wurden jedoch jäh unterbrochen, als Agenor, der Zwillingsbruder des Königs Belos, an der Spitze einer bewaffneten Schar eindrang und Andromeda für sich selbst beanspruchte. Er war zweifelsohne von Kassiopeia gerufen worden, da sie und Kepheus sofort mit Perseus brachen und behaupteten, daß sie ihm Andromedas Hand versprochen hätten, sei durch die Umstände erzwungen worden, und der Anspruch des Agenor sei älter.

«Perseus muß sterben!» ereiferte sich Kassiopeia.

In dem Kampfe, der folgte, erschlug Perseus viele seiner Gegner. Da er aber einer vielfachen Überzahl gegenüberstand, war er gezwungen, das Haupt der Gorgo von seinem Korallenbette zu holen und die übrigen zweihundert zu Stein zu verwandeln. Poseidon setzte das Bild des Kepheus und der Kassiopeia unter die Sterne. Athene setzte später Andromedas Abbild in eine würdigere Konstellation, da sie trotz des Verrates ihrer Eltern darauf bestanden hatte, Perseus zu heiraten.

Perseus kehrte eilends nach Seriphos zurück und nahm Andromeda mit sich. Er erfuhr, daß Danaë und Diktys, bedroht von der Gewalttätigkeit des Polydektes, der natürlich niemals die Absicht hatte, Hippodameia zu ehelichen, Zuflucht in einem Tempel genommen hatten. Er ging daher geradewegs zum Palaste, wo Polydektes mit seinen Freunden bei einem Gelage war, und verkündete, daß er die versprochene Liebesgabe gebracht hätte. Er wurde mit Spott überschüttet. Da zog er das Haupt der Gorgo hervor, zeigte es der Tafelrunde, wandte seine eigenen Augen ab und verwandelte sie alle zu Stein. Dann gab er Athene das Haupt, die es an ihre Aigis heftete. Hermes gab den stygischen Nymphen die Sandalen, den Sack und den Helm zur Obhut zurück.

Zeus mit Donnerkeil, Bronzeminiatur (Archäologisches Nationalmuseum, Athen)

Nachdem er Diktys auf den Thron von Seriphos gesetzt hatte, segelte Perseus nach Argos. Als Akrisios von ihrem Kommen hörte, floh er zum pelasgischen Larissa. Doch war Perseus dorthin zu den Begräbnisfeierlichkeiten seines toten Vaters eingeladen worden und nahm am Fünfkampf teil. Beim Diskuswurf traf seine Scheibe, vom Wind und dem Willen der Götter aus der Richtung gelenkt, den Fuß des Akrisios und tötete ihn. Perseus begrub von Gram erfaßt seinen Großvater im Tempel der Athene über der Akropolis der Stadt. Dann ging er, da er sich schämte, in Argos zu regieren, nach Tiryns, wo Megapenthes, der Sohn des Proitos, den Thron bestiegen hatte. Er kam mit ihm überein, die Königreiche zu tauschen.

Der Wettstreit der Zwillingspaare

Als die männliche Linie des Hauses des Polykaon nach fünf Generationen ausgestorben war, forderten die Messener den Perieres, den Sohn des Aiolos, auf, ihr König zu sein. Er heiratete Gorgophone, die Tochter des Perseus. Sie überlebte ihn und wurde die erste Witwe, die wieder heiratete. Ihr neuer Gemahl war Oibalos, der Spartaner. Bis dahin war es Sitte gewesen, daß Frauen beim Tode ihres Mannes Selbstmord begingen.

Aphareus und Leukippos waren die Söhne Gorgophones von Perieres, während Tyndareos und Ikarios mit ihr von Oibalos gezeugt woden waren. Tyndareos folgte seinem Vater auf den Thron Spartas, Ikarios war sein Mitkönig. Aber Hippokoon und seine zwölf Söhne verjagten die beiden. Tyndareos suchte Zuflucht beim König Thestios in Aitolien und heiratete dessen Tochter Leda, die ihm Kastor und Klytaimnestra und zur gleichen Zeit dem Zeus Helena und Polydeukes gebar. Später adoptierte Tyndareos den Polydeukes und gewann den Thron Spartas zurück.

In der Zwischenzeit hatte sein Halbbruder Aphareus den Thron von Messene bestiegen, wo Leukippos als sein Mitkönig regierte und sich geringerer Macht erfreute. Aphareus ehelichte seine Halbschwester Arene, die ihm Idas und Lynkeus gebar. Doch war Idas, um die Wahrheit zu sagen, der Sohn des Poseidon. Nun wurden die Töchter des Leukippos, die Leukippiden, nämlich Phoibe, die eine Priesterin der Athene war, und Hilaiira, eine Priesterin der Artemis, ihren Vettern Idas und Lynkeus angetraut. Später entführten sie Kastor und Polydeukes, die allgemein als die Dioskuren bekannt sind, und zeugten mit ihnen Söhne. So kam es zu einem bitteren Streit zwischen den zwei Zwillingspaaren.

Die Dioskuren, die in keinem ihrer Abenteuer voneinander getrennt werden konnten, waren der Stolz Spartas. Kastor war als Soldat und für seine Kunst, Pferde zu zähmen, berühmt; Polydeukes galt als der beste Faustkämpfer seiner Zeit. Bei den Olympischen Spielen gewannen beide Preise. Ihre Vettern und Widersacher waren einander nicht weniger zugetan: Idas war zwar stärker als Lynkeus, doch Lynkeus hatte so scharfe Augen, daß er im Dunkeln sehen oder den Platz vergrabener Schätze ahnen konnte.

Nun hatte Euenos, ein Sohn der Ares, Alkippe geheiratet, die ihm Marpessa gebar. Er versuchte, Marpessas Unberührtheit zu behüten, indem er jeden Bewerber aufforderte, ein Wagenrennen mit ihm durchzuführen. Der Sieger sollte Marpessa gewinnen, der Besiegte seinen Kopf verlieren. Bald waren viele Häupter an die Mauern des Hauses genagelt. Apollon, der sich in Marpessa verliebte, gab seinem Ekel über eine so barbarische Sitte Ausdruck. Er sagte, daß diese Unsitte bald enden würde, wenn er Euenos zu einer Wettfahrt fordern würde. Doch auch Idas hatte sein Herz an Marpessa verloren und erbat von seinem Vater Poseidon einen geflügelten Wagen. Bevor noch Apollon handeln konnte, war Idas nach Aitolia gefahren und hatte Marpessa aus der Mitte einer Gruppe von Tänzern entführt. Euenos verfolgte ihn, konnte ihn aber nicht überholen. Euenos betrauerte sein Unglück so sehr, daß er seine Pferde tötete und sich selbst in den Fluß Lykormas stürzte, der seit damals Euenos genannt wird.

Als Idas in Messene ankam, versuchte Apollon, ihm Marpessa zu rauben. Sie fochten einen Zweikampf, doch trennte Zeus sie und befahl, daß Marpessa selbst entscheiden sollte, wen sie heiraten wollte. Sie fürchtete, daß Apollon sie verstoßen würde, wenn sie alt geworden wäre – er hatte es schon so mit vielen anderen seiner Frauen getan –, und erkor Idas zum Gemahl.

Idas und Lynkeus gehörten der Gruppe der kalydonischen Jäger an und segelten mit ihnen auf der Argo nach Kolchis. Eines Tages, nach dem Tode des Aphareus, legten sie und die Dioskuren ihren Streit so weit bei, daß sie sich zu einem Viehraub in Arkadien zusammentaten. Der Raubzug war erfolgreich, und Idas wurde durch das Los erkoren, die Beute unter den vieren aufzuteilen. Daraufhin vierteilte er eine Kuh und bestimmte, daß die eine Hälfte der Beute dem gehören sollte, der sein Teil als erster verzehrt hätte, der Rest dem Nächstschnellen. Fast noch bevor die andern begonnen hatten, diesen Wettkampf durchzuführen, hatte Idas schon sein eigenes Teil verschlungen und half dann Lynkeus, dessen Teil zu vertilgen. Bald war der letzte Bissen verschlungen, und Idas und Lynkeus trieben das Vieh nach Messene fort. Die Dioskuren warteten, bis Polydeukes, der langsamere von beiden, sein Teil geendet hatte. Daraufhin gingen sie nach Messene und legten vor den Bürgern der Stadt Einspruch ein: Lynkeus hätte seinen Anteil verloren, da Idas ihm geholfen habe, Idas hätte seinen Anteil verloren, weil er nicht gewartet hätte, bis alle Teilnehmer an dem Wettessen bereit gewesen wären. Idas und Lynkeus waren nicht in der Stadt, sondern auf dem Berge Taygetos, wo sie dem Poseidon ein Opfer darbrachten. Da ergriffen die Dioskuren das umstrittene Vieh und andere Beute und versteckten sich selbst in einer hohlen Eiche, um die Rückkehr ihrer Rivalen zu erwarten. Lynkeus aber hatte sie schon vom Gipfel des Taygetos erblickt. Idas, der von dem Berghange herabeilte, schleuderte seinen Speer gegen den Baum und durchbohrte Kastor. Als Polydeukes hervorstürmte, um den Tod seines Bruders zu rächen, riß Idas den behauenen Grabstein vom Grabe des Aphareus und warf ihn auf Polydeukes. Dieser jedoch konnte, obwohl er schwer verletzt war, noch Lynkeus mit seinem Speer töten. In diesem Augenblick griff Zeus ein, um seinen Sohn zu retten. Mit einem Blitze schlug er Idas nieder.

Nachdem er ein Triumphmal in der Nähe der spartanischen Rennbahn errichtet hatte, um seinen Sieg über Lynkeus zu feiern, betete Polydeukes zu Zeus: «Vater, laß mich nicht länger als meinen teuren Bruder leben!» Doch das Schicksal hatte bestimmt, daß nur einer der Söhne Ledas sterben sollte. Da Kastors Vater Tyndareos ein Sterblicher war, gelangte Polydeukes als Sohn des Zeus in den Himmel. Aber er weigerte sich, Unsterblichkeit anzunehmen, wenn Kastor nicht an ihr teilhaben könnte. So erlaubte Zeus den beiden, ihre Tage abwechselnd in der oberen Atmosphäre und unter der Erde zu Therapne zu verbringen. Als zusätzlichen Lohn für ihre Bruderliebe setzte er ihr Bild unter die Sterne als das Sternbild der Zwillinge.

Poseidon machte Kastor und Polydeukes zu Schutzherren schiffbrüchiger Seeleute und verlieh ihnen die Macht, günstige Winde zu senden; das Opfer eines weißen Lammes, dargebracht auf dem Bug eines Schiffes, bringt sie eilends vom Himmel, gefolgt von einem Zug Sperlinge. Sie sind die Schutzherren der Spartanischen Spiele und, als Erfinder des Kriegstanzes und der Kriegsmusik, auch die aller Barden, die von vergangenen Schlachten singen.

Bellerophon

Bellerophon, der Sohn des Glaukos und Enkel des Sisyphos, verließ Korinth in einer Wolke, nachdem er zuerst einen gewissen Belleros und dann seinen eigenen Bruder getötet hatte. Er floh zu Proitos, König von Tiryns, und bat um Asyl. Aber (so wollte es das böse Schicksal) Anteia, die Gattin des Proitos, verliebte sich auf den ersten Blick in ihn. Als er ihre Annäherungen zurückwies, beschuldigte sie ihn der versuchten Verführung. Proitos schenkte ihrer Geschichte Glauben. Doch wagte er nicht, durch den Mord an einem Bittsteller die Rache der Furien auf sich zu ziehen. Daher sandte er ihn mit einem versiegelten Brief zu Iobates, dem Vater Anteias, König von Lykien, in dem er schrieb: «Ich bitte Dich, entferne den Überbringer dieses Briefes aus der Welt; er versuchte meine Gattin, Deine Tochter, zu vergewaltigen.»

Auch Iobates scheute vor der Mißhandlung eines königlichen Gastes zurück. So bat er Bellerophon, die Chimaira zu töten, ein feuerspeiendes weibliches Ungeheuer mit dem Haupt eines Löwen, dem Körper einer Ziege und dem Schwanz einer Schlange. Bevor Bellerophon an seine Aufgabe ging, befragte er den Seher Polyeidos, der ihm riet, das geflügelte Pferd Pegasos zu fangen und zu zähmen.

Bellerophon fand Pegasos in Peirene, als er auf der Akropolis von Korinth Wasser trank. Er warf einen goldenen Zügel über dessen Haupt, ein Geschenk der Athene. Bellerophon besiegte die Chimaira: Er flog auf dem Rücken des Pegasos über sie, durchbohrte sie mit Pfeilen und warf dann einen Bleiklumpen, den er an der Spitze seines Speeres befestigt hatte, in ihr Maul. Der feurige Atem der Chimaira schmolz das Blei, das ihre Kehle hinabtropfte und ihre Eingeweide verbrannte.

Perseus trennt das Haupt der Medusa ab (Archäologisches Museum, Palermo)

Perseus mit dem Haupt der Medusa, Detail von einem rotfigurigen Wasserkrug (Britisches Museum, London)

Iobates jedoch dachte nicht daran, Bellerophon für diese wagemutige Tat zu belohnen; er sandte ihn jetzt gegen die kriegerischen Solymer und ihre Verbündeten, die Amazonen, aus. Bellerophon besiegte beide, indem er hoch über ihren Köpfen, außerhalb der Reichweite ihrer Pfeile, umherflog und riesige Felsen auf sie herabstürzen ließ. Als nächstes verjagte er eine Bande karischer Piraten. Als selbst dann Iobates immer noch keine Dankbarkeit zeigte, sondern sogar die Palastwache aussandte, dem zurückkehrenden Bellerophon aufzulauern, stieg er von seinem Pferd und betete zu Poseidon: er möge doch die Xanthische Ebene hinter ihm überfluten, während er selbst zu Fuß weiterginge. Poseidon erhörte das Gebet und schickte, als Bellerophon sich dem Palaste des Iobates näherte, große Wellen über die Ebene. Da ihn niemand überreden konnte, sich zurückzuziehen, hoben die xanthischen Frauen ihre Röcke über die Hüften, liefen ihm so entgegen und boten sich ihm an. Bellerophon war dadurch so eingeschüchtert, daß er sich umdrehte und davonlief. Die Wellen zogen hinter ihm her.

Nun war Iobates überzeugt, daß Proitos sich geirrt haben müßte, als er über den vermeintlichen Angriff auf Anteias Tugend schrieb. Er zog den Brief hervor und verlangte einen genauen Bericht über das Geschehene. Als er die Wahrheit erfuhr, bat er Bellerophon um Vergebung, gab ihm seine Tochter Philonoë zur Frau und machte ihn selbst zum Erben des lykischen Thrones.

Auf der Höhe seines Glücks wurde Bellerophon leichtsinnig und flog zum Olymp, wie wenn er ein Unsterblicher wäre. Da sandte Zeus eine Stechfliege, die Pegasos unter dem Schwanze stach, so daß er aufbäumte und Bellerophon schmachvoll zur Erde hinabfiel. Bellerophon war in einen Dornenbusch gefallen. Er wanderte über die Erde, lahm, blind, einsam und verflucht und mied die Wege der Menschen, bis der Tod ihn erlöste.

Der Kalydonische Eber

Oineus, der König von Kalydon in Aitolien, nahm Althaia zur Gemahlin. Als ersten Sohn gebar sie ihm Toxeus, dann Meleager, von dem manche sagen, er sei in Wirklichkeit ihr Sohn von Ares gewesen. Meleager war sieben Tage alt, als die Schicksalsgöttinnen verkündeten, daß er nur so lange leben würde, bis ein bestimmtes Scheit auf dem Herde verbrannt wäre. Sofort riß sie jenes Stück Holz aus dem Feuer, löschte es mit einem Eimer Wasser und versteckte es in einer Truhe.

Meleager wuchs zu dem besten Speerwerfer Griechenlands heran. Er würde noch immer leben, hätte Oineus nicht eines Sommers leichtsinnigerweise vergessen, Artemis bei seinem Opfer an die zwölf Götter des Olymps einzuschließen. Artemis erfuhr diese Nachlässigkeit von Helios. Darauf sandte sie einen riesigen Keiler aus, das Land Kalydon zu verwüsten. Da schickte Oineus Herolde aus: Er fordere die tapfersten Kämpfer Griechenlands auf, mit ihm den Keiler zu jagen, und verspreche dem, der ihn töten würde, dessen Pelz und dessen Hauer.

Viele kamen seinem Rufe nach, darunter auch die keusche und schnellfüßige Atalanta, die einzige Tochter des Iasos und der Klymene. Iasos hatte sich einen männlichen Erben gewünscht. Daher enttäuschte ihn die Geburt Atalantas so sehr, daß er sie auf dem parthenischen Hügel in der Nähe von

Kalydon aussetzte, wo sie von einem Bären, den Artemis zu Hilfe gesandt hatte, genährt wurde. Atalanta wuchs unter den Jägern, die sie gefunden und aufgezogen hatten, zur Frau heran. Sie blieb Jungfrau und war stets bewaffnet.

Oineus bewirtete die Jäger königlich. Ankaios und Kepheus weigerten sich zunächst, zusammen mit einer Frau zu jagen. Da erklärte Meleager, daß er die Jagd abbrechen werde, zögen sie nicht ihre Weigerung zurück. Denn Meleager fand sich nun plötzlich in Atalanta verliebt und suchte ihre Zuneigung. Die Brüder Althaias, seine Onkel, hatten von Anfang an eine Abneigung gegen das Mädchen. Sie waren überzeugt, daß ihre Anwesenheit nur Unglück bringen könnte. So begann die Jagd unter unglücklichen Voraussetzungen; Artemis selbst hatte dafür gesorgt.

Das erste vergossene Blut war das eines Menschen. Zwei Kentauren, Hylaios und Rhaikos, die sich der Jagd angeschlossen hatten, wollten Atalanta vergewaltigen; jeder sollte dem anderen helfen. Als sie sich auf sie stürzten, erschoß sie beide.

Der Eber sprang hervor, tötete zwei Jäger, zerriß die Kniesehnen eines anderen und jagte den jungen Nestor auf einen Baum hinauf. Iason und einige andere schleuderten schlecht gezielte Wurfspeere gegen den Keiler. Nur Iphikles gelang es, wenigstens dessen Schulterblatt zu streifen. Dann gingen Telamon und Peleus kühn mit ihren Eberspeeren vor. Doch Telamon stolperte über eine Baumwurzel. Als Peleus ihm wieder aufhalf, erblickte sie der Keiler und griff an. Zur rechten Zeit ließ Atalanta einen Pfeil los, der das Tier hinter dem Ohr traf und verjagte. Ankaios schwang seine Schlachtaxt und wollte den Keiler, als er wieder angriff, niederschlagen. Aber er war nicht schnell genug: Plötzlich war er entmannt und lag mit aufgeschlitztem Bauch am Boden. In seiner Erregung tötete Peleus Eurytion mit einem Speer, der gegen den Keiler gezielt war. Amphiaraos war es gelungen, das Tier mit einem Pfeil zu blenden. Es griff dann Theseus an, dessen Wurfspeer das Ziel verfehlte; doch auch Meleager hatte seinen Speer geschwungen und die rechte Flanke durchbohrt. Als sich dann der Eber vor Schmerzen wand und das Geschoß herauszureißen versuchte, stieß er seine Waffe mitten ins Herz.

Endlich stürzte der Keiler tot nieder.

Sofort enthäutete ihn Meleager und bot Atalanta den Pelz mit den Worten an: «Du trafst ihn als erste, und hätten wir das Tier nicht angegriffen, bald wäre es deinem Pfeile erlegen.»

Seine Onkel waren gekränkt. Der älteste von ihnen, Plexippos, wandte ein, daß Meleager selbst den Pelz gewonnen hätte. Sollte dieser verzichten, so gebühre die Siegesbeute dem ehrenwertesten Teilnehmer an der Jagd – nämlich ihm selbst, als dem Schwager des Oineus. Der jüngere Bruder des Plexippos unterstützte ihn: Iphikles, und nicht Atalanta, hätte das Tier als erster getroffen. Meleager, im Zorne der Verliebtheit, tötete sie beide.

Als die beiden Leichen heimgetragen wurden, verfluchte Althaia Meleager. Dieser Fluch verwehrte ihm die Verteidigung Kalydons, als seine beiden überlebenden Onkel der Stadt den Krieg erklärten und viele ihrer Verteidiger töteten. Schließlich überredete ihn seine Gemahlin Kleopatra, zu den Waffen zu greifen. Er tötete die beiden Angreifer. Da aber befahlen die Furien der Althaia, das unverbrannte Scheit aus der Truhe zu nehmen und es ins Feuer zu werfen. Meleager fühlte ein plötzliches Brennen in seinem Inneren, und der Feind übermannte ihn mühelos. Althaia und Kleopatra erhängten sich. Artemis verwandelte alle in Perlhühner. Nur zwei klagende Schwestern des Meleager schonte sie.

Iasos war erfreut über Atalantas Erfolge. Er erkannte sie als seine Tochter an. Doch kaum war sie im Palaste angekommen, als er sie mit den Worten empfing: «Mein Kind, bereite dich vor, einen Gatten zu nehmen!» – eine unangenehme Kunde, hatte doch das Delphische Orakel sie vor einer Heirat gewarnt. Sie antwortete: «Vater, nur unter einer Bedingung stimme ich zu. Jeder Bewerber um meine Hand soll sich mit mir im Wettlauf messen. Kann er mich besiegen, so werde ich seine Frau, sonst will ich ihn töten.» «So sei es», sprach Iasos.

Viele unglückliche Prinzen verloren so ihr Leben; sie war der schnellfüßigste Sterbliche auf dieser Erde. Doch Melanion, ein Sohn des Arkaders Amphidamas, rief Aphrodite um Hilfe an. Sie gab ihm drei goldene Äpfel mit den Worten: «Halte Atalanta auf, indem du die Äpfel einen nach dem anderen auf die Laufbahn fallen läßt.» Melanion siegte: Atalanta bückte sich und hob jeden Apfel auf und erreichte das Ziel kurz hinter ihm.

Die Heirat fand statt. Dennoch erfüllte sich bald die Warnung des Orakels. Eines Tages kamen sie an einem Tempel des Zeus vorbei. Melanion überredete sie, in den Tempel zu kommen und dort mit ihm zu liegen. Zeus war erbost über die Entweihung seines Tempels und verwandelte sie beide in Löwen: Denn Löwen paaren sich nicht mit Löwen, sondern nur mit Leoparden. So war es ihnen unmöglich, einander wieder zu lieben. Diese Strafe hatte Aphrodite verlangt. Sie hatte darauf bestanden, daß Atalanta Jungfrau bliebe. Dem Melanion aber zürnte sie für seinen Mangel an Dankbarkeit für die goldenen Äpfel.

Midas

Midas, der Sohn der Großen Göttin von Ida und eines Satyrs, dessen Namen man nicht kennt, war ein vergnügungssüchtiger König im makedonischen Bromion. Hier regierte er die Briger und legte seinen berühmten Rosengarten an. Während seiner Kindheit beobachtete man eine Ameisenprozession, die Weizenkörner an seine Wiege schleppte und zwischen die Lippen des schlafenden Kindes legte. Die Wahrsager deuteten diesen Vorfall als ein Zeichen großen Reichtums, der in seinen Händen noch zusammenfließen würde.

Eines Tages zog das wilde Heer des Dionysos von Thrakien nach Boiotien. Silenos, der alte, verkommene Satyr, der früher der Lehrer des Dionysos war, blieb weit zurück. Man fand den Trunkenen schlafend in den Rosengärten. Die Gärtner fesselten ihn mit Blumenkränzen und führten ihn vor Midas, dem er wundersame Geschichten erzählte. Midas war entzückt von den Geschichten des Silenos und bewirtete ihn fünf Tage und Nächte. Dann befahl er einem Führer, ihn zum Hauptquartier des Dionysos zurückzugeleiten.

Dionysos hatte sich schon Sorgen um Silenos gemacht. Er sandte einen Boten zu Midas und ließ fragen, wie Midas belohnt werden möchte. Midas antwortete ohne Zögern: «Möge sich alles, was ich berühre, in Gold verwandeln.» Da verwandelten sich nicht nur die Steine, die Blumen und der Hausrat in Gold, sondern auch die Speisen auf der gedeckten Tafel, sobald er

Pegasos und Bellerophon mit der Chimaira
(Britisches Museum, London)

gegenüber oben: *Die Dioskuren Kastor und Polydeukes, Exekias-Amphore (Vatikan)*

gegenüber unten: *Pegasos (Britisches Museum, London)*

sie nur berührte, und sogar das Wasser, wenn er es trinken wollte. Midas starb langsam vor Hunger und Durst. Da befahl ihm Dionysos, die Quellen des Flusses Paktolos in der Nähe des Berges Tmolos zu besuchen und sich dort zu waschen. Midas gehorchte und wurde sogleich von seiner unheilvollen Gabe befreit. Doch der Sand am Flusse Paktolos ist noch heute reich an Gold.

Nachdem Midas auf diese Weise in Asien eingezogen war, wurde er von dem kinderlosen phrygischen König Gordios adoptiert. Gordios war anfangs ein armer Bauer gewesen, als sich eines Tages zu seinem Erstaunen ein Königsadler auf der Deichsel seines Ochsenwagens niederließ. Der Adler schien den ganzen Tag dort sitzen bleiben zu wollen. So trieb Gordios seine Ochsen nach Telmissos in Phrygien, das nun ein Teil Galatiens ist, wo sich ein verläßliches Orakel befand. Am Tore der Stadt traf er eine junge Prophetin. Als sie den Adler auf seiner Deichsel sitzen sah, bestand sie darauf, daß er sofort dem König Zeus Opfer darbringen sollte. «Laß mich mit dir gehen, Bauer», sagte sie, «damit du auch sicherlich die rechten Opfer wählest.» «So soll es sein», erwiderte Gordios. «Du scheinst eine weise und kluge junge Frau zu sein. Bist du bereit, mich zu heiraten?» «Sobald das Opfer dargebracht ist», antwortete sie.

Inzwischen war der König von Phrygien plötzlich gestorben, ohne einen Erben zurückzulassen. Da verkündete ein Orakel: «Phryger, euer neuer König nähert sich mit seiner Braut auf einem Ochsenkarren!»

Als Gordios mit seinem Ochsenkarren auf den Marktplatz von Telmissos kam, zog der Adler sofort die Aufmerksamkeit des Volkes auf sich, und Gordios wurde einstimmig zum König gewählt. Dankbar weihte er den Karren und dessen Joch, das er auf besondere Art an die Deichsel gebunden hatte, dem Zeus. Ein Orakel verkündete dann, daß derjenige, der den Knoten zu lösen vermöchte, Herr über ganz Asien werden würde. Das Joch und die Deichsel wurden in der Akropolis zu Gordion aufbewahrt. Eifersüchtig hüteten sie hier die Priester des Zeus jahrhundertelang – bis Alexander der Makedoner den Knoten ungeduldig mit seinem Schwerte zerschnitt. Nach dem Tod des Gordios trat Midas die Herrschaft an. Er förderte die Verehrung des Dionysos und gründete die Stadt Ankyra.

Midas war bei dem bekannten musikalischen Wettkampf zwischen Apollon und Marsyas zugegen gewesen, bei dem der Flußgott Tmolos Schiedsrichter war. Tmolos sprach Apollon den Preis zu. Midas war mit diesem Urteil nicht einverstanden und wurde für seinen Widerspruch mit Eselsohren bestraft. Lange Zeit konnte er sie unter einer phrygischen Kappe verbergen. Doch sein Barbier wußte von den Ohren und konnte das Geheimnis nicht für sich behalten, obwohl Midas ihm unter Androhung der Todesstrafe Schweigepflicht auferlegt hatte. Der Diener grub ein Loch am Flußufer und überzeugte sich, daß niemand in der Nähe sei. Dann flüsterte er in das Loch: «König Midas hat Eselsohren!» Er schaufelte das Loch wieder zu und ging fort, in Frieden mit sich selbst. Doch entsprang dem Ufer ein Schilfrohr und verriet das Geheimnis allen Vorbeiziehenden. Als Midas erfuhr, daß seine Schande allgemein bekanntgeworden war, verurteilte er den Barbier zum Tode, trank das Blut eines Stieres und starb eines elenden Todes.

Narkissos

Der Thesper Narkissos war der Sohn der blauen Nymphe Leiriope, die der Flußgott Kephissos einst vergewaltigt hatte. Der Seher Teiresias sagte Leiriope, die ihn als erste um Rat fragte: «Narkissos wird sehr alt werden – aber nur, wenn er sich niemals selber kennt.» Es war verständlich, daß sich jeder in Narkissos verliebte, selbst als er noch ein Kind war. Mit sechzehn Jahren bereits wies er herzlos die Liebe von Männern und Frauen zurück; er war von trotzigem Stolz auf seine eigene Schönheit erfüllt.

Auch die Nymphe Echo verliebte sich in ihn. Echo war mit dem Verlust ihrer Sprache bestraft worden – sie konnte nur die Rufe anderer nachschwätzen –, weil sie Hera einst mit langen Geschichten unterhielt, so daß die Konkubinen des Zeus ihrem eifersüchtigen Auge entwischen konnten. Eines Tages ging Narkissos zur Hirschjagd. Echo folgte ihm leise durch den weglosen Forst und wollte mit ihm sprechen. Sie konnte aber das Gespräch nicht selbst beginnen. Endlich rief Narkissos, als er sich verirrt hatte: «Ist jemand hier?»

«Hier!» antwortete Echo zur Verwunderung des Narkissos, da er niemanden sehen konnte.

«Komm!»

«Komm!»

«Warum meidest du mich?»

«Warum meidest du mich?»

«Laß uns hier zusammenkommen!»

«Laß uns hier zusammenkommen!» wiederholte Echo und rannte voller Freude aus ihrem Versteck, um Narkissos zu umarmen. Roh schüttelte er sie von sich und lief davon. «Ich würde eher sterben, als mit dir liegen!» rief er.

«Mit mir liegen!» flehte Echo.

Doch Narkissos war bereits fortgegangen, und sie verbrachte den Rest ihres Lebens in einsamen Schluchten. Dort siechte sie vor Liebeskummer dahin, bis nur ihre Stimme zurückblieb.

Eines Tages sandte Narkissos ein Schwert zu Ameinios, seinem aufdringlichen Bewerber. Ameinios tötete sich auf der Türschwelle des Narkissos und rief die Götter an, seinen Tod zu rächen. Artemis hörte die Bitte und strafte Narkissos mit unerfüllbarer Selbstliebe. Zu Donakon in Thespien fand er eine Quelle, klar wie Silber. Er warf sich erschöpft nieder, um zu trinken. Da verliebte er sich in sein eigenes Spiegelbild und schaute Stunde um Stunde verzückt auf das Wasser. Wie konnte er es ertragen, seine Liebe zu besitzen und doch nicht zu besitzen?

Echo hatte Narkissos nicht vergeben, doch sein Leid erfüllte sie mit Schmerz. Als er sich einen Dolch in die Brust stieß, echote sie: «Weh! Weh!»; und als er dann starb: «O Jüngling, Geliebter, lebe wohl!» Sein Blut tränkte die Erde. Ihr entsprang die weiße Narzisse mit ihren rotgelben Herzblättern.

Arion

Arion von Lesbos, ein Sohn des Poseidon und der Nymphe Oneaia, war ein Meister der Leier. Eines Tages wurde er eingeladen, an einem musikalischen Wettstreit in Tainaros in Sizilien teilzunehmen. Nur widerwillig gab sein Herr Periander, der Tyrann von Korinth, die Erlaubnis zu dieser Reise. Arion gewann den Preis. Seine Bewunderer überhäuften ihn mit vielen reichen Gaben. Dieser Reichtum entflammte die Gier der Seeleute, die ihn nach Korinth zurückbringen sollten.

«Es tut uns wirklich leid, Arion, aber du mußt sterben», sagte ihm der Kapitän des Schiffes.

«Welches Verbrechen habe ich denn begangen?» fragte Arion.

«Du bist zu reich», antwortete der Kapitän.

«Schont mein Leben, und ihr sollt all meine Preise haben», flehte Arion.

«Du würdest dein Versprechen nur zu leicht vergessen, wenn wir in Korinth ankommen», erwiderte der Kapitän, «auch ich würde es an deiner Stelle tun. Eine erzwungene Gabe ist keine Gabe.»

Arion ergab sich seinem Schicksal, doch bat er: «Erlaubt mir, noch ein letztes Lied zu singen.»

Der Kapitän willigte ein. Arion legte seine besten Gewänder an, stieg zum Bug des Schiffes, rief die Götter mit leidenschaftlicher Stimme an und sprang dann über Bord. Das Schiff segelte weiter.

Nun hatte sein Gesang eine Schar Delphine angelockt. Einer von ihnen ließ Arion auf seinen Rücken aufsitzen. Noch am gleichen Abend überholten sie das Schiff und erreichten den Hafen von Korinth, bevor es dort Anker werfen konnte. Periander war über die wunderbare Rettung des Arion hoch erfreut.

Als das Schiff anlegte, ließ Periander den Kapitän und die Mannschaft vor sich kommen. Mit geheuchelter Angst bat er um Nachrichten über Arion.

«Er wurde in Tainaros durch die überreiche Gastfreundschaft der Einwohner zurückgehalten», antwortete der Kapitän.

Periander ließ sie alle schwören, daß sie die Wahrheit gesagt hätten, und stellte sie dann plötzlich Arion gegenüber. Nun konnten sie ihre Schuld nicht mehr bestreiten und wurden an Ort und Stelle zum Tode verurteilt. Apollon setzte später das Bild des Arion und seiner Leier unter die Sterne.

4

MINOS UND THESEUS

Minos und seine Brüder

Als Europa von Zeus verlassen worden war – er hatte Minos, Rhadamanthys und Sarpedon mit ihr in Kreta gezeugt –, heiratete sie Asterios, den König. Diese Ehe blieb kinderlos. So adoptierte Asterios Minos, Rhadamanthys und Sarpedon und machte sie zu seinen Erben. Als die Brüder herangewachsen waren, gerieten sie um die Liebe eines schönen Knaben namens Miletos in Streit. Miletos aber hatte sich für Sarpedon entschieden. Daraufhin wurde er von Minos aus Kreta vertrieben. Er segelte mit einer stattlichen Flotte nach Karia in Kleinasien und gründete dort die Stadt und das Königreich Miletos.

Nach dem Tode des Asterios beanspruchte Minos den kretischen Thron. Als Nachweis der Rechtmäßigkeit seines Anspruchs gab er vor, daß die Götter alle seine Gebete erhören würden. Zuerst weihte er dem Poseidon einen Altar und bereitete ein Opfer vor. Dann betete er, daß ein Stier dem Meere entsteigen möge. In diesem Augenblick schwamm ein strahlend weißer Stier ans Ufer. Minos war von der Schönheit dieses Tieres so überwältigt, daß er es sogleich zu seinen eigenen Herden sandte und ein anderes Tier an seiner Stelle tötete. Der Anspruch des Minos auf den Thron wurde von allen Kretern, mit Ausnahme Sarpedons, der noch immer um Miletos trauerte, anerkannt. Sarpedon erklärte, daß Asterios das Königreich zu gleichen Teilen zwischen seinen drei Erben aufteilen wollte. Tatsächlich hatte Minos selbst die Insel bereits in drei Teile geteilt und jedem Teile eine Hauptstadt zugedacht.

Minos verjagte Sarpedon von Kreta. Dieser floh daraufhin nach Kilikien in Kleinasien, wo er sich mit Kilix gegen die Milyer verband, sie besiegte und ihr König wurde. Zeus gewährte ihm gnadenvoll ein Leben von drei Generationen. Als er schließlich starb, wurde das milysche Königreich nach seinem Nachfolger Lykos Lykien genannt.

In der Zwischenzeit hatte Minos Pasiphaë geheiratet, eine Tochter des Helios und der Nymphe Krete. Poseidon wollte sich für die Beleidigung, die ihm von Minos zugefügt worden war, rächen. Er ließ Pasiphaë sich in den weißen Stier, den Minos nicht geopfert hatte, verlieben. Sie gestand dem Daidalos ihr widernatürliches Begehren. Dieser berühmte Kunsthandwerker aus Athen lebte nun zu Knossos im Exil. Daidalos versprach, ihr zu helfen. Er baute eine hohle, hölzerne Kuh, überzog sie mit einer Kuhhaut und setzte sie auf in den Hufen versteckte Räder. So schob er seine Atrappe auf die Wiese in der Nähe von Gortys, wo Poseidons Bulle weidete. Er zeigte Pasiphaë, wie sie die Klapptür im Rücken der Kuh öffnen, in das Gestell hineinschlüpfen und ihre Beine in dessen Hinterteil verbergen könne. Dann zog er sich diskret zurück. Bald kam der weiße Stier angetrottet und bestieg die Kuh. So wurde Pasiphaës Begierde befriedigt, und sie gebar später den Minotauros, ein Ungeheuer mit dem Kopf eines Stieres und der Gestalt eines Menschen.

Minos befragte ein Orakel, wie ein Skandal am besten vermieden und Pasiphaës Schande verborgen bleiben könnte. Die Antwort war: «Gib Daidalos den Befehl, dir eine Zuflucht in Knossos zu bauen!» Daidalos tat dies, und Minos verbrachte seine restlichen Jahre in dieser unentrinnbaren Wirrnis, die Labyrinth genannt wurde. Mitten darin hielt er Pasiphaë und den Minotauros verborgen.

Rhadamanthys war klüger als Sarpedon gewesen und in Kreta geblieben. Er lebte mit Minos in Frieden; so wurde ihm ein Drittel des Königtums des Asterios zugesprochen. Er war als gerechter und ehrlicher Gesetzgeber bekannt. Unbestechlich bestrafte er die Übeltäter und gab sowohl den Kretern als auch vielen Inselbewohnern von Kleinasien Gesetze. Alle neun Jahre besuchte er die Höhle des Zeus und brachte neue Gesetze mit. Nach ihm setzte sein Bruder Minos diesen Brauch fort. Er schenkte seinem Sohn Gortys Ländereien in Kreta; nach ihm wurde die kretische Stadt benannt. Rhadamanthys schenkte seinem Sohne Erythros auch Land in Kleinasien. Oinopion, der Sohn der Ariadne, dem Dionysos als erstem das Keltern des Weines beigebracht hatte, erhielt die Insel Chios. Lemnos gab er dem Thoas, einem anderen Sohn der Ariadne.

Der Mord an einem Verwandten zwang Rhadamanthys zur Flucht nach Boiotien. Er lebte zu Okaleai in Verbannung und heiratete dort nach dem Tode des Amphitryon Alkmene, die Mutter des Herakles. Manche erzählen von der Heirat des Rhadamanthys mit Alkmene in den Elysischen Gefilden, nachdem sie gestorben war. Denn Zeus hatte ihn zu einem der drei Totenrichter ernannt. Die beiden anderen waren Minos und Aiakos; auch sie bewohnten die Elysischen Gefilde.

Skylla und Nisos

Minos war der erste König, der das Mittelmeer beherrschte. Er befreite es von Piraten und herrschte in Kreta über neunzig Städte. Als die Athener seinen Sohn Androgeus ermordet hatten, schwor er Rache. Er segelte im Aigaiischen Meer von Ort zu Ort und sammelte Schiffe und bewaffnete Heere. Die Bewohner mancher Insel versprachen ihm Hilfe, andere verweigerten sie. Inzwischen belagerte Minos den Isthmos von Korinth und Nisa, das vom Ägypter Nisos, der eine Tochter namens Skylla hatte, regiert wurde. In der Stadt stand ein Turm. Skylla saß oft auf der Spitze des Turms und spielte dort. Hierher kam sie täglich, als der Krieg begann, das Gefecht zu verfolgen.

Die Belagerung Nisas zog sich hin. Bald kannte Skylla den Namen jedes kretischen Kriegers. Sie war vom Aussehen des Minos und von seinen herrlichen Gewändern und seinem weißen Schlachtroß beeindruckt und verliebte sich in ihn, obwohl er der Feind war.

Eines Tages schlich Skylla sich in das Gemach ihres Vaters und schnitt die berühmte helle Locke, von der sein Leben und sein Thron abhingen, von seinem Haupte. Dann stahl sie ihm die Schlüssel des Stadttores, öffnete es und schlich sich hinaus. Sie lief geradewegs zum Zelte des Minos und bot ihm die Locke für seine Liebe an. Minos eroberte die Stadt und plünderte sie. Noch in der gleichen Nacht schlief er, wie versprochen, mit Skylla. Doch er verachtete den Vatermord und wollte sie nicht mit nach Kreta nehmen. Skylla aber schwamm seinem Schiffe nach und klammerte sich an dessen Heck, bis die Seele ihres Vaters Nisos in Gestalt eines Seeadlers sich mit seinen Krallen und seinem Schnabel auf sie herabstürzte. Erschrocken ließ Skylla ihren Halt fahren und ertrank; ihre Seele flog als Eule davon.

Der Krieg zog sich hin. Endlich sah Minos ein, daß er Athen nicht besiegen könne. Da betete er zu Zeus, den Tod des Androgeus zu rächen. Und ganz Griechenland wurde von Erdbeben und einer Hungersnot heimgesucht. Die Könige der verschiedenen Stadtstaaten versammelten sich zu Delphi, um das Orakel zu befragen. Hier wurde ihnen geraten, Aiakos solle zum Himmel beten. Als dies geschah, hörten die Erdbeben überall, mit Ausnahme Attikas, auf.

Die Athener wollten sich von dem Fluche befreien. Auf dem Grabe des Kyklopen Geraistos opferten sie der Persephone die Töchter des Hyakinthos. Diese Mädchen waren von Sparta nach Athen gekommen. Doch die Erdbeben dauerten an. Wieder befragten die Athener das Delphische Orakel und erhielten zur Antwort, sie müßten Minos die geforderte Buße leisten. Er verlangte sieben Jünglinge und sieben Jungfrauen, die alle neun Jahre nach Kreta gesandt und dem Minotauros geopfert werden mußten.

Daidalos und Talos

Die Eltern des Daidalos sind umstritten. Manche nennen Alkippe seine Mutter, andere Merope oder Iphinoë. Auch geben ihm alle einen anderen Vater, wenngleich man einstimmig seine Abstammung auf das königliche Haus Athens zurückführte. Daidalos war ein wunderbarer Schmied; Athene selbst hatte ihn in diese Kunst eingeweiht.

Sein Lehrling Talos, der Sohn seiner Schwester Polykaste, hatte ihn bereits an Geschicklichkeit übertroffen, als er erst zwölf Jahre alt war. Eines Tages fand Talos den Kieferknochen einer Schlange. Er bemerkte, daß er ihn zum Schneiden von Holz verwenden könnte; er bildete es in Eisen nach und erfand so die Säge. Diese und andere seiner Erfindungen brachten ihm in Athen großen Ruhm. Nun hatte aber Daidalos behauptet, er selbst habe die erste Säge geschmiedet. Bald wurde er von unerträglicher Eifersucht erfüllt. Er führte Talos auf das Dach des Tempels der Athene auf der Akropolis, zeigte ihm die weite Aussicht und stürzte den Ahnungslosen dann plötzlich vom Dach. Trotz aller Eifersucht hätte ihm Daidalos kein Leid getan, aber er glaubte, daß Talos schändliche Beziehungen zu seiner Mutter Polykaste unterhielte. Daidalos rannte vom Dache und eilte zum Fuße der Akropolis. Hier versteckte er den Leichnam des Talos in einem Sack, denn er wollte ihn heimlich begraben. Doch sein Verbrechen wurde entdeckt. Daidalos wurde wegen Mordes vom Areiopagos verbannt.

Nun war Talos auch der Name des stierköpfigen Bronzedieners des Minos.

Der Palast von Knossos, zeitgenössisches Wandgemälde (Knossos)

Münzbild der Skylla (Sammlung Pennisi, Acireale)

Stierkopf, Relief (Knossos)

Ikaros auffliegend, Bronzeminiatur (Britisches Museum, London)

Zeus hatte ihn Minos zur Bewachung Kretas geschenkt. Er war von Hephaistos in Sardinien geschmiedet worden und hatte nur eine einzige Vene, die von seinem Nacken bis zu seinen Fußknöcheln lief, wo sie von einem bronzenen Zapfen verschlossen war. Dreimal täglich mußte er um die Insel Kreta laufen und Steine auf fremde Schiffe werfen. Dreimal im Jahr ging er langsamen Schrittes durch die Dörfer Kretas und verkündete die Gesetze des Minos, die auf bronzene Tafeln niedergeschrieben waren. Dann aber tötete Medea den Talos: Sie zog den Zapfen aus dem Fuß und ließ ihn verbluten.

Daidalos floh in ein attisches Städtchen, dessen Bevölkerung nach ihm die Daidaliden heißen. Dann ging er nach Knossos in Kreta, wo König Minos gern den geschickten Handwerker willkommen hieß. Daidalos lebte dort einige Zeit in Frieden und erfreute sich der Gunst des Königs, bis Minos eines Tages erfuhr, daß Daidalos jene Kuh gebaut hätte, in der sich Pasiphaë mit dem weißen Stier des Poseidon gepaart hatte. Er setzte ihn im Labyrinth gefangen, zusammen mit seinem Sohn Ikaros; doch Pasiphaë befreite beide.

Es war nicht leicht, von Kreta zu entfliehen. Minos ließ alle seine Schiffe vom Militär bewachen und setzte eine hohe Belohnung für die Gefangennahme des Daidalos und dessen Sohnes aus. Doch Daidalos machte für sich selbst ein Paar Flügel und ein zweites für Ikaros. Die großen Federn wurden von Fäden zusammengehalten, während die kleinen Federn mit Wachs befestigt waren. Er band ein Paar dem Ikaros an und sagte zu ihm mit Tränen in den Augen: «Sei gewarnt, mein Sohn! Fliege nicht zu hoch, damit die Sonne nicht das Wachs schmelze, noch lasse dich zu tief herab, damit die Federn nicht vom Meere benetzt werden!» Dann schlüpfte er mit den Armen in seine eigenen Flügel, und sie flogen davon. «Folge mir dicht nach», rief er, «und ändere die Richtung nicht!»

In nordöstlicher Richtung flogen sie flügelschlagend von der Insel. Da hielten die Fischer, Schafhirten und Bauern die beiden fliegenden Wesen für Götter.

Sie hatten Naxos, Delos und Paros links hinter sich gelassen und ließen Lebynthos und Kalymne zur Rechten. Da mißachtete Ikaros den Befehl seines Vaters und erhob sich voller Freude über die Kraft seiner großen Flügel gegen die Sonne. Als Daidalos über seine Schultern zurückblickte, war Ikaros verschwunden. Nur einige Federn schwammen auf den Wellen unter ihm; die Hitze der Sonne hatte das Wachs geschmolzen, und Ikaros war ins Meer gestürzt und ertrunken. Daidalos flog so lange hin und her, bis er den Leichnam des Sohnes gefunden hatte. Er trug ihn zu einer nahen Insel, die nun Ikaria genannt wird, und begrub ihn hier. Das umliegende Meer wurde nach der Insel benannt.

Daidalos flog westwärts weiter und landete in Cumae in der Nähe von Neapel. Hier weihte er seine Flügel dem Apollon und baute ihm einen Tempel mit goldenem Dach. Später wurde er in Kamikos in Sizilien gastfreundlich von König Kokalos aufgenommen. Er lebte bei den Sizilianern, bei denen er sich großen Ruhmes erfreute und viele schöne Gebäude errichtete.

Inzwischen hatte Minos eine große Flotte zusammengestellt und machte sich auf die Suche nach Daidalos. Er führte eine Tritonmuschel mit sich und versprach überall demjenigen reichen Lohn, der einen Leinenfaden durch diese Muschel ziehen könnte. Er wußte, daß nur Daidalos diese Aufgabe lösen könnte. In Kamikos angekommen, bot er König Kokalos die Muschel an. Kokalos unternahm es, den Faden durch sie durchziehen zu lassen. Und wie zu erwarten, fand Daidalos die Lösung. Er band einen Seidenfaden an eine Ameise, bohrte ein Loch durch die Spitze der Muschel und lockte die Ameise durch den Spiralengang, indem er Honig um die Ränder des Loches strich. An das Ende des Seidenfadens band er einen Leinenfaden und zog so auch diesen durch. Kokalos gab die aufgezogene Muschel zurück und forderte seine Belohnung. Minos war nun überzeugt, das Versteck des Daidalos endlich gefunden zu haben, und forderte seine Herausgabe. Doch die Töchter des Kokalos wollten Daidalos nicht verlieren, denn er hatte ihnen schöne Spielzeuge gemacht. So heckten sie zusammen einen Plan aus. Daidalos führte ein Rohr durch das Dach des Badezimmers, in dem sich Minos gerade an einem warmen Bade erfreute. Dann gossen sie durch das Rohr kochendes Wasser über den ahnungslosen Minos. Kokalos, der wahrscheinlich auch von dem Plan wußte, gab den Kretern den Leichnam ihres Königs zurück und erklärte, Minos sei über einen Teppich gestolpert und in einen Kessel kochenden Wassers gestürzt.

Das Gefolge des Minos begrub ihn mit großem Pomp. Zeus ernannte ihn zu einem der drei Totenrichter im Tartaros; die beiden anderen waren sein Bruder Rhadamanthys und sein Feind Aiakos.

Daidalos verließ Sizilien und schloß sich Iolaos an, dem Neffen und Wagenlenker des Tirynthischen Herakles, der ein Heer von Athenern und Thespiern nach Sardinien führte. Viele seiner Werke blieben in Sardinien bis auf unsere Tage erhalten. Sie werden die Daidaleia genannt.

Die Geburt des Theseus

Die erste Gemahlin des Aigeus war Melite, die Tochter des Hoples; seine zweite Gattin Chalkiope, die Tochter des Rhexenor; aber keine von ihnen schenkte ihm Kinder. Aigeus sah darin – wie in dem Schicksal seiner Schwestern Prokne und Philomela – den Zorn der Aphrodite. Da führte er ihre Anbetung in Athen ein und wandte sich auch an das Delphische Orakel um Rat. Das Orakel warnte ihn davor, seinen Weinschlauch zu öffnen, bevor er den höchsten Punkt Athens erreicht hätte; sonst würde er eines Tages vor Kummer sterben. Aigeus wußte diese Antwort nicht zu deuten.

Auf dem Heimweg besuchte er Korinth: Hier ließ ihn Medea feierlich schwören, sie vor allen Feinden zu beschützen, sollte sie jemals in Athen Zuflucht suchen. Als Lohn würde ihm auf magische Weise ein Sohn gegeben werden. Dann besuchte er Troizen, wohin seine alten Gefährten Pittheus und Troizen, die Söhne des Pelops, erst jüngst aus Pisa gekommen waren, um ein Königreich mit König Aitios zu teilen.

Während Pittheus noch zu Pisa lebte, hielt Bellerophon um die Hand seiner Tochter Aithra an. Bevor aber noch die Hochzeit gefeiert werden konnte, fiel Bellerophon in Ungnade und wurde verbannt. Aithra war zwar noch immer Bellerophon versprochen, aber niemand glaubte mehr an seine Rückkehr. Den Pittheus jammerte ihre erzwungene Unberührtheit. Es war der Zauber der fernen Medea, daß Pittheus den Aigeus trunken machte und ihn mit Aithra ins Bett schickte. Noch in der gleichen Nacht ward sie auch von

Poseidon besessen. Poseidon sprach dem Aigeus großzügig die Vaterschaft über alle Kinder zu, die Aithra in den nächsten vier Monaten zur Welt bringen würde.

Als Aigeus erwachte und sich in Aithras Bett fand, verlangte er, daß, sollte sie einen Sohn gebären, dieser weder ausgesetzt noch verschenkt werden würde; er sollte in Troizen verborgen aufgezogen werden. Dann segelte er zurück nach Athen, um am Panathenischen Feste teilzunehmen. Zuvor versteckte er sein Schwert und seine Sandalen unter einem hohlen Felsen, der als ‹Altar des Starken Zeus› bekannt war und an der Straße von Troizen nach Hermion lag. Falls der Knabe, wenn er erwachsen wäre, diesen Felsen beiseite schieben und Schwert und Sandalen an sich nehmen könnte, sollte er damit nach Athen geschickt werden. Nur mußte Aithra ihr Geheimnis hüten, damit nicht die Neffen des Aigeus, die fünfzig Kinder des Pallas, ihr Leben bedrohten. Das Schwert war ein Erbstück des Kekrops.

Auf dem Wege von der Stadt zum Hafen Troizen, an einem Ort, der nun Genethlion genannt wird, gebar Aithra einen Sohn. Er wurde in Troizen aufgezogen, wo sein Vormund Pittheus diskret das Gerücht von Poseidons Vaterschaft verbreitete. Ein gewisser Konnidas war sein Lehrer und Erzieher.

Eines Abends aß Herakles mit Pittheus in Troizen zu Abend. Er hatte sein Löwenfell abgelegt und über einen Stuhl geworfen, als die Kinder des Palastes hereinkamen. Sie erblickten das Löwenfell, schrien entsetzt auf und entflohen. Nur der siebenjährige Theseus holte eilends eine Axt vom Holzhaufen und kehrte kühn zurück, bereit, den vermeintlichen Löwen anzugreifen.

Im Alter von sechzehn Jahren besuchte Theseus Delphi und opferte sein erstes männliches Haar dem Apollon. Doch schnitt er nur sein Stirnhaar ab, wie es die Araber und Myser oder die kriegerischen Abanten von Euboia tun; so sind sie gegenüber ihren Feinden im Nahkampf stets im Vorteil. Dieser Haarschnitt und der Ort, wo die Zeremonie vorgenommen wurde, werden noch immer theseisch genannt. Theseus war nun zu einem starken, klugen und vorsichtigen Jüngling herangewachsen, als Aithra ihn zu dem Felsen führte, unter dem Aigeus das Schwert und die Sandalen versteckt hatte. Als sie ihm die Geschichte seiner Geburt erzählte, schob er mühelos den Felsen beiseite und nahm die Gegenstände an sich. Doch obgleich Pittheus ihn gewarnt und seine Mutter ihn gebeten hatte, den Seeweg nach Athen zu nehmen, bestand er darauf, über Land zu reisen: denn er wollte den Taten seines leiblichen Vetters Herakles, den er bewunderte, nacheifern.

Die Taten des Theseus

Theseus beschloß, die von Räubern bedrohte Küstenstraße, die von Troizen nach Athen führte, wieder sicher zu machen. Er war nicht streitsüchtig, sondern wollte sich nur an all denen rächen, die es wagten, ihn zu belästigen. Die von ihm ausgeteilte Strafe sollte – wie bei Herakles – dem Verbrechen angemessen sein. Zu Epidauros lauerte auf ihn Periphetes, der Krüppel. Ihn nennen manche einen Sohn des Poseidon, andere wieder einen Sohn des Hephaistos und der Antikleia. Mit einer ungeheuer großen, ehernen Keule erschlug er die unschuldigen und ahnungslosen Reisenden; daher auch sein Spottname Korunetes, ‹der Keulenmann›. Theseus entwand die Keule seinen

Theseus schiebt den Felsen beiseite und entdeckt das Schwert des Aigeus (Britisches Museum, London)

Händen und erschlug ihn. Er freute sich über die Größe und das Gewicht der Keule und führte sie von nun an stets stolz mit sich. Obwohl er selbst die mörderische Wucht ihres Schlages mit seinen starken Armen aufhalten konnte, in seinen Händen war sie immer tödlich.

Nahe der Isthmischen Landenge, von wo man sowohl den Golf von Korinth als auch den Golf von Saron sehen kann, lebte Sinis, der Sohn des Polypemon. Sinis trug den Spottnamen Pityokamptes, ‹der Tannenbieger›, denn er war so stark, daß er die Spitzen der Tannenbäume bis zur Erde niederbiegen konnte. Oft bat er nichtsahnende Passanten, ihm bei dieser Arbeit zu helfen. Dann ließ er aber die Bäume plötzlich los, die nun in die Höhe schnellten, die unschuldigen Helfer hoch in die Luft schleuderten und töteten. Manchmal bog er auch die Wipfel zweier benachbarter Bäume zur Erde und band seine Opfer mit je einem Arm an einen Baum, so daß sie zerrissen wurden, wenn er die Bäume losließ.

Theseus kämpfte mit Sinis, besiegte ihn und ließ ihn auf die gleiche Art sterben. In diesem Augenblick rannte ein schönes Mädchen an ihm vorbei und verbarg sich in einem Dickicht von Binsen und wilden Farnen. Theseus verfolgte sie und fand sie nach langer Suche, wie sie die Pflanzen anflehte, sie doch zu verbergen. Sie gelobte ihnen, sie niemals zu verbrennen oder abzuschlagen. Theseus redete sie an und versprach, ihr kein Leid anzutun. Da kam sie hervor, und Theseus erfuhr, daß sie Perigune, die Tochter des Sinis sei. Auf den ersten Blick hatte sie sich in Theseus verliebt und verzieh ihm, daß er ihren verhaßten Vater getötet hatte. Als ihre Zeit gekommen war, gebar sie ihm einen Sohn, den sie Melanippos nannte.

Dann ging Theseus nach Krommyon und tötete eine wilde und schreckliche Bache. Sie hatte so viele Krommyoner getötet, daß man nicht länger die Felder zu bestellen wagte. Theseus folgte jener Küstenstraße und kam zu einer Klippe: Es war die Festung des Banditen Skiron. Skiron lauerte vorbeiziehenden Reisenden hinter einem Felsen auf und zwang sie, ihm die Füße zu waschen. Beugten sie sich zu dieser Aufgabe nieder, dann stieß er sie über die Klippe in das Meer. Eine Riesenschildkröte schwamm dort herum und wartete darauf, die Opfer zu verschlingen. Theseus weigerte sich, dem Skiron die Füße zu waschen; er packte ihn und warf ihn vom Felsen ins Meer.

Theseus setzte die Reise nach Athen fort und traf den Arkader Kerkyon. Der pflegte die Reisenden zu einem Ringkampf aufzufordern und drückte sie dann mit seinen starken Armen zu Tode. Theseus aber umfaßte dessen Knie, hob ihn hoch und ließ seinen Kopf auf den Boden schlagen, zur großen Freude Demeters, die Zeugin dieses Kampfes war. Kerkyons Tod trat sofort ein. Theseus verließ sich nicht so sehr auf seine Stärke als auf seine Geschicklichkeit. Er hatte die Kunst des Ringens erfunden, dessen Grundsätze bisher nicht verstanden worden waren.

Im attischen Korydallos angekommen, tötete Theseus Polypemon, den Vater des Sinis, der den Beinamen Prokrustes führte. Er lebte an der Straße. In seinem Hause hatte er zwei Betten, ein kleines und ein großes, die er den Reisenden als Nachtlager anbot. Die kleinen Männer legte er in das große Bett und streckte sie so lange, bis sie genau in das Bett paßten. Die großen Männer aber legte er in das kleine Bett und schnitt so viel von ihren Beinen ab, wie über die Bettlänge hinausragte. Manche behaupten, er hätte nur ein Bett mit verstellbaren Brettern verwendet, die er nach der Größe seiner Opfer länger oder kürzer machen konnte. Theseus ließ Polypemon das gleiche Geschick erleiden, das er anderen zugedacht hatte.

Theseus und Medea

Kaum war Theseus in Attika angekommen, empfingen ihn die Söhne des Phytalos am Ufer des Flusses Kephissos. Sie wuschen ihn von dem vergossenen Blut rein, besonders aber vom Blute des Sinis, mit dem Theseus mütterlicherseits verwandt war. Dann hießen die Phytaliden Theseus als ihren Gast willkommen. Zum erstenmal, seit er Troizen verlassen hatte, wurde Theseus gastfreundlich aufgenommen. Er kleidete sich in ein langes Gewand, das ihm bis zu den Füßen reichte, kämmte sein Haar und betrat Athen. Am Tempel des Apollon Delphin legten die Steinmetze gerade die letzte Hand an das Dach, als Theseus vorbeikam. Sie hielten ihn für ein Mädchen und fragten ganz unverschämt, wieso es ihm erlaubt wäre, ohne Begleitung herumzugehen. Theseus hielt es seiner für unwürdig, ihnen eine Antwort zu geben. Statt dessen spannte er die Ochsen vom Wagen der Steinmetze aus, ergriff einen und warf ihn hoch über das Tempeldach.

Theseus weigert sich, dem Banditen Skiron die Füße zu waschen, rotfiguriges Trinkgefäß (Antikenabteilung, Schloß Charlottenburg, Berlin)

Während Theseus in Troizen aufwuchs, hatte Aigeus sein Medea gegebenes Versprechen gehalten; er gewährte ihr in Athen Unterkunft. Sie war von Korinth in dem berühmten, von geflügelten Schlangen gezogenen Wagen geflohen. In der Hoffnung, daß ihr Zauber ihm zu einem Sohn verhelfen würde, heiratete er sie; denn er wußte noch nicht, daß Aithra ihm Theseus geboren hatte.

Medea hatte Theseus sofort erkannt, als er in die Stadt gekommen war. Sie wurde auf ihn eifersüchtig, denn allgemein wurde erwartet, daß ihr Sohn Medos seinem Vater Aigeus auf den Thron Athens folgen werde. Sie redete daher Aigeus ein, Theseus sei als Spion oder Mörder gekommen. Sie ließ ihn zu einem Fest im Delphintempel einladen. Dieser Tempel diente Aigeus als seine Residenz. Dort sollte er Theseus einen Becher Wein anbieten, den sie vorbereitet hatte. Sie hatte Eisenhut in den Wein gemischt, ein Gift, das sie vom bithynischen Acherusia gebracht hatte. Der Ahnungslose hatte den Becher bereits an seine Lippen gehoben, als Aigeus die Erechtheidenschlangen auf seinem elfenbeinernen Schwertgriff erblickte und ihm den vergifteten Wein aus der Hand schlug. Der Ort, wo der Becher zu Boden fiel, wird noch immer gezeigt.

Athen hatte nie ein solches Freudenfest erlebt. Aigeus umarmte Theseus, berief eine öffentliche Versammlung und anerkannte ihn vor allen als seinen Sohn. Er entzündete Feuer auf jedem Altare und überlud die Bilder der Götter mit Geschenken. Hekatomben bekränzter Ochsen wurden geopfert. Überall im Palaste und in der Stadt feierten die Vornehmen und die Bürger zusammen und besangen die glorreichen Taten des Theseus, die bereits die Anzahl seiner Lebensjahre übertrafen.

Dann machte sich Theseus an die Verfolgung Medeas, um sich zu rächen. Denn sie hatte sich mit einer magischen Wolke umgeben und mit dem jungen Medos Athen verlassen; Aigeus hatte ihr großzügig eine Begleitung zur Verfügung gestellt.

Pallas und seine fünfzig Söhne hatten schon vor der Ankunft des Theseus erklärt, Aigeus sei kein richtiger Erechtheide und habe daher kein Anrecht auf den Thron. Jetzt erhoben sie sich in offener Revolte, machte doch Theseus ihre Hoffnung auf die Herrschaft über Athen vollends zunichte. Pallas teilte seine Schar. Er selbst marschierte mit fünfundzwanzig seiner Söhne und zahlreichen Anhängern aus der Richtung von Sphettos gegen die Stadt. Die anderen fünfundzwanzig Söhne lagen zu Gargettos im Hinterhalt. Theseus war jedoch über ihren Plan durch einen Herold namens Leos aus dem agnischen Clan unterrichtet. Er überraschte den einen Teil in seinem Versteck und vernichtete ihn bis auf den letzten Mann. Da gab sich Pallas geschlagen und bat um Frieden.

Theseus auf Kreta

Man streitet sich herum, ob Medea den Aigeus überredete, Theseus gegen Poseidons wilden Stier zu schicken, oder ob sich Theseus später, nach Medeas Vertreibung aus Athen, selbst zum Kampf gegen dieses feuerspeiende Ungeheuer entschloß, um sich so bei den Athenern noch beliebter zu machen. Herakles hatte diesen Stier von Kreta gebracht und ihn auf den Ebenen von

Argos freigelassen. Von Argos trieb er ihn über den Isthmos nach Marathon. Zwischen den Städten Probalinthos und Trikorynthos hatte der Stier Hunderte von Menschen getötet. Theseus packte kühn die mörderischen Hörner und zog den Bullen im Triumph durch die Straßen Athens, über den steilen Abhang zur Akropolis und opferte ihn der Athene oder vielleicht dem Apollon.

Als Sühne für den Tod des Androgeus verlangte Minos von den Athenern alle neun Jahre sieben Jünglinge und sieben Jungfrauen. Sie wurden in das kretische Labyrinth geführt, in dem der Minotauros nur darauf wartete, sie zu verschlingen. Dieser Minotauros, dessen Name Asterios war, ist das Ungeheuer mit dem Stierkopf, das Pasiphaë dem weißen Stier geboren hatte. Als Theseus nach Athen kam, nahte gerade die Zeit, zu der der Tribut zum dritten Male geleistet werden sollte. Er war so von Mitleid erfüllt für die Eltern dieser Kinder, die durch Los ausgewählt worden waren, daß er sich selbst, trotz der Bitten seines Vaters Aigeus, als Opfer anbot.

Immer hatte das Schiff, das die vierzehn Opfer nach Kreta brachte, zum Zeichen der Trauer schwarze Segel gesetzt. Doch Theseus war überzeugt, daß die Götter auf seiner Seite seien. Er ließ sich von Aigeus ein weißes Segel geben, das er bei der Rückkehr als Zeichen seines Erfolges hissen wollte.

Als die Lose im Gerichtshause gezogen worden waren, führte Theseus die Opfer zum Delphintempel und opferte im Namen aller dem Apollon einen Zweig der geweihten Olive, gebunden mit weißer Wolle. Die vierzehn Mütter brachten Reiseproviant und erzählten ihren Kindern, um sie zu ermutigen, Fabeln und Heldensagen. Theseus tauschte zwei Mädchen gegen zwei weibische Jünglinge, die aber von außergewöhnlicher Klugheit und Tapferkeit waren. Er hieß sie warme Bäder nehmen, die Strahlen der Sonne meiden, ihre Haare und ihren Körper mit ätherischen Ölen salben und sich darin üben, wie Frauen zu gehen, sich zu gebärden und zu sprechen. So konnte er Minos täuschen und sie als Mädchen einschmuggeln.

Das Delphische Orakel hatte Theseus geraten, Aphrodite als Begleiter und Führer mit auf die Reise zu nehmen. Am Strand opferte er ihr eine Ziege; und, siehe da! das Opfer verwandelte sich in seinen Todeszuckungen zu einem Ziegenbock. Dieses Wunder trug Aphrodite den Namen Epitragia ein.

Theseus segelte am sechsten Tage des Monats Munychion (April). Die Athener schicken noch immer jährlich an diesem Tage Jungfrauen zu dem Delphintempel, um Apollon zu besänftigen; Theseus hatte vergessen, Apollon vor seiner Abreise ein Opfer darzubringen. Apollon war zornig und sandte einen Sturm, der Theseus zwang, die versäumten Opfer nachzuholen.

Einige Tage später erreichte das Schiff Kreta. Minos ritt zum Hafen, um seine Opfer zu zählen. Da verliebte er sich in eine der athenischen Jungfrauen. Minos hätte sie sofort dort vergewaltigt. Doch Theseus protestierte und berief sich, als Sohn des Poseidon, auf seine Pflicht, die Jungfrauen vor Vergewaltigung zu schützen. Der wollüstige Minos lachte und antwortete, ihm sei nicht bekannt, daß Poseidon jemals eine Jungfrau, die in seinen Augen Gefallen gefunden hatte, geschont hätte.

«Ha!» rief er, «beweise, daß du ein Sohn Poseidons bist, und bringe diesen Schmuck zurück!» So sprach er und warf seinen goldenen Siegelring ins Meer.

«Beweise du zuerst, daß du ein Sohn des Zeus bist!» sagte Theseus.

So betete Minos: «Vater Zeus, erhöre mich!» Und gleich wurde sein Gebet von Blitz und Donner beantwortet. Jetzt sprang Theseus ins Meer. Eine große Schar von Delphinen führte ihn hinunter zum Palaste der Nereiden. Manche sagen, daß die Nereide Thetis ihm hier ihre juwelengeschmückte Krone, ihr Heiratsgeschenk von Aphrodite, schenkte. Später soll Ariadne die Krone getragen haben. Andere erzählen, Amphitrite, die Meeresgöttin selbst, habe ihm die Krone geschenkt und Nereiden in alle Richtungen geschickt, den goldenen Ring zu suchen. Jedenfalls, als Theseus aus dem Meere auftauchte, trug er den Ring und die Krone.

Aphrodite hatte Theseus tatsächlich auf der Reise begleitet: Denn nicht nur Periboia und Phereboia luden den ritterlichen Theseus ein, ihr Lager zu teilen (und wurden nicht enttäuscht), sondern auch Minos' eigene Tochter Ariadne verliebte sich auf den ersten Blick in ihn. «Ich will dir helfen, meinen Halbbruder Minotauros zu töten», sprach sie heimlich zu ihm, «wenn ich als deine Gemahlin mit dir nach Athen zurückkehren darf.» Dieses Angebot nahm Theseus freudig an und versprach, sie zu heiraten. Ariadne hatte von Daidalos, als er noch in Kreta lebte, ein magisches Wollknäuel erhalten. Auch hatte er ihr gezeigt, wie sie damit im Labyrinth ein und aus gehen könne. Sie solle die Eingangstür öffnen und das eine Ende des Fadens an den Türstock binden. Dann solle sie das Knäuel langsam abrollen. Es würde beim Weitergehen kleiner werden, und schließlich würde sie zu der innersten Kammer des Labyrinths, wo sich Minotauros befände, kommen. Dieses Wollknäuel gab Ariadne dem Theseus. Sie erklärte ihm, daß er immer weitergehen und dabei den Faden abrollen müsse, bis er zum schlafenden Ungeheuer käme. Dieses müßte er bei den Haaren packen und dem Poseidon opfern. Der Faden würde ihm dann den Rückweg zeigen, wenn er das Knäuel wieder aufrolle.

Noch in der gleichen Nacht ging Theseus ins Labyrinth. Ob er nun den Minotauros mit einem Schwert, das ihm Ariadne gegeben hatte, oder mit seinen bloßen Händen oder mit seiner berühmten Keule tötete, ist sehr umstritten. Ein Fries zu Amyklai zeigt den gefesselten Minotauros, von Theseus im Triumph nach Athen geführt. Doch ist dies nicht die allgemein anerkannte Geschichte.

Als Theseus aus dem Labyrinth zurückkam, befleckt mit dem Blut des Minotauros, umarmte ihn Ariadne voller Leidenschaft. Dann führte er die Gruppe athenischer Jünglinge und Jungfrauen zum Hafen. Denn in der Zwischenzeit hatten die beiden wie Mädchen aussehenden Jünglinge die Wachen des Frauenhauses getötet und die als Opfer bestimmten Mädchen befreit. Sie hatten sich zu den Schiffen geschlichen und ruderten rasch davon. Theseus hatte erst einige Löcher in den Bug der kretischen Schiffe gebohrt, um den Kretern eine Verfolgung unmöglich zu machen. Dies aber kostete Zeit. Die Kreter schlugen Alarm. Erst nach einer Seeschlacht konnte Theseus im Schutze der Dunkelheit ohne Verluste entfliehen.

Einige Tage später landete er auf der Insel Dia, die aber heute Naxos genannt wird. Theseus ließ die schlafende Ariadne an der Küste zurück und segelte weiter. Warum er dies tat, blieb ein Geheimnis. Manche sagen, er hätte eine neue Geliebte gehabt, und zwar Aigle, die Tochter des Panopeus. Andere behaupten, ihm wären auf dem Weg nach Dia Bedenken wegen des Skandals, den ihre Ankunft in Athen sicherlich verursacht hätte, gekommen.

Der Minotauros (Archäologisches Nationalmuseum, Athen)

Eine dritte Version spricht von Dionysos: Er sei Theseus im Traume erschienen und habe Ariadne drohend für sich selbst gefordert. Als Theseus plötzlich die Flotte des Dionysos vor Dia sah, lichtete er in panischer Eile die Anker. Dionysos soll ihn so verzaubert haben, daß er sein Versprechen an Ariadne und sogar sie selbst vergaß.

Was immer auch die Wahrheit sein mag, die Priester des Dionysos in Athen bestätigten, daß Ariadne, als sie erwachte und sich allein an der verlassenen Küste fand, in bittere Klagen ausbrach; sie erinnerte sich daran, wie sie um Theseus bangte, als er auszog, ihren Halbbruder, das Ungeheuer, zu töten; wie sie für seinen Erfolg gebetet und aus Liebe zu ihm ihre Eltern und ihr Vaterland verlassen hatte. Himmel und Erde flehte sie an, das an ihr begangene Unrecht zu rächen; und Vater Zeus nickte zustimmend. Da kam Dionysos mit seinem fröhlichen Gefolge von Satyrn und Mainaden, Ariadne zu retten. Ohne zu zögern, heiratete er sie und setzte die Krone der Thetis auf ihr Haupt. Und sie gebar ihm viele Kinder. Von diesen sollen jedoch Thoas und Oinopion die Söhne des Theseus sein. Die Krone, die Dionysos später als Corona Borealis unter die Sterne setzte, hatte Hephaistos in der Form von Rosen aus feurigem Gold und roten indischen Edelsteinen geformt.

Doch um auf Theseus zurückzukommen: Von Naxos segelte er nach Delos, brachte dort Apollon Opfer dar und feierte ihm zu Ehren ein athletisches Fest. Bei dieser Gelegenheit soll von ihm die Sitte eingeführt worden sein, den Sieger mit Palmenblättern zu bekränzen und ihm einen Palmenzweig in die Hand zu geben. Klugerweise weihte er Apollon auch eine kleine hölzerne

Statue der Aphrodite, eine Arbeit des Daidalos, die Ariadne von Kreta mitgebracht hatte. Diese Statue hätte in Athen leicht ein Gegenstand boshafter Bemerkungen werden können.

Bald schon traf Theseus die Strafe für sein Vergehen an Ariadne. Ob aus Kummer über ihren Verlust oder aus Freude beim Anblick der attischen Küste, die er wegen der Stürme so lange hatte meiden müssen – jedenfalls vergaß er sein Versprechen, das weiße Segel zu hissen. Aigeus stand auf der Akropolis, wo heute der Tempel des Flügellosen Sieges steht, und hielt nach ihm Ausschau. Als er das schwarze Segel erblickte, schwanden ihm die Sinne, und er stürzte kopfüber in das tiefe Tal. Doch manche behaupten, er hätte sich selbst in das Meer gestürzt. Seit damals wird es das Aigaiische genannt.

Theseus wurde dieses tragische Geschick erst kund, nachdem er den Göttern ein Dankopfer für seine sichere Rückkehr dargebracht hatte. Dann bestattete er Aigeus und ehrte ihn mit einem Heroenschrein.

Das attische Bündnis

Als Theseus nach seinem Vater Aigeus den Thron von Athen bestiegen hatte, festigte er seine Herrschaft. Er tötete fast alle seine Feinde, mit Ausnahme des Pallas und seiner überlebenden Söhne. Um ganz sicher zu gehen, brachte er sie dennoch einige Jahre später um. In Troizen, wo sein Sohn Hippolytos nun als König regierte, reinigte er sich von ihrem Blute; hier verbrachte er ein ganzes Jahr. Nach seiner Rückkehr verdächtigte er einen Halbbruder namens Pallas des Verrates und verbannte ihn unverzüglich. Pallas gründete Pallantion in Arkadien.

Theseus regierte als gesetzestreuer Herrscher. Er führte die Politik der Föderalisierung ein, die die Grundlage des späteren Reichtums Athens wurde. Bisher war Attika in zwölf Gemeinden aufgeteilt gewesen, von denen jede ihre eigenen Angelegenheiten verwaltete, ohne den König in Athen zu befragen. Nur in Zeiten des Notstandes machten sie eine Ausnahme. Die Eleuser hatten sogar Erechtheus den Krieg erklärt, und Familienstreitigkeiten nahmen überhand. Um diese Gemeinden zu vereinen, mußte Theseus mit jedem Clan und jeder Familie einzeln verhandeln, was er auch tat. Die Freigelassenen und die Knechte waren bereit, ihm zu gehorchen. Den Großteil der Landbesitzer mußte er überreden, seinem Plan zuzustimmen. Er versprach, die Monarchie abzuschaffen und statt dessen eine Demokratie zu errichten. Dabei behielt er sich selbst das Recht vor, Oberkommandierender und höchster Richter zu bleiben. Diejenigen, die sich von seinen Argumenten nicht überzeugen ließen, beugten sich schließlich seiner Macht.

So erhielt Theseus die Vollmacht, alle örtlichen Regierungen aufzulösen. Er berief ihre Abgesandten nach Athen und gab ihnen eine Ratshalle und einen Gerichtshof. Jedoch versuchte er nie, die Rechte des privaten Besitztums anzurühren. Dann vereinte er die Vorstädte mit der Stadt. Diese hatte bis dahin aus der Akropolis und ihren benachbarten südlichen Vierteln bestanden, einschließlich der alten Tempel des Olympischen Zeus, des Pythischen Apollon, der Mutter Erde, des Dionysos der Sümpfe und des Aquädukts der Neuen Quellen.

Er nannte den sechzehnten Tag des Hekatomboion (Juli) ‹Tag der Verei-

Theseus und Antiope (Archäologisches Museum, Chalkis)

Ein Kentaur beißt einen Lapithen (Archäologisches Museum, Olympia)

nigung› und machte ihn zu einem öffentlichen Fest zu Ehren Athenes; dabei wird ein unblutiges Opfer dem Frieden dargebracht. Die Athenischen Spiele, die an diesem Tag gefeiert wurden, erweiterte er zu den Panathenischen Spielen und ließ die gesamte Bevölkerung Attikas daran teilnehmen. Auch führte er die Anbetung der Aphrodite des Bundes und der Aphrodite der Überzeugung ein. Dann verzichtete er, wie versprochen, auf den Thron und gab Attika eine neue Verfassung. Dies alles geschah unter den besten Vorzeichen: Das Delphische Orakel prophezeite, Athen würde nun auf den Wellen des stürmischen Meeres so sicher wie eine Schweinsblase reiten.

Um den Ruhm der Stadt noch größer zu machen, forderte Theseus alle ehrenwerten Fremdlinge auf, ihre Bürger zu werden. Seine Herolde zogen durch ganz Griechenland und riefen, wie es noch heute geschieht: «Kommt her, all ihr Leute!» Da strömten sie in großen Mengen nach Athen. Er teilte die Bevölkerung Attikas in drei Klassen: die Eupatriden oder ‹die, denen das Vaterland zu Dank verpflichtet ist›, die Georgoi oder ‹Bauern› und die Demiurgoi oder ‹Werktätigen›. Die Eupatriden übernahmen die religiösen Angelegenheiten, stellten Richter und deuteten das Gesetz. Dies war die würdevollste aller Aufgaben. Die Georgoi bearbeiteten den Boden und bildeten das Rückgrat des Staates. Die bei weitem größte Klasse bildeten die Demiurgoi. Aus ihren Reihen kamen die Werktätigen, wie sie da alle sind: Wahrsager, Chirurgen, Herolde, Tischler, Bildhauer und Bäcker. So schuf Theseus als erster König einen starken Bund, weshalb Homer in seinem ‹Katalog der Schiffe› nur die Athener als herrschendes Volk darstellt.

Als erster athenischer König prägte Theseus Münzen, und zwar mit dem Abbild eines Stieres. Diese Prägung war der Grund, warum als Werteinheit lange Zeit der Begriff ‹Ochse› verwandt wurde, etwa ‹zehn Ochsen› oder ‹einhundert Ochsen›. Wie Herakles seinen Vater Zeus zum Schutzherrn der Olympischen Spiele ernannt hatte, machte Theseus seinen Vater Poseidon zum Schutzherrn der Isthmischen Spiele. Bis dahin war der Gott Melikertes, der Sohn Inos, bei jenen nächtlichen Spielen, die eher Mysterien als öffentliche Schauspiele waren, so geehrt worden. Dann verwirklichte Theseus den athenischen Anspruch auf die Herrschaft über Megara. Er rief die Gesandten des Peloponnes auf dem Isthmos zusammen und überredete sie, einen schon lange andauernden Grenzstreit mit ihren ionischen Nachbarn beizulegen. An einem Platz, dem beide Parteien zugestimmt hatten, errichtete er die berühmte Säule, die auf ihrer östlichen Seite die Inschrift: ‹Dies ist nicht der Peloponnes, sondern Ionien!› und auf ihrer westlichen: ‹Dies ist nicht Ionien, sondern der Peloponnes!› trug. Von den Korinthern gewann er die Zusagen, daß die Athener den Ehrenplatz bei den Isthmischen Spielen einnehmen sollten.

Theseus und die Amazonen

Manche behaupten, Theseus habe an der erfolgreichen Expedition des Herakles gegen die Amazonen teilgenommen. Als seinen Anteil an der Beute soll er deren Königin Antiope, auch Melanippe genannt, erhalten haben. Sie war nicht zu bedauern, wie manche dachten. Im Gegenteil: Sie liebte Theseus so sehr, daß sie als Beweis ihrer leidenschaftlichen Liebe sogar die Stadt Themiskyra am Flusse Thermodon an ihn verriet.

Andere wieder erzählen, Theseus hätte das Land der Amazonen zusammen mit Peirithoos und seinen Gefährten einige Jahre später besucht. Die Amazonen wären bei der Ankunft so vieler stattlicher Krieger von Freude erfüllt worden und hätten keinen Widerstand geleistet. Antiope begrüßte Theseus mit reichen Gaben. Doch kaum war sie an Bord seines Schiffes, ließ er die Anker lichten und entführte sie.

Antiopes Schwester Oreithyia, von der manche fälschlicherweise annehmen, sie wäre Hippolyte, deren Gürtel Herakles trug, schwor Rache an Theseus. Sie schloß ein Bündnis mit den Skythen und führte ein mächtiges Amazonenheer über das Eis des Kimmerischen Bosporos, überquerte dann

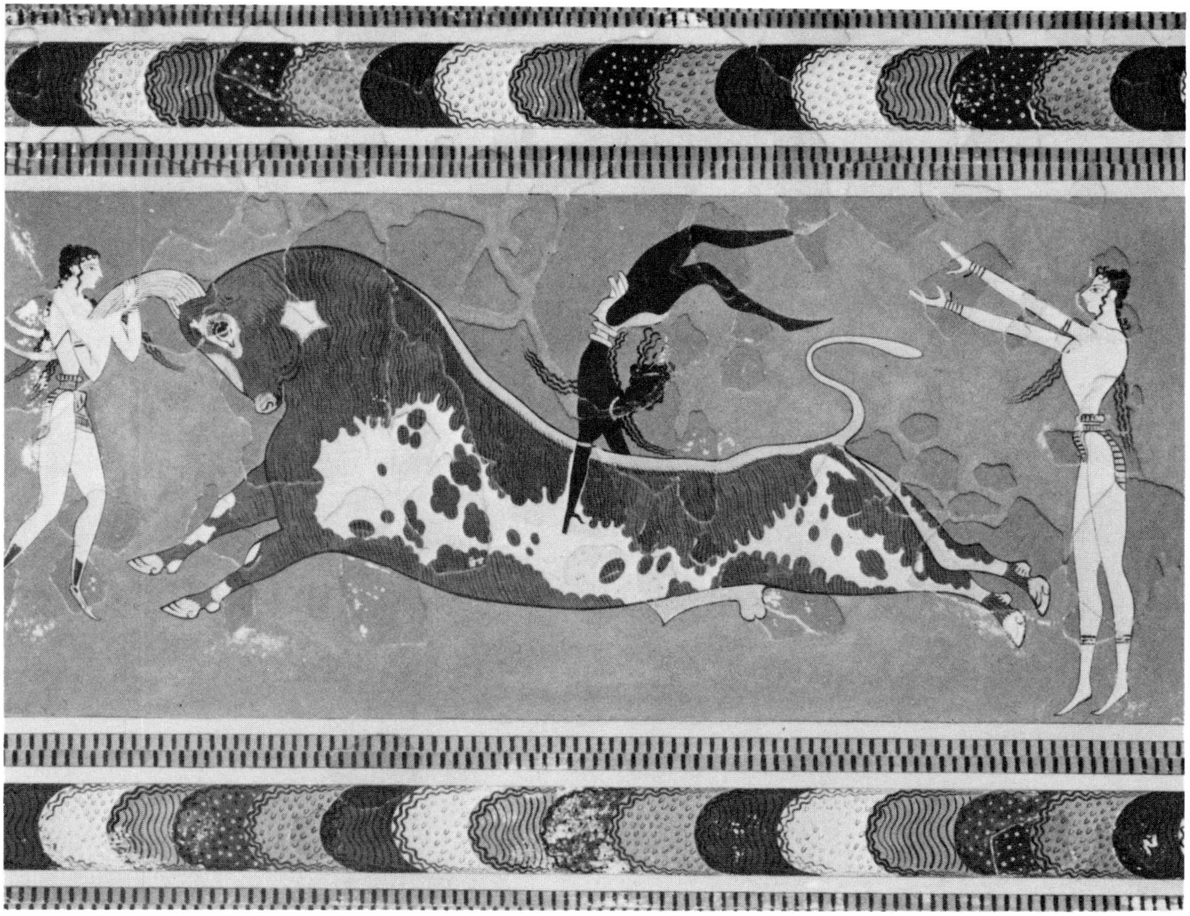

Sprung über den Stier (Knossos)

die Donau und zog durch Thrakien, Thessalien und Boiotien. Auf dem Areiopagos zu Athen schlug sie ihr Lager auf und opferte Ares; dieses Ereignis soll – nach einigen Erzählungen – dem Hügel seinen Namen gegeben haben. Einen Teil ihres Heeres entsandte sie nach Lakonien, um die Einwohner des Peloponnes daran zu hindern, Theseus über den Isthmos Verstärkung zu senden.

Das Heer Athens war bereits aufgestellt, doch wollte keine Seite mit dem Kampfe beginnen. Auf Rat des Orakels brachte Theseus dem Phobos, einem Sohne des Ares, ein Opfer dar und begann schließlich die Schlacht am siebenten Tage des Boidromions. An diesem Tage werden noch heute die Boidromia zu Athen gefeiert. Andere jedoch führen dieses Fest bereits auf den Sieg des Xuthos über Eumolpos zur Zeit der Regierung des Erechtheus zurück. Die Front der Amazonen verlief von dem Punkte, der heute Amazonion genannt wird, bis zu dem Hügel Pnyx in der Nähe von Chrysa. Der rechte Flügel des Heeres des Theseus stürzte sich vom Musaion auf den linken Flügel der Amazonen; doch wurden die Athener aufgerieben und mußten sich zum Tempel der Furien zurückziehen. Der linke Flügel der Athener griff vom

Paladion, vom Berg Ardettos und vom Lykaion an und trieb den rechten Flügel der Amazonen zu ihrem Lager zurück. Die Verluste der Amazonen waren groß.

Andere erzählen, daß die Amazonen erst nach vier Monaten harten Kämpfens bereit waren, die Waffen zu strecken. Der Waffenstillstand wurde in der Nähe des Schreines des Theseus geschlossen. Noch immer wird er durch das Amazonen-Opfer am Vorabend des Theseischen Festes gefeiert. Oreithyia soll mit einigen wenigen ihres Gefolges nach Megara entkommen und dort aus Kummer und Verzweiflung gestorben sein. Die übrigen Amazonen wurden von Theseus aus Attika vertrieben. Sie ließen sich in Skythien nieder.

Es war dies das erste Mal, daß Athener fremde Eindringlinge von ihrem Heimatboden zurückschlagen mußten. Diejenigen Amazonen, die verwundet auf dem Schlachtfeld zurückgelassen worden waren, wurden nach Chalkis zur Heilung gesandt. Antiope und Molpadia sind in der Nähe des Tempels der Mutter Erde begraben; andere liegen im Amazonion.

Doch scheint in Wahrheit Antiope die Schlacht überlebt zu haben. Theseus mußte sie schließlich töten, wie das Delphische Orakel vorausgesagt hatte. Als er mit König Deukalion, dem Kreter, ein Bündnis schloß und dessen Schwester Phaidra heiratete, widersetzte sich Antiope. Eifersüchtig stürmte sie, die nicht seine gesetzliche Gemahlin war, voll bewaffnet in die Hochzeitsfeierlichkeiten und bedrohte die Gäste. Theseus und seine Gefährten schlossen die Tore und töteten sie in einem erbitterten Kampf. Sie mußte sterben, obwohl sie ihm Hippolytos, auch Demophon genannt, geboren hatte und ihm so treu ergeben war, daß sie niemals mit einem anderen Manne schlief.

Phaidra und Hippolytos

Nachdem Theseus Phaidra geheiratet hatte, sandte er seinen unehelichen Sohn Hippolytos zu Pittheus, der ihn adoptierte und zum Erben des Thrones von Troizen machte. So konnte Hippolytos keinen Grund haben, das Recht seiner legitimen Brüder Akamas und Demophoon, der Söhne Phaidras, auf die Herrschaft über Athen zu bestreiten.

Hippolytos verehrte wie seine Mutter Antiope besonders die keusche Artemis. Er errichtete einen neuen Tempel zu Ehren der Göttin in Troizen, nicht weit vom Theater. Aphrodite betrachtete dies als eine Beleidigung und beschloß, ihn zu strafen. Als er die Eleusischen Mysterien besuchte, ließ sie Phaidra in leidenschaftlicher Liebe zu ihm entbrennen.

Theseus weilte gerade mit Peirithoos in Thessalien oder vielleicht im Tartaros. So folgte Phaidra Hippolytos nach Troizen. Dort errichtete sie den Tempel der Herabblickenden Aphrodite, um das Gymnasion überblicken zu können. Täglich konnte sie nun unbeobachtet zuschauen, wie der nackte Hippolytos sich im Laufen, Springen und Ringen übte. Ein alter Myrtenbaum steht auf dem Tempelgrund. Da Phaidra ihre leidenschaftliche Liebe nicht befriedigen konnte, pflegte sie zornig mit ihrer juwelengeschmückten Haarnadel in die Blätter des Myrtenbaumes zu stechen; sie sind noch immer stark durchlöchert. Als später Hippolytos die Panathenischen Festspiele besuchte und im Palaste des Theseus wohnte, stieg sie zum Tempel der Aphrodite auf der Akropolis, um ihn wieder heimlich beobachten zu können.

Phaidra verriet ihre blutschänderische Liebe niemandem. Doch aß sie wenig, schlief schlecht und wurde endlich so schwach, daß ihre alte Pflegerin die Wahrheit erriet und sie händeringend anflehte, Hippolytos einen Brief zu senden. Phaidra schrieb und gestand ihm ihre Liebe; sie schrieb auch, sie sei durch ihre Liebe nun zur Anbetung der Artemis bekehrt worden und habe die beiden hölzernen Statuen aus Kreta eben wieder der Göttin geweiht. Ob er nicht mit ihr einmal auf die Jagd gehen wolle? «Wir Frauen des kretischen Königshauses», schrieb sie, «sind durch das Schicksal zweifelsohne dazu bestimmt, in der Liebe entehrt zu werden: siehe nur meine Großmutter Europa, meine Mutter Pasiphaë und schließlich meine eigene Schwester Ariadne! O unglücklicher Hippolytos, verlassen von Deinem Vater, dem treulosen Theseus, der inzwischen Deine eigene königliche Mutter getötet hat – warum haben Dich die Furien nicht dafür bestraft, daß Du in so unziemender Weise ihrem Schicksal gegenüber gleichgültig geblieben bist? –, und eines Tages wird er auch mich umbringen! Ich flehe Dich an, Dich an ihm zu rächen, indem Du mit mir der Aphrodite einen Tribut darbringst. Könnten wir nicht zusammen weggehen und miteinander leben, wenigstens für eine Weile, und einen Jagdausflug als Ausrede verwenden? Inzwischen wird niemand unsere wahren Gefühle zueinander erraten! Wir leben schon unter dem gleichen Dach, und unsere Zuneigung wird als unschuldig, sogar als lobenswert betrachtet werden.»

Der entsetzte Hippolytos verbrannte den Brief und ging zum Gemache Phaidras. Er überhäufte sie mit Vorwürfen. Sie aber zerriß ihr Gewand, öffnete die Türen und schrie: «Hilfe! Hilfe! Ich wurde vergewaltigt!» Dann erhängte sie sich am Türstock und ließ eine Nachricht zurück, die ihn ungeheuerlicher Verbrechen beschuldigte.

Als Theseus den Brief erhielt, verfluchte er Hippolytos. Er befahl ihm, Athen sofort zu verlassen, und verbot ihm die Rückkehr. Dann erinnerte er sich an die drei Wünsche, die ihm sein Vater Poseidon versprochen hatte, und bat ihn, Hippolytos noch am gleichen Tage sterben zu lassen. «Vater», flehte er, «sende ein wildes Tier dem Hippolytos über den Weg, wenn er nach Troizen reist!»

Hippolytos hatte Athen eilends verlassen. Als er durch die Enge des Isthmos fuhr, rollte eine riesige Welle, höher noch als der Molurische Felsen, gegen die Küste. Von ihrem Kamme sprang ein großer Seehund, bellte und spie Wasser. Wild vor Schrecken scheuten die vier Pferde des Hippolytos und brachen in Richtung der Klippe aus. Er aber war ein erfahrener Wagenlenker und zügelte sie, so daß sie nicht über den Abhang stürzten. Das Ungeheuer aber lief drohend hinter dem Wagen her, und wieder scheuten die Pferde. Diesmal gelang es ihm nicht, sein Gespann auf dem Wege zu halten. Nicht weit vom Heiligtum der Saronischen Artemis stand ein wilder Olivenbaum. An einem Zweig dieses Baumes verfingen sich die Zügel des Hippolytos. Sein Wagen raste gegen einen Steinhaufen und zerbrach in Stücke. Hippolytos verwickelte sich in die Zügel, wurde zuerst gegen den Baumstamm geschleudert und dann gegen die Felsen. Die scheuenden Pferde schleiften ihn über den Boden, bis er tot war; sein Verfolger verschwand.

Die Athener warfen zur Erinnerung an Hippolytos einen Hügel in der Nähe des Tempels der Themis auf, weil sein Tod durch einen Fluch verursacht

Theseus entführt Helena, rotfigurige attische Vasenmalerei (Antikensammlung, München)

worden war. Manche behaupten, Theseus sei des Mordes angeklagt und schuldig befunden worden. Entehrt habe man ihn nach Skyros verbannt, wo er sein Leben in Schmach und Kummer beschloß. Eine weitverbreitete Meinung jedoch bringt seinen Sturz mit dem Versuch, Persephone zu vergewaltigen, in Verbindung.

Der Geist des Hippolytos stieg zum Tartaros hinab. Tief empört bat Artemis den Asklepios, Hippolytos wieder zum Leben zu bringen. Asklepios öffnete seinen elfenbeinernen Medizinschrank und nahm die Pflanze, mit der er Glaukos von Kreta gerettet hatte, heraus. Dreimal berührte er die Brust des Hippolytos und murmelte gewisse Zaubersprüche vor sich hin. Beim drittenmal hob der Tote sein Haupt vom Boden. Hades und die drei Schicksalsgöttinnen beschwerten sich bei Zeus über diesen Mißbrauch und überredeten ihn, Asklepios mit seinem Blitz zu töten.

Lapithen und Kentauren

Manche sagen, Peirithoos, der Lapithe, sei ein Sohn des Ixion und der Dia, der Tochter des Eioneus. Andere wieder nennen Zeus, der in der Gestalt eines Hengstes um Dia ‹herumlief›, bevor er sie verführte, seinen Vater.

Fast unglaubliche Berichte über die Stärke und die Tapferkeit des Theseus waren Peirithoos zu Ohren gekommen. Er herrschte über die Magneter an der Mündung des Flusses Peneus. Eines Tages beschloß er, des Theseus

Tapferkeit auf die Probe zu stellen. Er griff Attika an und trieb eine Viehherde, die zu Marathon weidete, fort. Theseus machte sich sofort zur Verfolgung auf. Peirithoos kehrte kühn um, um sich ihm zu stellen. Doch beide waren vom edlen Aussehen des anderen so beeindruckt, daß das Vieh bald vergessen war und sie einander ewige Freundschaft gelobten.

Peirithoos heiratete Hippodameia, die Tochter des Butes. Er lud alle Olympier – außer Ares und Eris – zu seiner Hochzeit ein. Noch erinnerte er sich des Unheils, das Eris bei der Hochzeit des Peleus und der Thetis verursacht hatte. Es kamen mehr Gäste, als der Palast des Peirithoos fassen konnte. So wurde für seine Vettern, die Kentauren, für Nestor, Kaineus und andere thessalische Fürsten ein Tisch in einer großen Höhle, deren Eingang von Bäumen überschattet war, gedeckt.

Die Kentauren waren jedoch den Wein nicht gewohnt. Als sie seinen Wohlgeruch verspürten, stießen sie die saure Milch, die ihnen vorgesetzt worden war, von sich und füllten ihre Silberhörner aus den Weinschläuchen. In ihrer Unwissenheit tranken sie maßlos von dem starken Getränk, das nicht mit Wasser vermischt war. Sie wurden so trunken, daß Eurytion, als die Braut zur Begrüßung in den Keller geführt wurde, von seinem Stuhle sprang, den Tisch umwarf und sie an ihren Haaren fortschleppte. Sofort folgten die Kentauren seinem schamlosen Beispiel und stürzten sich wollüstig auf die Frauen und Knaben, die ihnen am nächsten waren.

Peirithoos und sein Freund Theseus eilten zur Rettung Hippodameias herbei. Dem Eurytion schnitten sie Ohren und Nase ab und warfen ihn mit Hilfe der Lapithen aus der Höhle. Der darauf folgende Kampf, bei dem der Lapithe Kaineus getötet wurde, dauerte bis zum Anbruch der Nacht. So begann ein lang dauernder Krieg zwischen den Kentauren und ihren lapithischen Nachbarn. Ares und Eris hatten diesen Streit als Rache für die Beleidigung, die ihnen angetan worden war, verursacht.

Die Kentauren erlitten eine schwere Niederlage. Theseus trieb sie von ihren alten Jagdgründen auf dem Berge Pelion zu dem Land der Aithiker in der Nähe des Berges Pindos. Doch war es nicht leicht, die Kentauren zu unterwerfen. Sie hatten bereits Peirithoos das Königreich des Ixion strittig gemacht. Nun sammelten sie ihre Kräfte und drangen in das Land der Lapithen ein. Sie überraschten das lapithische Heer und metzelten den größten Teil nieder. Die Überlebenden flohen nach Pholoë in Elis. Aber auch von dort wurden sie von den Kentauren vertrieben, die Pholoë zu ihrer eigenen Räuberfestung machten. Dann ließen sich die Lapither in Malea nieder.

Theseus im Tartaros

Nach dem Tode der Hippodameia überredete Peirithoos den Theseus, dessen Gattin Phaidra sich erst jüngst erhängt hatte, mit ihm Sparta zu besuchen und Helena, eine Schwester der Dioskuren Kastor und Polydeukes, zu entführen. Mit ihnen wollten sie durch Heirat mit deren Schwester verbunden sein. Sie gelobten, in diesem gefährlichen Unternehmen einander beistehen zu wollen. Sollte ihr Plan gelingen, so würde das Los entscheiden, wem Helena gehören sollte. Für den Verlierer sollte, ohne Rücksicht auf die Gefahr, eine andere Tochter des Zeus geraubt werden.

Die Taten des Theseus, Vasenmalerei (Britisches Museum, London)

Theseus und der Minotauros, Detail von einer schwarzfigurigen Vasenmalerei (Britisches Museum, London)

rechts: *Amazonen zu Pferde, mit Gold eingelegte Silberplatte (Britisches Museum, London)*

Miteinander einig, führten sie ein Heer nach Lakedaimon. Als Helena im Tempel der Aufrechten Artemis zu Sparta ein Opfer darbrachte, ergriffen sie sie und ritten mit ihr fort. Bald hatten sie ihre Verfolger weit hinter sich gelassen und waren nach Tegea entkommen. Hier losten sie, wie beschlossen, um Helena; und Theseus gewann. Er sah jedoch voraus, daß die Athener keinesfalls seinen Streit mit den Dioskuren gutheißen würden. Er sandte daher Helena, die noch nicht mannbar war, in das attische Dorf Aphidnai. Seinem Freunde Aphidnos trug er auf, sie mit größter Aufmerksamkeit und Verschwiegenheit zu bewachen. Aithra, die Mutter des Theseus, begleitete Helena und sorgte gut für sie.

Einige Jahre vergingen. Als Helena alt genug geworden war, erinnerte ihn Peirithoos an das Abkommen. Gemeinsam befragten sie ein Orakel des Zeus, den sie als Zeugen ihres Eides angerufen hatten. Seine ironische Antwort lautete: «Warum besucht ihr nicht den Tartaros und verlangt Persephone, die Gattin des Hades, als Braut für Peirithoos? Sie ist die edelste meiner Töchter.» Theseus war empört, als Peirithoos diesen Vorschlag ernst nahm und ihn zur Erfüllung seines Eides zwang. Doch wagte er nicht, sich zu weigern. Da stiegen sie nun, das Schwert in der Hand, zum Tartaros hinab. Sie klopften bald an die Tore des Palastes des Hades. Hades hörte sich ruhig ihre unverschämte Forderung an, täuschte Gastfreundschaft vor und forderte sie auf, sich zu setzen. Nichtsahnend setzten sie sich auf den Stuhl, der ihnen angeboten wurde. Nun stellte sich aber heraus, daß es der Stuhl des Vergessens war, der sogleich ein Teil ihres Fleisches wurde. Ohne sich zu verletzen, konnten sie sich nicht wieder erheben. Windende Schlangen zischten um sie herum. Die Furien banden sie fest, und Kerberos biß sie mit seinen scharfen Zähnen, während Hades böse lächelnd zusah.

So erlitten sie vier volle Jahre lang schreckliche Qualen, bis Herakles auf Befehl des Eurystheus in den Tartaros kam, um Kerberos zu holen. Er erkannte sie, als sie stumm flehend ihre Hände ausstreckten und um Hilfe baten. Persephone empfing Herakles wie einen Bruder, erlaubte ihm gnadenvoll, die Übeltäter zu befreien und sie mit sich, so er nur könnte, in das Licht der oberen Welt zurückzuführen. Herakles erfaßte die Hände des Theseus, zog an ihnen mit Riesenkräften, bis Theseus mit ohrenbetäubendem Lärm vom Stuhl gerissen war. Doch ein großer Teil seines Fleisches blieb am Stuhl hängen, was der Grund dafür ist, daß die Nachkommen des Theseus so lächerlich kleine Gesäße haben. Dann wollte er Peirithoos ebenso befreien, doch die Erde zitterte warnend, und er ließ von ihm ab. Peirithoos war ja nach allem der führende Geist in diesem blasphemischen Unternehmen gewesen.

Der Tod des Theseus

Während Theseus im Tartaros weilte, stellten die Dioskuren ein Heer von Lakonern und Arkadern auf, marschierten gegen Athen und verlangten die Herausgabe Helenas. Die Athener bestritten, daß Helena in Athen wäre, und behaupteten, nicht die geringste Ahnung von ihrem Versteck zu haben. Da verwüsteten die Dioskuren Attika, bis die Einwohner von Dekeleia, das Benehmen des Theseus mißbilligend, sie nach Aphidnai führten, wo sie ihre Schwester fanden und befreiten. Aphidnai machten sie dem Erdboden gleich.

Den Dekeleiern erließen sie alle Steuern und verliehen ihnen das Recht auf Ehrensitze bei den Spartanischen Festspielen – ihre Länder allein wurden im Peloponnesischen Krieg geschont, als die eindringenden Spartaner Attika verwüsteten.

Nun war Peteos, der Sohn des Orneus und Enkel des Erechtheus, von Aigeus verbannt worden. Die Dioskuren brachten, Theseus zum Trotz, Peteos' Sohn Menestheus aus dem Exil zurück und machten ihn zum Regenten Athens. Dieser Menestheus war der erste Demagoge. Während der Abwesenheit des Theseus im Tartaros machte er sich beim Volke beliebt. Er erinnerte die Adligen an die Macht, die sie durch die Föderalisierung verloren hatten, und erzählte den Armen, daß sie ihrer Religion und ihres Landes beraubt worden und Untertanen eines Abenteurers unbekannter Herkunft geworden wären – der jedoch nun den Thron verlassen hätte und tot sei.

Als Aphidnai fiel und Athen in Gefahr war, überredete Menestheus das Volk, die Dioskuren in Athen als Wohltäter und Befreier zu begrüßen. Diese benahmen sich tatsächlich sehr großzügig und verlangten nur, wie Herakles in die Eleusischen Mysterien eingeweiht zu werden. Ihr Wunsch wurde erfüllt. Zudem ernannte man sie zu Ehrenbürgern der Stadt Athen. Aphidnos war ihr Adoptivvater, wie Pylios der des Herakles. Aus Dankbarkeit für die Milde, die sie dem Volke zeigten, wurden ihnen beim Erscheinen ihrer Konstellation göttliche Ehren erwiesen. Froh brachten sie Helena nach Sparta zurück und nahmen die Mutter des Theseus und eine Schwester des Peirithoos als ihre Dienstfrauen mit. Manche behaupten, Helena sei noch Jungfrau gewesen; andere, Theseus habe sie geschwängert. Auf dem Heimweg soll sie zu Argos ein Mädchen, Iphigeneia, geboren haben.

Theseus kehrte bald darauf vom Tartaros zurück. Seinem Retter Herakles errichtete er sofort einen Altar und weihte ihm – bis auf vier – alle seine Tempel und Haine. Geschwächt von den Qualen im Tartaros, fand er Athen durch Hader und Verrat so zerrissen, daß auch er nicht länger Ordnung halten konnte. Zunächst schmuggelte er seine Kinder aus der Stadt nach Euboia, wo Elpenor, der Sohn des Chalkodon, ihnen Obdach gewährte – doch manche sagen, sie seien noch vor seiner Rückkehr dorthin geflohen. Dann verfluchte er das Volk Athens vom Berge Gargettos und segelte nach Kreta, wo Deukalion ihm Obdach angeboten hatte.

Ein Sturm drängte das Schiff vom Kurs. Theseus landete auf der Insel Skyros in der Nähe von Euboia, wo König Lykomedes, ein enger Freund des Menestheus, regierte. Trotzdem empfing er ihn mit all dem Glanz und der Pracht, die seinem Ruhme und seiner Herkunft zukamen. Theseus hatte ein Gut zu Skyros geerbt. So bat er um die Erlaubnis, sich dort niederlassen zu dürfen. Doch Lykomedes hatte dieses Gut schon lange als sein Eigentum betrachtet. Er lockte Theseus unter dem Vorwand, ihm die Grenzen des Gutes zeigen zu wollen, auf eine hohe Klippe und stieß ihn in den Abgrund. Dann gab er vor, Theseus wäre durch einen unglücklichen Zufall gestürzt, als er etwas angetrunken nach dem Mahle einen Spaziergang machte.

Menestheus, der nun unumschränkter Herrscher war, bewarb sich um die Hand Helenas. Er führte das Heer Athens nach Troia, wo er zwar großen Ruhm als Stratege gewann, aber in der Schlacht getötet wurde. Die Söhne des Theseus bestiegen danach seinen Thron.

Kampf zwischen Kentauren und Lapithen (Britisches Museum, London)

Theseus war ein geschickter Leierspieler. Zusammen mit Herakles und Hermes ist er nun der Schutzherr aller griechischen Gymnasien und Schulen für den Ringkampf. Seine Ähnlichkeit mit Herakles ist sprichwörtlich. Er nahm an der Kalydonischen Jagd teil und rächte die vor Theben gefallenen Helden. Er gehört nur deshalb nicht zu den Argonauten, weil er im Tartaros war, als sie nach Kolchis segelten.

Mißhandelte Sklaven und Arbeiter, deren Vorfahren zu ihm um Schutz gegen ihre Unterdrücker aufschauten, suchen nun Zuflucht in seinem Heiligtum, wo ihm am achten Tag jeden Monats Opfer dargebracht werden. Dieser Tag ist wahrscheinlich deshalb so gewählt, weil Theseus am achten Tage des Hekatomboion zum ersten Male von Troizen nach Athen kam und am achten Tage des Pyanepsion von Kreta zurückkehrte. Vielleicht aber auch, weil er ein Sohn des Poseidon war: Poseidons Feste wurden an diesem Tage des Monats gefeiert, da die Acht, der erste Kubus einer geraden Zahl, Poseidons unerschütterliche Macht darstellt.

5

THEBEN UND MYKENE

Oidipus

Laios, der Sohn des Labdakos, heiratete Iokaste und regierte über Theben. Bekümmert über seine Kinderlosigkeit, befragte er im geheimen das Delphische Orakel. Dieses verkündete ihm, sein scheinbares Unglück sei ein Segen, denn das Kind, das Iokaste ihm gebären würde, würde sein Mörder werden. Da verstieß er Iokaste, ohne ihr den Grund seines Entschlusses anzugeben. Dies verärgerte sie so sehr, daß sie ihn trunken machte und ihn, sobald die Nacht herabgefallen war, in ihre Arme lockte. Als sie neun Monate später von einem Sohn entbunden wurde, entführte ihn Laios aus den Armen der Amme, durchbohrte seine Füße mit einem Nagel und band sie zusammen. Dann setzte er ihn auf dem Berg Kithairon aus.

Die Schicksalsgöttinnen hatten jedoch beschlossen, daß der Knabe ein beträchtliches Alter erreichen sollte. Ein korinthischer Schafhirt fand ihn und nannte ihn Oidipus, weil seine Füße von den Nagelwunden entstellt waren. Dann brachte er ihn nach Korinth, wo zu dieser Zeit König Polybos regierte. Der war kinderlos und freute sich, Oidipus als seinen eigenen Sohn aufziehen zu können.

Eines Tages äußerte ein korinthischer Jüngling Oidipus gegenüber spöttisch, daß er nicht im geringsten seinen vermeintlichen Eltern ähnlich sei. Da wandte sich Oidipus an das Delphische Orakel und fragte, was ihm die Zukunft wohl bringen würde. «Weg von diesem Schreine, Elender!» rief die Pythia voller Abscheu aus. «Du wirst deinen Vater töten und deine Mutter heiraten!»

Da Oidipus Polybos und die Königin Periboia liebte und davor zurückschreckte, Unglück über sie zu bringen, beschloß er sofort, nicht mehr nach Korinth zurückzukehren. Doch im Engpaß zwischen Delphi und Daulis traf er durch Zufall Laios, der ihm in strengem Ton befahl, einem Höherstehenden den Weg frei zu machen. Laios fuhr in einem Wagen, und Oidipus ging zu Fuß. Oidipus antwortete, er erkenne nur die Götter und seine eigenen Eltern als Vorgesetzte an.

«Um so ärger für dich!» rief Laios aus und befahl seinem Wagenlenker Polyphontes weiterzufahren.

Eines der Räder verletzte Oidipus am Fuß. Darauf tötete er, vom Zorne hingerissen, Polyphontes mit seinem Speer. Dann warf er Laios, der sich in die Zügel verwickelt hatte, auf die Straße und peitschte auf das Gespann ein, so

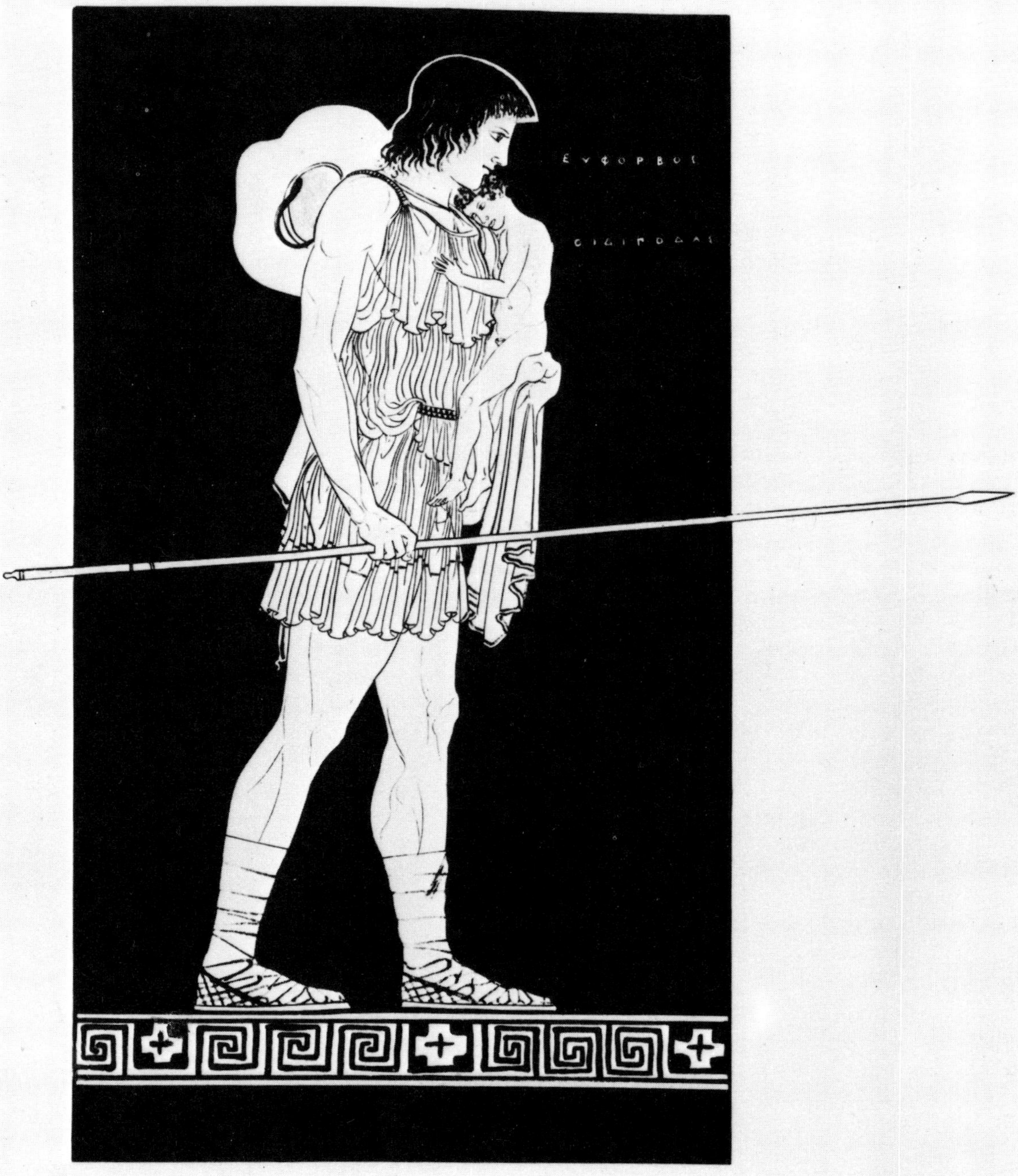

Oidipus als Kind

daß es Laios zu Tode schleifte. Der König von Plataiai mußte beide Leichen begraben.

Laios war auf dem Wege zu einem Orakel gewesen, um zu erfahren, wie er Theben von der Sphinx befreien könnte. Dieses Ungeheuer war vom äußersten Teil Äthiopiens nach Theben geflogen. Man konnte die Sphinx an ihrem Frauenkopf, Löwenkörper, Schlangenschwanz und an den Adlerflügeln erkennen. Erst jüngst war sie von Hera entsandt worden, Theben zu bestrafen, weil Laios den Knaben Chrysippos entführt hatte. Sie ließ sich nahe der Stadt nieder und gab nun jedem vorbeiziehenden Thebaner ein Rätsel auf, das die drei Musen sie gelehrt hatten: «Welches Wesen, das nur eine Stimme hat, hat manchmal zwei Beine, manchmal drei, manchmal vier und ist am schwächsten, wenn es die meisten Beine hat?» Die, die das Rätsel nicht lösen konnten, erwürgte sie und verschlang sie auf der Stelle.

Oidipus, der sich Theben näherte, erriet die Antwort. «Der Mensch», sagte er, «denn er kriecht als Säugling auf allen vieren, steht in seiner Jugend fest auf seinen zwei Füßen und stützt sich im hohen Alter auf einen Stock.» Die darob entsetzte Sphinx sprang vom Berge Phikion und zerschellte unten im Tale. Da riefen die dankbaren Thebaner Oidipus zum König aus, und er heiratete Iokaste, ohne zu wissen, daß sie seine Mutter war.

Theben wurde nun von der Pest heimgesucht. Das Delphische Orakel, wieder befragt, antwortete: «Vertreibet den Mörder des Laios!» Oidipus, der nicht wußte, wen er im Engpaß angetroffen hatte, sprach über den Mörder des Laios einen Fluch aus und verurteilte ihn zur Verbannung.

Der blinde Teiresias, zu dieser Zeit der berühmteste Seher Griechenlands, verlangte nun eine Audienz bei Oidipus. Manche erzählen, Teiresias hätte einst auf dem Berge Kyllene zwei Schlangen, die sich paarten, beobachtet. Als sie ihn angriffen, schlug er mit seinem Stabe auf sie ein und tötete das Weibchen. Da wurde Teiresias in eine Frau verwandelt, die eine berühmte Hure wurde; doch sieben Jahre später sah er am gleichen Orte den gleichen Vorgang wieder. Als er nun die männliche Schlange tötete, wurde er wieder zum Manne.

Einst begann Hera dem Zeus wegen seiner zahllosen Ehebrüche Vorwürfe zu machen. Zu seiner Verteidigung behauptete er, daß sie, wenn er ihr Lager teile, auf jeden Fall die größere Freude habe.

«Welch ein Unsinn!» rief Hera aus.

Teiresias, der herbeigerufen wurde, diesen Streit nach seiner persönlichen Erfahrung zu schlichten, antwortete:

«Wenn die Teile der Liebesfreude als zehn gezählt werden können, so erhält die Frau dreimal drei, während dem Manne nur eins zukommt.»

Hera war über das triumphierende Grinsen des Zeus so erzürnt, daß sie Teiresias blendete; aber Zeus machte den Schaden wieder gut, als er ihm das innere Sehen gab und ein Leben, das sieben Generationen währte.

Teiresias erschien nun am thebanischen Hofe und enthüllte dem Oidipus den Willen der Götter: daß die Pest nur dann ihr Ende finden würde, wenn ein ‹Gesäter Mann› für die Stadt stürbe. Iokastes Vater Menoikeus, einer von denen, die der Erde entsprungen waren, als Kadmos die Zähne der Schlangen säte, sprang sofort von den Wällen in die Tiefe.

Teiresias verkündete dann weiter: «Die Pest wird nun ihr Ende finden.

Oidipus und die Sphinx (Archäologisches Nationalmuseum, Athen)

Oidipus wird von der Sphinx geprüft, attische Vasenmalerei (Vatikan)

gegenüber: *Die Sphinx (Archäologisches Museum, Delphi)*

Doch die Götter dachten an einen anderen; er hat seinen Vater getötet und seine Mutter geheiratet. Wisse, Königin Iokaste, daß dies dein Gatte Oidipus ist!»

Erst wollte keiner den Worten des Teiresias Glauben schenken, aber bald wurden sie durch einen Brief der Periboia aus Korinth bestätigt. Sie schrieb, daß der plötzliche Tod des Königs Polybos ihr nun erlaube, die Umstände der Adoption des Oidipus zu enthüllen. Iokaste erhängte sich aus Kummer und Schande, während Oidipus sich selbst mit einer Nadel, die er aus ihrem Gewande genommen hatte, blendete.

Manche sagen, Kreon, der Bruder Iokastes, habe Oidipus vertrieben. Als er viele Jahre von Land zu Land gewandert war, geführt von seiner treuen Tochter Antigone, kam Oidipus endlich nach Kolonos in Attika, wo die Erinyen, denen dort ein Hain geweiht war, ihn zu Tode jagten. Theseus begrub ihn am Ort der ‹Feierlichen› in Athen und beklagte seinen Tod an der Seite Antigones.

Sieben gegen Theben

Da viele Fürsten Argos in der Hoffnung besuchten, entweder Aigeia oder Deipyla, die Töchter des Königs Adrastos, zu heiraten, fürchtete dieser, sich bei den Bewerbern Feinde zu schaffen, wenn er einen von ihnen als seinen Schwiegersohn auserwählte. Er wandte sich an das Delphische Orakel um Rat. Apollons Antwort war: «Joche den Keiler und den Löwen, die in deinem Palaste kämpfen, an einen zweirädrigen Wagen.»

Unter den wenigen glücklichen dieser Bewerber waren Polyneikes und Tydeus. Polyneikes und sein Zwillingsbruder Eteokles waren zu Mit-Königen Thebens erwählt worden, nachdem ihr Vater Oidipus verbannt worden war. Sie kamen überein, abwechselnd für je ein Jahr zu regieren, aber Eteokles, auf den das erste Jahr fiel, wollte am Ende des Jahres den Thron nicht aufgeben und nahm den bösen Charakter, den Polyneikes gezeigt haben soll, als Vorwand, um ihn aus der Stadt zu verbannen. Tydeus, der Sohn des Oineus von Kalydon, hatte seinen Bruder Melanippos auf der Jagd getötet; er stellte dies als einen Unfall hin, obwohl vorher prophezeit worden war, daß Melanippos ihn töten würde. Daher schöpften die Kalydoner den Verdacht, er habe dem Schicksal vorgreifen wollen; so wurde auch er verbannt.

Nun ist das Wahrzeichen Thebens ein Löwe und das Wahrzeichen Kalydons ein Keiler; die beiden aus ihrer Heimat entflohenen Bewerber trugen diese Zeichen auf ihren Schilden. Adrastos verheiratete, eingedenk der Prophezeiung, Aigeia an Polyneikes und Deipyla an Tydeus und versprach, ihnen wieder zu ihren Königreichen zu verhelfen; doch sagte er, daß er zuerst gegen Theben, das näher lag, marschieren würde.

Adrastos rief seine Fürsten zusammen, befahl ihnen, die Waffen zu ergreifen und sich auf den Weg ostwärts zu machen. Nur einer dieser Helden zögerte, dem Befehl zu gehorchen: Amphiaraos, der voraussah, daß alle, mit Ausnahme des Adrastos, im Kampfe gegen Theben sterben würden.

Da wurde Eriphyle, die Schwester des Adrastos, mit Amphiaraos verheiratet. Tydeus rief Polyneikes und sagte ihm: «Eriphyle fürchtet, ihre Schönheit zu verlieren; wenn du ihr nun das magische Halsband gibst, Aphrodites

Hochzeitsgabe an deine Ahnin Harmonia, die Gattin des Kadmos, so wird sie Amphiaraos schon bald zwingen, mit uns zu kommen.»

Und so geschah es. Die Expedition machte sich auf. Ihr Weg führte durch Nemea, wo Lykurgos als König herrschte. Als sie um Erlaubnis baten, ihren Truppen vom Wasser des Landes zu trinken zu geben, stimmte Lykurgos zu, und seine Dienstmagd Hypsipyle führte sie zu dem nächsten Quell. Hypsipyle lebte hier als Kindermädchen des Opheltes, des Sohnes des Lykurgos. Als sie das Heer zur Quelle führte, setzte sie den Knaben einen Augenblick nieder. Da wand sich eine Schlange um seine Glieder und tötete ihn durch einen Biß. Adrastos und seine Männer kamen zu spät von der Quelle zurück; sie konnten nur noch die Schlange töten und den Knaben begraben. Als Amphiaraos sie warnte, daß dies ein böses Zeichen sei, führten sie zu Ehren des Knaben die Nemeischen Spiele ein.

Sobald sie in Kithairon angekommen waren, sandte Adrastos den Tydeus als Herold zu den Thebanern mit der Aufforderung, Eteokles solle seinen Thron zugunsten des Polyneikes aufgeben. Als die Thebaner dieser Aufforderung nicht Folge leisteten, forderte Tydeus ihre Feldherren zum Zweikampf heraus, einen nach dem anderen, und ging als Sieger aus jedem Kampf hervor. Bald wagte kein Thebaner mehr, sich Tydeus zum Kampfe zu stellen. Da näherten sich die Argiver der Stadtmauer, und jeder der sieben Helden stellte sich gegenüber einem der sieben Tore auf.

Teiresias der Seher, den Eteokles um Rat gefragt hatte, prophezeite, daß die Thebaner nur dann den Sieg davontragen könnten, wenn sich ein Prinz der königlichen Familie dem Ares freiwillig als Opfer darbieten würde; woraufhin Menoikeus, der Sohn des Kreon, sich vor den Toren tötete. Und so erfüllte sich die Prophezeiung des Teiresias: Erst wurden die Thebaner in einem Scharmützel besiegt und zogen sich in die Stadt zurück; aber kaum hatte Kapaneus eine Leiter gegen die Stadtmauer gelehnt und sie zu ersteigen begonnen, als Zeus ihn mit einem Blitz niederschlug. Bei diesem Zeichen faßten die Thebaner neuen Mut und machten einen wilden Ausfall, wobei es ihnen gelang, noch drei der sieben zu töten.

Um weiteren Totschlag zu verhindern, schlug Polyneikes vor, die Thronfolge im Zweikampf mit Eteokles zu entscheiden. Eteokles nahm die Herausforderung an, und sie verwundeten einander tödlich im Laufe eines bitteren Kampfes. Dann übernahm ihr Oheim Kreon den Befehl über das Heer Thebens und rieb die verzweifelten Argiver gänzlich auf. Amphiaraos floh in seinem Wagen entlang den Ufern des Flusses Esmenos. Als ein Thebaner ihm einen Speer zwischen die Schultern stoßen wollte, spaltete Zeus mit einem Blitz den Boden vor seinen Füßen; er verschwand aus den Augen des Thebaners – mit Wagen und Lenker – und regiert nun lebend bei den Toten.

Da erkannte Adrastos, daß der Kampf verloren war, und entfloh; als er aber später erfuhr, daß Kreon nicht erlaubte, die toten Feinde zu begraben, zog er bittstellend nach Athen und überredete Theseus, gegen Theben zu marschieren und die Gottlosigkeit Kreons zu bestrafen. Theseus eroberte die Stadt durch einen Überraschungsangriff, setzte Kreon gefangen und übergab die Leichen der toten Helden ihren Verwandten.

Nun hatte Antigone, die Schwester des Eteokles und des Polyneikes, noch vor der Ankunft des Theseus in Theben den Befehl des Kreon mißachtet; sie

Die Sieben gegen Theben (Plovdiv Museum, Bulgarien)

Apollon in seinem Tempel zu Delphi (Allard Pierson Museum, Amsterdam)

errichtete heimlich einen Scheiterhaufen und legte den Leichnam des Polyneikes darauf. Kreon überraschte Antigone bei ihrem Ungehorsam. Da rief er seinen Sohn Haimon, dem Antigone verlobt war, und befahl ihm, sie lebend im Grabe des Polyneikes einzumauern. Haimon gab vor, den Befehl auszuführen, doch heiratete er heimlich Antigone und sandte sie fort, daß sie bei seinen Schafhirten lebe. Sie gebar ihm einen Sohn, der viele Jahre später nach Theben kam, um an den üblichen Begräbnisspielen teilzunehmen. Doch Kreon, der noch immer König von Theben war, erkannte ihn an einem Schlangenmal, das alle Abkömmlinge des Kadmos auf ihrem Körper trugen, und verurteilte ihn zum Tode. Herakles setzte sich für ihn ein, doch Kreon erwies sich als starrsinnig: Da tötete Haimon Antigone und sich selbst.

Die Epigonen

Die Söhne der sieben Helden, die vor Theben gefallen waren, schworen, den Tod ihrer Väter zu rächen. Sie sind als ‹die Epigonen› bekannt. Das Delphische Orakel versprach ihnen den Sieg, wenn Alkmaion, der Sohn des Amphiaraos, den Oberbefehl übernehme. Doch er verspürte kein Verlangen, Theben anzugreifen, und stritt mit seinem Bruder Amphilochos heftig darüber, ob dieser Kampf angebracht sei. Als sie sich nicht einigen konnten, ob der Krieg geführt werden sollte oder nicht, wandten sie sich an ihre Mutter Eriphyle, damit sie eine Entscheidung treffe. Thersander, der Sohn des Polyneikes, erkannte die Situation als schon dagewesen und folgte dem Beispiel seines Vaters: Er bestach Eriphyle mit dem Zauberkleid, das Athene seiner Ahnin Harmonia zur gleichen Zeit gegeben hatte, als Aphrodite ihr das magische Halsband gab. Eriphyle entschied sich für den Krieg, und Alkmaion übernahm zögernd den Oberbefehl.

Im Kampf, der vor den Mauern Thebens gefochten wurde, verloren die Epigonen Aigialeus, den Sohn des Adrastos. Dann warnte der Seher Teiresias die Thebaner, ihre Stadt würde vernichtet werden. Das Schicksal hätte bestimmt, verkündete er, daß die Mauern der Stadt nur so lange stehen sollten, als noch einer der sieben Helden am Leben bliebe; doch Adrastos, nun der einzige Überlebende, würde bei der Nachricht vom Tode des Aigialeus vor Kummer sterben. Daher wäre es am weisesten, noch in der gleichen Nacht zu fliehen. Teiresias fügte noch hinzu, es sei für ihn gleichgültig, ob sie seinen Rat annähmen oder nicht; denn er müßte sterben, sobald Theben in die Hände der Argiver fiele. Im Schutze der Dunkelheit flohen die Thebaner mit Frauen, Kindern, Waffen und wenigem Gut. Als sie weit genug gezogen waren, hielten sie an und gründeten die Stadt Hestiaia. Bei Morgengrauen blieb Teiresias, der mit ihnen gezogen war, an der Quelle von Tilphussa stehen, um zu trinken; plötzlich hauchte er seine Seele aus.

An dem gleichen Tag – es war auch der Tag, an dem Adrastos vom Tod des Aigialeus hörte und vor Kummer starb – brachen die Argiver, die Theben verlassen vorfanden, in die Stadt ein, machten die Mauern dem Erdboden gleich und sammelten Beute. Das Beste sandten sie Apollon nach Delphi; darunter war Manto, die Tochter des Teiresias: Sie wurde Apollons Pythia.

Doch war dies nicht das Ende der Geschichte. Zufällig rühmte sich Thersander in Hörweite von Alkmaion, ihm sei es am meisten zu danken gewesen, daß die Argiver gesiegt hätten: Ebenso wie es sein Vater Polyneikes vor ihm getan hätte, habe auch er Eriphyle bestochen, den Befehl zum Aufbruch zu geben. So erfuhr Alkmaion zum erstenmal, daß die Eitelkeit Eriphyles den Tod seines Vaters verursacht hatte und ebensogut seinen eigenen hätte herbeiführen können. Er befragte das Delphische Orakel, und Apollon antwortete, daß sie den Tod verdiene. Alkmaion mißverstand dies als eine Erlaubnis, Muttermord zu begehen, und tötete bei seiner Rückkehr Eriphyle. Als aber Eriphyle sterbend dalag, verfluchte sie ihn und rief: «Länder der ganzen Welt, verweigert meinem Mörder Schutz!» Da verfolgten ihn die rächenden Erinyen und trieben ihn zum Wahnsinn.

Erst floh Alkmaion nach Thesprotia und dann nach Psophis, wo ihn der König Phegeus um Apollons willen von seiner Schuld reinwusch. Phegeus verheiratete ihn mit seiner Tochter Arsinoë, der Alkmaion Halsband und Gewand schenkte, die er in seinem Gepäck mitgebracht hatte. Aber die Erinyen, die diese Reinwaschung nicht anerkennen wollten, verfolgten ihn weiter; das Land des Psophis wurde seinetwegen von Unfruchtbarkeit heimgesucht. Da riet das Delphische Orakel Alkmaion, sich an den Flußgott Acheloos zu wenden, der ihn noch einmal reinwusch; er heiratete Kalirrhoë, die Tochter des Acheloos, und ließ sich auf dem Lande nieder, das erst jüngst vom Flusse angeschwemmt worden war und daher nicht unter den Fluch Eriphyles fiel. Dort lebte er eine Zeitlang in Frieden.

Ein Jahr später wollte Kalirrhoë, die von Angst geplagt war, ihre Schönheit zu verlieren, dem Alkmaion ihr Bett verweigern, gäbe er ihr nicht das berühmte Kleid und Halsband. Da er Kalirrhoë liebte, wagte er es wieder, nach Psophis zu gehen, wo er Phegeus betrog: Er erwähnte nicht seine Heirat mit Kalirrhoë und täuschte einen Spruch des Delphischen Orakels vor, das gesagt haben soll, er könne niemals den Erinyen entgehen, bis er sowohl das Kleid wie auch das Halsband am Altare Apollons geopfert hätte. Phegeus veranlaßte daraufhin Arsinoë, beides dem Alkmaion zu übergeben. Sie tat es gern, da sie glaubte, Alkmaion würde zu ihr zurückkehren, sobald die Erinyen von ihm abgelassen hätten. Doch einer der Diener des Alkmaion verriet die Wahrheit, und Phegeus geriet in Zorn, so daß er seinen Söhnen befahl, Alkmaion aufzulauern und ihn zu töten, sobald er den Palast verlassen habe. Arsinoë beobachtete den Mord von einem Fenster und machte, da sie nichts von Alkmaions Falschheit wußte, ihrem Vater und ihren Brüdern laute Vorwürfe. Phegeus bat sie, still zu sein und ihm zuzuhören, damit er sich rechtfertigen könne; doch Arsinoë verschloß ihre Ohren und wünschte ihm und ihren Brüdern einen gewaltsamen Tod, den sie noch vor dem nächsten Neumond erleiden sollten. Zur Strafe schloß Phegeus sie in eine Truhe ein und gab sie dem König von Nemea als Sklavin; gleichzeitig befahl er seinen Söhnen: «Bringt dieses Kleid und dieses Halsband zum Delphischen Apollon; er wird dafür Sorge tragen, daß sie nicht weiteres Unheil stiften.»

Inzwischen hatte Kalirrhoë aber erfahren, was zu Psophis geschehen war, und betete, daß ihre kleinen Söhne, die sie von Alkmaion hatte, in einem Tage erwachsen sein und den Mord rächen würden. Zeus erhörte ihre Bitte und ließ die beiden über Nacht zu Männern werden, die Waffen aufnehmen und nach Nemea ziehen; sie wußten, daß die Söhne des Phegeus auf ihrer Rückreise von Delphi eine Rast gemacht hatten, in der Hoffnung, Arsinoë zu überreden, ihren Fluch zurückzuziehen. Aber auch ihnen wollte sie kein Gehör schenken. Kalirrhoës Söhne überraschten und töteten nicht nur die Brüder, sondern eilten auch nach Psophis und töteten Phegeus, bevor der nächste Neumond am Himmel erschien. Da keiner bereit war, sie von ihrem Verbrechen reinzuwaschen, zogen sie westwärts nach Epeiros und besiedelten Akarnanien, das nach Akarnan, dem älteren der beiden, benannt wurde.

Tantalos

Abstammung und Ursprung des Tantalos sind umstritten. Seine Mutter war Pluto, eine Tochter des Kronos und der Rhea; und sein Vater war entweder Zeus oder Tmolos, der zusammen mit seiner Gemahlin Omphale das Königreich von Lydien regierte und im Wettkampf zwischen Pan und Apollon das Urteil sprach.

Tantalos war ein enger Freund des Zeus, der ihn zu den Olympischen Festen bei Nektar und Ambrosia zugelassen hatte; bis er, da ihm sein Glück zu Kopf gestiegen war, die Geheimnisse des Zeus verriet und die göttliche Nahrung stahl, um sie mit seinen sterblichen Freunden zu teilen. Bevor aber dieses Verbrechen entdeckt werden konnte, hatte er schon ein schlimmeres begangen. Tantalos, der die Olympier zu einem Bankett auf dem Berge Sipylos eingeladen hatte, fand die Vorräte in seiner Speisekammer für die Gesellschaft unzureichend. Entweder um die Allwissenheit des Zeus zu prüfen oder nur um seinen guten Willen zu zeigen, schnitt er seinen Sohn Pelops in Stücke. Diese warf er in das Gericht, das er für die Götter vorbereitet hatte, wie es auch die Söhne des Lykaon mit ihrem Bruder Nyktimos getan hatten, als sie Zeus in Arkadien bewirteten. Keinem der Götter blieb verborgen, was ihm vorgesetzt wurde. Mit Ausnahme der Demeter, die – noch immer durch den Verlust Persephones verwirrt – vom Fleische der linken Schulter aß, wandten sie sich voller Ekel ab.

Für dieses Verbrechen wurde Tantalos mit dem Untergang seines Königreiches und, nach seinem Tode durch die Hände des Zeus, mit ewigen Qualen in der Gesellschaft von Ixion, Sisyphos, Tityos, den Danaiden und anderen bestraft. Nun hängt er, von Durst und Hunger verzehrt, von den Ästen eines Obstbaumes, der sich über einen sumpfigen See neigt. Die Wellen reichen bis zu seiner Hüfte und manchmal auch bis zu seinem Kinn, doch wann immer er sich niederbeugt, um zu trinken, entschwinden sie wieder. Und nichts als schwarzer Schlamm bleibt zu seinen Füßen. Und gelingt es ihm, eine Handvoll Wasser zu schöpfen, so rinnt es durch seine Finger, bevor er noch seine vertrockneten Lippen benetzen kann; wodurch er durstiger wird denn je. Der Baum ist mit köstlichen Früchten beladen; doch jedesmal, wenn er nach ihnen greift, weht sie ein Windstoß aus seiner Reichweite.

Auch hängt ein riesiger Stein, ein Felsblock vom Berge Sipylos, über dem Baum und droht ständig, den Schädel des Tantalos zu zerschmettern. Dies ist die Strafe für ein drittes Verbrechen: und zwar für Diebstahl, dem Meineid folgte. Eines Tages, als Zeus noch als Säugling auf Kreta weilte und von der Ziege Amaltheia gesäugt wurde, hatte Hephaistos der Rhea eine goldene Dogge geformt, die über das Kind wachen sollte. Diese Dogge wurde später ein Hüter seines Tempels zu Dikte. Doch Pandareos, ein Sohn des Merops aus

Miletos, wagte die Dogge zu stehlen und brachte sie zu Tantalos, der sie auf dem Berge Sipylos verstecken sollte. Nachdem sich der Lärm um den Diebstahl gelegt hatte, verlangte Pandareos den Hund zurück. Doch Tantalos schwor bei Zeus, daß er den goldenen Hund weder gesehen noch von ihm gehört hätte. Dieser Eid kam Zeus zu Ohren, und Hermes erhielt den Befehl, die Angelegenheit zu untersuchen. Tantalos bestand auf seinem Meineid; doch Hermes gewann den Hund – sei es mit Gewalt, sei es durch List – zurück; und Zeus erschlug Tantalos unter einem Felsen des Berges Sipylos.

Nachdem Zeus Tantalos bestraft hatte, schenkte er in seiner Gnade Pelops erneut das Leben. Er befahl Hermes, Pelops' Glieder zu sammeln und sie wieder in dem gleichen Kessel zu kochen; über den Kessel hatte er einen Zauber gelegt. Die Schicksalsgöttin Klotho band die Glieder aneinander; Demeter gab ihm eine feste Elfenbeinschulter an Stelle des Stückes, das sie verzehrt hatte; und Rhea atmete Leben in ihn ein, während der Ziegenpan vor Freude tanzte.

Pelops erhob sich in solch strahlender Schönheit aus dem magischen Kessel, daß sich Poseidon auf den ersten Blick in ihn verliebte und ihn in einem von goldenen Pferden gezogenen Wagen zum Olymp entführte. Dort ernannte er ihn zu seinem Mundschenk und Bettgenossen; so wie Zeus später Ganymedes zu den gleichen Ehren erhob und ihn mit Ambrosia nährte. Pelops bemerkte zum erstenmal, daß seine Schulter aus Elfenbein war, als er sie in Trauer um seine Schwester Niobe entblößte. Alle wahren Abkömmlinge des Pelops sind auf diese Art gekennzeichnet. Nach seinem Tode wurde das elfenbeinerne Schulterblatt in Pisa aufbewahrt.

Broteas, der häßliche Sohn des Tantalos, schnitzte das älteste Abbild der Göttermutter. Es steht noch immer auf der koddinischen Bergspitze, nördlich vom Berge Sipylos. Broteas war ein berühmter Jäger, aber er versagte Artemis die ihr zukommenden Ehren, die ihn daraufhin in den Wahnsinn trieb; er rief laut, daß ihn keine Flamme verbrennen könnte, warf sich auf einen brennenden Scheiterhaufen und ließ sich von den Flammen verzehren.

Pelops und Oinomaos

Pelops erbte den Thron Paphlagoniens von seinem Vater Tantalos und regierte eine Zeitlang in Enete, an der Küste des Schwarzen Meeres. Von hier herrschte er auch über die Lyder und Phryger. Doch da er von den Barbaren aus Paphlagonien vertrieben wurde, zog er sich zum Berg Sipylos in Lydien, dem Sitz seiner Ahnen, zurück. Als Ilos, der König von Troia, ihn dort nicht in Frieden leben lassen wollte, sondern ihm befahl, weiterzuziehen, brachte Pelops seine sagenhaften Schätze über das Aigaiische Meer. Er war entschlossen, für sich und sein großes Gefolge eine neue Heimat zu schaffen, zuerst aber um die Hand Hippodameias, der Tochter des Königs Oionomaos, des Arkaders, anzuhalten, der über Pisa und Elis regierte.

Ob nun Oinomaos von einem Orakel gewarnt worden war, daß sein Schwiegersohn ihn töten würde, oder ob er sich selbst in Hippodameia verliebt hatte, steht in Frage; doch fand er einen Weg, ihre Heirat zu verhindern. Jeden der Bewerber um Hippodameias Hand forderte er zu einem Wagenrennen auf. Die Strecke war der lange Weg von Pisa, das gegenüber

Bronzestatue eines Wagenlenkers (Archäologisches Museum, Delphi)

von Olympia am Flusse Alpheios liegt, bis zu Poseidons Altar auf dem Isthmos von Korinth. Oinomaos bestand darauf, daß Hippodameia stets an der Seite des Bewerbers im Wagen fahren solle, um so seine Aufmerksamkeit vom Gespann abzulenken. Er gab ihnen einen Vorsprung von einer halben Stunde, während der er einen Widder auf dem Altar des Kriegerischen Zeus zu Olympia opferte. Beide Wagen sollten dann zum Isthmos um die Wette fahren; sollte der Bewerber überholt werden, so mußte er sterben; würde er aber den Wettkampf gewinnen, so sollte Hippodameia seine Gemahlin werden und Oionomaos müßte sterben. Da aber die vom Winde gezeugten Stuten Psylla und Harpinna, die sein Vater Ares ihm gegeben hatte, bei weitem die besten in Griechenland waren und sogar schneller als der Nordwind und da sein Wagen, der mit Geschick von Myrtilos gelenkt wurde, besonders für diesen Wettkampf gebaut worden war, gelang es ihm immer, seinen Rivalen zu überholen und ihn mit einem Speer, der auch eine Gabe des Ares war, zu durchbohren.

Myrtilos, der Wagenlenker des Oinomaos, war der Sohn des Hermes und der Theobule. Auch er hatte sich in Hippodameia verliebt, wagte aber nicht, an dem Wettkampf teilzunehmen. Inzwischen hatten die Olympier beschlossen, diesem Morden ein Ende zu setzen, denn Oinomaos rühmte sich, daß er eines Tages einen Tempel aus Schädeln bauen würde, wie es Euenos, Diomedes und Antaios getan hatten. Als Pelops in Elis landete, bat er seinen Liebhaber Poseidon, den er mit einem Opfer am Meeresufer anrief, ihm für seine Werbung um Hippodameia den schnellsten Wagen der Welt zu geben oder den Stoß des bronzenen Speers des Oinomaos aufzufangen. Poseidon freute sich, ihm helfen zu können. Pelops nannte bald einen Wagen mit goldenen Schwingen sein eigen, gezogen von einem Gespann nicht ermüdender, unsterblicher und geflügelter Pferde, der über das Meer jagen konnte, ohne daß die Achsen naß wurden.

Nachdem Pelops den Berg Sipylos besucht und der Temnischen Aphrodite eine Statue aus grünem Myrtenholz dargebracht hatte, stellte er seinen Wagen auf die Probe: Er fuhr über das Aigaiische Meer. Bevor er einen Blick um sich werfen konnte, war er schon in Lesbos; sein Wagenlenker Killos starb durch die Geschwindigkeit des Fluges. Pelops verbrachte die Nacht auf Lesbos; im Traum sah er den Geist des Killos sein Schicksal beklagen und um Heroenehren bitten. Bei Anbruch der Dämmerung verbrannte er dessen Körper, häufte Erde über seine Asche und gründete in der Nähe das Heiligtum des Killaiischen Apollon. Dann machte er sich auf den Weg; den Wagen lenkte er selbst.

Als Pelops nach Pisa kam, wurde er beim Anblick der Häupter über dem Palasttor von Schrecken erfaßt und begann seinen Ehrgeiz zu bereuen. Da versprach er dem Myrtilos die Hälfte seines Königreiches und das Recht, die Hochzeitsnacht mit der gewonnenen Hippodameia zu verbringen, sollte er bereit sein, seinen Herrn zu verraten.

Vor dem Wettkampf brachte Pelops der Kydonischen Athene ein Opfer dar. Es heißt, daß er sein eigenes Gespann lenkte und Hippodameia an seiner Seite stand.

Inzwischen hatte sich Hippodameia in Pelops verliebt. Weit davon entfernt, ihn bei der Fahrt zu stören, hatte sie sich angeboten, Myrtilos reich zu belohnen, wenn er ihres Vaters Fahrt auf irgendeine Weise stören könnte. Da entfernte Myrtilos die Nägel von der Achse des Wagens des Oinomaos und ersetzte sie durch solche aus Wachs. Als die Wagen die Enge des Isthmos erreichten und Oinomaos in heißer Verfolgung seinen Speer erhob, in der Absicht, den Rücken des Pelops zu durchbohren, flogen die Räder von seinem Wagen, er verwickelte sich in den Zügeln und wurde zu Tode geschleift. Noch immer macht sein Geist die Pferdescheuche zu Olympia unsicher. Noch bevor Oinomaos starb, verfluchte er Myrtilos und betete zu den Göttern, daß dieser durch die Hände des Pelops sterben solle.

Pelops, Hippodameia und Myrtilos machten sich dann auf den Weg über das Meer. «Weh!» rief Hippodameia, «ich habe den ganzen Tag noch nicht getrunken und bin vor Durst ausgetrocknet.» Die Sonne ging unter, als Pelops auf der verlassenen Insel Helena, die nicht weit von der Insel Euboia liegt, Rast machte. Dann ging er den Strand entlang, um Wasser zu suchen. Als er mit gefülltem Helm zurückkehrte, lief ihm Hippodameia mit Tränen in den Augen entgegen und beklagte sich, daß Myrtilos versucht hätte, sie zu vergewaltigen. Pelops tadelte Myrtilos und schlug ihm ins Gesicht; doch dieser protestierte empört: «Dies ist die Hochzeitsnacht, in der ich mich – so hast du geschworen – Hippodameias erfreuen sollte. Willst du deinen Eid brechen?» Pelops antwortete nicht, sondern er nahm die Zügel aus den Händen des Myrtilos und fuhr weiter. Als sie sich dem Kap Geraistos näherten, gab Pelops Myrtilos plötzlich einen Stoß, der ihn kopfüber ins Meer stürzte. Myrtilos verfluchte noch im Versinken Pelops und sein ganzes Haus.

Hermes setzte das Bild des Myrtilos unter die Sterne als das Sternbild des Wagenlenkers. Sein Leichnam wurde an die Küste Euboias geschwemmt und im arkadischen Pheneos, hinter dem Tempel des Hermes, beigesetzt.

Pelops fuhr weiter, bis er den westlichen Strom Okeanos erreichte, wo er von Hephaistos von seiner Blutschuld reingewaschen wurde. Später kam er nach Pisa zurück und folgte Oinomaos auf den Thron. Bald unterwarf er das ganze Land, das damals als Apia oder Pelasgiotis bekannt war, und nannte es Peloponnes, welches ‹die Insel des Pelops› bedeutet. Sein Mut, seine Weisheit und seine Gesundheit sowie seine zahlreichen Kinder brachten ihm den Neid und die Verehrung ganz Griechenlands ein.

Als Buße für den Mord an Myrtilos, einem Sohn des Hermes, baute Pelops den ersten Tempel des Hermes auf dem Peloponnes. Auch durch den Bau eines Kenotaph im Hippodrom zu Olympia versuchte er, den Geist des Myrtilos zu besänftigen; außerdem erwies er ihm die Ehren, die einem Heroen zustanden. Manche behaupten, nicht Oionomaos sei in Wirklichkeit der Pferdeschreck: sondern es sei der Geist des Myrtilos.

Über dem Grab der unglücklichen Bewerber um Hippodameia, auf der anderen Seite des Flusses Alpheios, errichtete Pelops einen hohen Hügel und ließ auch ihnen Heroen-Ehren zukommen; zweihundert Meter weiter steht das Heiligtum der Artemis Kordax, die so genannt wurde, weil dort das Gefolge des Pelops seinen Sieg mit einem Seiltanz feierte, den es aus Lydien mitgebracht hatte.

Atreus und Thyestes

Sthenelos, der Vater des Eurystheus, hatte Amphitryon verbannt und den Thron Mykenes an sich gerissen. Er ließ Atreus und Thyestes, seine Schwager, kommen und siedelte sie im nahen Midea an. Wenige Jahre später, als Sthenelos und Eurystheus tot waren, riet ein Orakel den Mykenern, einen Prinzen aus dem Hause der Pelopiden als Herrscher zu wählen. Da beriefen sie Atreus und Thyestes aus Midea und berieten, wer von den beiden als König gekrönt werden sollte.

Nun hatte Atreus einst gelobt, das beste Tier seiner Herden der Artemis zu opfern; und Hermes, von dem Wunsch erfüllt, den Tod des Myrtilos an den Pelopiden zu rächen, wandte sich an seinen alten Freund, den Ziegen-Pan. Dieser ließ unter den akarnanischen Herden, die Pelops seinen Söhnen Atreus und Thyestes zurückgelassen hatte, ein gehörntes Lamm mit goldenem Fell erscheinen. Er sah voraus, daß Atreus es als seinen Besitz ausgeben und aus seiner Abneigung, Artemis die ihr zukommenden Ehren darzubringen, in einen brudermordenden Krieg mit Thyestes verwickelt werden würde. Atreus hielt sein Gelöbnis, wenigstens teilweise, indem er das Fleisch des Lammes darbrachte; doch das Fell stopfte er aus und verbarg es in einer Truhe. Er war aber auf seinen Schatz, der einem lebenden Tier glich, so stolz, daß er sich nicht zurückhalten konnte, sich dessen auf dem Marktplatz zu rühmen. Der eifersüchtige Thyestes, für den Aërope, die jungvermählte Gemahlin des Atreus, in Leidenschaft entbrannte, zeigte sich bereit, ihr Liebhaber zu werden, wenn sie ihm das Lamm aushändige. Doch Artemis hatte das Lamm verflucht, und all dies geschah auf ihre Veranlassung.

Bei einer Sitzung des Rates beanspruchte Atreus den Thron Mykenes auf Grund seiner Erstgeburt und auch, da er der Besitzer des Lammes war. Thyestes fragte ihn: «Erklärst du also in aller Öffentlichkeit, daß sein Besitzer König sein soll?» «Dies tue ich», antwortete Atreus. «Und ich stimme zu», rief Thyestes aus und lachte boshaft. Dann rief ein Herold die Bewohner Mykenes zusammen, ihren neuen König auszurufen. Da erhob sich Thyestes und warf

Helios (Archäologisches Nationalmuseum, Athen)

Atreus vor, ein eitler Angeber zu sein; er führte die Magistraten zu seinem Haus, wo er ihnen das Lamm zeigte und seinen Anspruch auf dessen Besitz rechtfertigte. Er wurde als der rechtmäßige König Mykenes ausgerufen.

Zeus jedoch zog Atreus vor und sandte Hermes zu ihm mit dem Auftrag: «Rufe Thyestes und frage ihn, ob er seinen Anspruch auf den Thron zu deinen Gunsten aufgeben würde, wenn die Sonne rückwärts ginge!» Atreus tat, wie ihm geheißen, und Thyestes versprach, bei Erscheinen eines solchen Vorzeichens abzudanken. Da kehrte Zeus die Gesetze der Natur um: Helios, der sich bereits in der Mitte seiner Bahn befand, riß seinen Wagen herum und wendete seine Pferde gegen die Morgendämmerung. Die sieben Pleiaden und alle anderen Sterne kehrten aus Mitgefühl auf ihrem Weg um; an diesem Abend, zum ersten- und letztenmal, ging die Sonne im Osten unter. So wurden der Betrug des Thyestes und seine Habgier aufgedeckt, Atreus bestieg den Thron Mykenes und verbannte seinen Bruder. Als Atreus später Aëropes Ehebruch mit Thyestes entdeckte, konnte er seinen Zorn kaum beherrschen. Nichtsdestoweniger täuschte er eine Zeitlang Vergebung vor.

Atreus schickte nun einen Boten nach Mykene, um Thyestes mit dem Angebot der Verzeihung und der Hälfte seines Königreiches zurückzulocken. Sobald Thyestes angenommen hatte, erschlug Atreus Aglaos, Orchomenos und Kallileon, die drei Söhne des Thyestes von einer der Naiaden, an dem gleichen Altar des Zeus, bei dem sie Zuflucht gesucht hatten; dann suchte und tötete er den Säugling Pleisthenes den Zweiten und Tantalos den Dritten, seinen Zwillingsbruder. Er hackte ihnen ein Glied nach dem anderen ab und setzte ausgewählte Stücke ihres Fleisches, in einem Kessel gekocht, Thyestes bei seiner Rückkehr als Willkommensgruß vor. Als Thyestes sich satt gegessen hatte, sandte Atreus die blutigen Häupter, Füße und Hände auf einem anderen Teller ausgelegt zu ihm, um ihm zu zeigen, was er nun in seinem Magen hätte. Thyestes schreckte zurück, erbrach sich und sprach einen unentrinnbaren Fluch über den Samen des Atreus aus.

Wieder verbannt, floh Thyestes zu König Thesprotos nach Sikyon, wo seine eigene Tochter Pelopia eine Priesterin war. Denn, um jeden Preis Rache suchend, hatte er das Delphische Orakel befragt; und es wurde ihm geraten, mit seiner eigenen Tochter einen Sohn zu zeugen. Thyestes fand Pelopia eines Nachts, als sie der Athene Kolokasia ein Opfer darbrachte. Da er nicht die Riten entheiligen wollte, verbarg er sich in einem nahen Hain. Da glitt Pelopia, die einen feierlichen Tanz ausführte, in einer Pfütze Blutes aus, das von der Kehle eines schwarzen Mutterschafes, des Opfers, geflossen war, und befleckte ihre Tunika. Sofort lief sie zum Fischteich des Tempels, zog die Tunika aus und wusch den Flecken heraus. Da stürzte Thyestes aus dem Hain hervor und vergewaltigte sie. Pelopia erkannte ihn nicht, denn er trug eine Maske, doch gelang es ihr, sein Schwert an sich zu reißen und es zum Tempel zurückzutragen. Thyestes, der seine Schwertscheide leer fand und Entdeckung fürchtete, floh nach Lydien, zum Land seiner Väter.

Inzwischen befragte Atreus, die Folgen seines Verbrechens fürchtend, das Delphische Orakel und erfuhr: «Rufe Thyestes von Sikyon zurück!» Doch erreichte er Sikyon zu spät, um Thyestes noch vorzufinden. Aber er verliebte sich in Pelopia, von der er annahm, daß sie die Tochter des Königs Thesprotos sei, und bat diesen um Erlaubnis, sie zu seiner dritten Gemahlin zu nehmen:

Zu jener Zeit hatte er bereits Aërope umgebracht. Thesprotos, der auf ein Bündnis mit einem so mächtigen König erpicht war und zur gleichen Zeit Pelopia einen Gefallen tun wollte, klärte Atreus nicht auf, und die Heirat fand bald statt. Als ihre Zeit kam, gebar sie den Sohn, den Thyestes mit ihr gezeugt hatte, den sie aber auf einem Berg aussetzte. Ziegenhirten retteten ihn und gaben ihn einer Ziege zum Säugen – daher sein Name Aigisthos oder ‹Ziegenstärke›. Atreus glaubte, Thyestes sei bei der Nachricht von seiner Ankunft aus Sikyon geflohen und das Kind sei sein eigenes. Auch dachte er, Pelopia sei von zeitweiligem Wahnsinn befallen worden. Daher holte er Aigisthos von den Ziegenhirten zurück und zog ihn als seinen eigenen Erben auf.

Eine Folge schlechter Ernten suchte nun Mykene heim, und Atreus sandte Agamemnon und Menelaos nach Delphi, um Neuigkeiten über Thyestes zu erhalten. Sie trafen ihn durch Zufall und riefen ihn nach Mykene zurück. Dort warf ihn Atreus ins Gefängnis und befahl dem damals sieben Jahre alten Aigisthos, ihn zu töten, sobald er schlafe.

Thyestes erwachte plötzlich und fand Aigisthos mit dem Schwert in der Hand über sich stehend. Er rollte schnell zur Seite und entging so dem Tod. Dann erhob er sich, entwaffnete den Knaben mit einem geschickten Schlag gegen das Handgelenk und sprang vor, um das Schwert an sich zu reißen. Doch siehe da, es war sein eigenes, das er vor Jahren in Sikyon verloren hatte! Er ergriff Aigisthos bei seinen Schultern und rief: «Sage mir sogleich, wie dieses Schwert in deinen Besitz kam!» Aigisthos stotterte: «Meine Mutter Pelopia gab es mir.» «Ich werde dein Leben schonen, Knabe», sagte Thyestes, «wenn du die drei Befehle ausführen wirst, die ich dir jetzt geben werde.» «Ich werde dir in allen Dingen gehorchen», weinte Aigisthos, der kein Mitleid erwartet hatte. «Mein erster Befehl ist, deine Mutter herzubringen», antwortete ihm Thyestes.

Nun brachte Aigisthos Pelopia zum Gefängnis, und als sie ihn erkannte, weinte sie an seinem Hals, nannte ihn ihren teuersten Vater und hatte Mitleid mit seinen Leiden. «Wo fandest du dieses Schwert, Tochter?» fragte Thyestes. «Ich nahm es aus der Scheide eines unbekannten Fremdlings, der mich eines Nachts in Sikyon vergewaltigte», antwortete sie. «Es ist mein eigenes», sagte Thyestes. Pelopia wurde von Entsetzen ergriffen, sie faßte das Schwert und stieß es in ihre Brust. Aigisthos stand entsetzt daneben, verstand aber nicht, was gesprochen worden war. «Nun bringe dieses Schwert zu Atreus», war Thyestes' zweiter Befehl, «und sage ihm, daß du deine Aufgabe ausgeführt hättest. Dann komme zurück!» Verständnislos nahm Aigisthos das blutige Schwert zu Atreus, der voll Freude zur Küste hinabeilte, wo er Zeus ein Dankesopfer darbrachte, überzeugt, Thyestes nun endlich los zu sein.

Als Aigisthos zum Gefängnis zurückkam, enthüllte sich ihm Thyestes als sein Vater und gab ihm den dritten Befehl: «Töte Atreus, mein Sohn Aigisthos, und zögere dieses Mal nicht!» Aigisthos tat, wie ihm befohlen, und Thyestes regierte wieder in Mykene.

Ein zweites gehörntes Lamm mit goldenem Vlies erschien in der Herde des Thyestes und wuchs zu einem Widder heran. Später wurde auf diese göttliche Weise jedem Pelopidenkönig der Besitz seines goldenen Zepters bestätigt. Diese Widder grasen sorglos auf einer Wiese, die von unübersteigbaren Mauern umschlossen ist.

Menelaos (Thermenmuseum, Rom)

Agamemnon, Vasenmalerei (Britisches Museum, London)

Agamemnon und Klytaimnestra

Als Aigisthos den Atreus ermordete, waren seine Söhne Agamemnon und Menelaos noch Säuglinge gewesen. Doch war ihre Amme geistesgegenwärtig genug, sie zu retten. Sie floh mit ihnen, einen unter jedem Arm, zu Polypheides, dem König von Sikyon, auf dessen Veranlassung dann die Kinder dem Aitoler Oineus anvertraut wurden. Fest steht allerdings, daß sie König Tyndareos von Sparta, nachdem sie einige Jahre am Hof des Oineus verbracht hatten, wieder in ihr Erbe einsetzte. Als er gegen Mykene marschierte, versprach ihm Thyestes, daß er Agamemnon als dem Erben des Atreus das Zepter übergeben, selbst ins Exil gehen und niemals zurückkehren würde. Daraufhin reiste Thyestes nach Kythera ab. Aigisthos, der die Rache des Agamemnon fürchtete, floh zu König Kylarabes, dem Sohn des Königs Sthenelos von Argos.

Den ersten Krieg führte Agamemnon gegen Tantalos, den König von Pisa. Er tötete ihn im Kampf und zwang seine Witwe Klytaimnestra, die Leda dem König Tyndareos von Sparta geboren hatte, ihn zu heiraten. Daraufhin marschierten die Dioskuren, die Brüder der Klytaimnestra, gegen Mykene. Aber Agamemnon war bereits als Bittsteller zu seinem Wohltäter Tyndareos gezogen, der ihm verzieh und ihm erlaubte, Klytaimnestra zu behalten. Nach dem Tod der Dioskuren heiratete Menelaos deren Schwester Helena, und Tyndareos dankte zu seinen Gunsten ab. Klytaimnestra gebar dem Agamemnon einen Sohn namens Orestes und drei Töchter: Elektra, Iphigeneia und Chrysothemis.

Paris, der Sohn des Königs Priamos von Troia, hatte Helena verführt und so den Trojanischen Krieg heraufbeschworen. Da zogen Agamemnon und Menelaos für lange zehn Jahre von der Heimat fort. Aigisthos aber schloß sich ihrem Zuge nicht an, sondern zog es vor, in Argos zu bleiben und Rache am Hause des Atreus zu nehmen.

Nun erlangte aber Nauplios, der Gemahl der Klymene, von Agamemnon und den anderen griechischen Heerführern keine Sühne für die Steinigung seines Sohnes Palamedes. Er segelte in seinem Schiff von Troia fort, entlang der Küste Attikas und des Peloponnes, und verleitete die einsamen Frauen seiner Feinde zum Ehebruch. Als Aigisthos hörte, daß Klytaimnestra unter denen war, die sich am eifrigsten von Nauplios überreden ließen, plante er nicht nur, ihr Liebhaber zu werden, sondern er wollte auch mit ihrer Hilfe Agamemnon töten, sobald der Trojanische Krieg beendet wäre.

Der allwissende Zeus sandte Hermes zu Aigisthos und ließ ihn davor warnen, seinen Plan auszuführen; denn Orestes würde, sobald er zum Manne geworden wäre, gezwungen sein, den Vater zu rächen. Trotz all seiner Beredsamkeit gelang es Hermes nicht, Aigisthos von seinem Beschluß abzubringen. Zuerst wies Klytaimnestra seine Annäherungen ab, denn Agamemnon, über den Besuch des Nauplios in Mykene unterrichtet, hatte seinem Hofsänger befohlen, sie streng zu bewachen und ihm schriftlich das geringste Zeichen ihrer Untreue mitzuteilen. Doch Aigisthos verbannte den alten Sänger ohne Nahrung auf eine einsame Insel, wo Raubvögel ihm bald das Fleisch von seinen Knochen nagten. Jetzt gab sich Klytaimnestra den Umarmungen des Aigisthos hin, der seinen unverhofften Erfolg mit Brandopfern an

Aphrodite und mit Gaben von Wandteppichen und Gold an Artemis, die einen Ärger gegen das Haus des Atreus in ihrem Herzen trug, feierte.

Klytaimnestra hatte wenig Grund, Agamemnon zu lieben: Er hatte ihren früheren Gemahl Tantalos und das neugeborene Kind an ihrer Brust getötet und sie gezwungen, ihn zu heiraten. Dann zog er in einen Krieg, dessen Ende nicht abzusehen war; auch hatte er die Opferung der Iphigeneia auf Aulis gutgeheißen und sollte – was sie noch härter zu ertragen fand – Kassandra die Prophetin, die Tochter des Priamos, als seine Geliebte zurückbringen. Es ist wahr, daß Kassandra dem Agamemnon Zwillingssöhne geboren hat: Teledamos und Pelops; doch scheint er nicht beabsichtigt zu haben, Klytaimnestra zu beleidigen. Sie hatte die Nachricht von Oiax, dem überlebenden Sohn des Nauplios, erhalten, der sie, um den Tod seines Bruders zu rächen, böswillig zum Mord anstiftete.

So verschworen sich Klytaimnestra und Aigisthos, Agamemnon und Kassandra zu töten. Doch da sie deren überraschende Rückkehr fürchteten, schrieb Klytaimnestra Agamemnon einen Brief und bat ihn, ein Leuchtfeuer auf dem Berg Ida anzuzünden, wenn Troia fiele; sie selbst sorgte für eine Kette von Feuern, die die Nachricht nach Argolis weiterleiten sollte. Ein Wächter wurde auf das Dach des Palastes zu Mykene befohlen, der ein Jahr lang auf den Berg Arachne hinblickte. Endlich, in einer dunklen Nacht, sah er das ferne Leuchtfeuer aufflammen und lief, Klytaimnestra aufzuwecken. Aigisthos stellte einen seiner eigenen Männer auf einen Wachtturm in der Nähe des Meeres und versprach ihm zwei Goldtalente für die Nachricht, daß Agamemnon lande.

Sobald Agamemnon an Land getreten war, ließ er sich vor Freude weinend nieder, um den Boden zu küssen. Inzwischen war der Wächter nach Mykene geeilt, seinen Lohn einzuheimsen. Aigisthos wählte zwanzig der kühnsten Kämpfer, stellte sie verborgen im Palast auf und ordnete ein großes Festgelage an. Dann fuhr er auf seinem Wagen Agamemnon entgegen, um ihn willkommen zu heißen.

Klytaimnestra begrüßte ihren von der Reise müden Gatten mit allen Zeichen der Freude, rollte einen purpurnen Teppich für ihn aus und führte ihn zum Badehaus, wo Sklavenmädchen ein warmes Bad vorbereitet hatten. Aber Kassandra blieb in einer prophetischen Trance außerhalb des Palastes, weigerte sich einzutreten und klagte in Tränen, daß sie Blut rieche und daß der Fluch des Thyestes schwer über der Speisehalle laste. Als Agamemnon sich gewaschen hatte und das Bein aus dem Bade hob, kam Klytaimnestra zu ihm. Sie tat, als wolle sie ein Badetuch um ihn wickeln, aber statt dessen warf sie ein selbstgewobenes Netzhemd über sein Haupt. In diesem, wie ein Fisch gefangen, starb Agamemnon durch die Hände des Aigisthos, der zweimal mit einem zweischneidigen Schwert auf ihn einschlug. Er fiel in die silberwandige Wanne zurück, und Klytaimnestra rächte das ihr angetane Leid; sie schlug sein Haupt mit einer Axt ab. Dann rannte sie hinaus, um Kassandra mit der gleichen Waffe zu töten. Sie fand es aber nicht einmal der Mühe wert, vorher die Augenlider oder den Mund ihres Gemahls zu schließen. Das Blut, das auf sie gespritzt war, wischte sie mit seinen Haaren ab, zum Beweis, daß er selbst den Tod über sich gebracht hatte.

Im Palast tobte nun eine wilde Schlacht zwischen Agamemnons Leibwache und den Männern des Aigisthos. Aigisthos ging als Sieger hervor. Draußen rollte Kassandras Haupt zu Boden, und Aigisthos hatte auch die Genugtuung, ihre beiden Zwillingssöhne zu töten. Doch vergaß er, Halesos, einen anderen der Bastarde des Agamemnon, zu töten. Halesos gelang die Flucht, und nach langem Umherwandern in der Verbannung gründete er die italische Stadt Falerii.

Die Rache des Orestes

Orestes wurde liebevoll von seinen Großeltern Tyndareos und Leda aufgezogen. Als Knabe begleitete er Klytaimnestra und Iphigeneia nach Aulis. Orestes, der damals zehn Jahre alt war, wurde am Vorabend des Mordes von seiner Schwester Elektra, unterstützt vom alten Lehrer ihres Vaters, gerettet, indem sie ihn in ein Gewand hüllte, das mit wilden Tieren bestickt und von ihr selbst gewoben war, und aus der Stadt hinausschmuggelte.

Nachdem er sich eine Weile bei den Schafhirten am Fluß Tanos, der Argolis von Lakonien trennt, verborgen gehalten hatte, machte sich der Lehrer mit Orestes auf den Weg zum Hof des Strophios, eines treuen Verbündeten des Hauses des Atreus, der über Krisa am Fuße des Berges Parnassos regierte. In Krisa fand Orestes einen abenteuerlustigen Spielgefährten, nämlich Pylades, den Sohn des Strophios, der etwas jünger war als er selbst. Ihre Freundschaft sollte sprichwörtlich werden. Von seinem alten Lehrer erfuhr er zu seinem Kummer, daß der Körper des Agamemnon aus dem Haus geworfen und hastig von Klytaimnestra ohne Opfer von Getränken oder Myrtenzweigen begraben worden war und es den Bewohnern Mykenes verboten wurde, am Begräbnis teilzunehmen.

Aigisthos regierte zu Mykene sieben Jahre, und doch war er wenig mehr als ein Sklave Klytaimnestras, der wirklichen Herrscherin Mykenes. Die Wahrheit jedoch war, daß er in steter Furcht vor Rache lebte, selbst wenn er von seiner treuen fremdländischen Leibwache umgeben war. Er verbrachte keine Nacht in ruhigem Schlaf und hatte eine große Belohnung in Gold für die Ermordung des Orestes ausgesetzt.

Die Goldmaske des Agamemnon (Archäologisches Nationalmuseum, Athen)

Elektra war ihrem Vetter Kastor von Sparta verlobt gewesen, bevor er starb und zu einem Halbgott erhoben wurde. Obwohl nun die führenden Prinzen Griechenlands um ihre Hand warben, fürchtete Aigisthos, daß sie einen Sohn gebären könnte, der Agamemnon rächen würde. Daher verkündete er, daß sie keinen Bewerber erhören könnte. Gern hätte er Elektra, die ihm unversöhnlichen Haß zeigte, umgebracht, damit sie nicht im geheimen mit einem der Palastoffiziere liege und einen Bastard gebäre. Doch Klytaimnestra, die keine Gewissensbisse über die Ermordung des Agamemnon verspürte, war voll Angst, die Ungnade der Götter auf sich zu ziehen, und verbot ihm dies. Dagegen erlaubte sie ihm, Elektra an einen mykenischen Bauern zu verheiraten. Da dieser sich vor Orestes fürchtete und auch von Natur keusch war, vollzog er nie diese ungleiche Ehe.

Vernachlässigt von Klytaimnestra, die dem Aigisthos bereits drei Kinder namens Erigone, Aletes und die zweite Helena geboren hatte, lebte Elektra in schmählicher Armut und wurde unter ständiger Bewachung gehalten. Endlich wurde beschlossen, sie in eine ferne Stadt zu verbannen und dort in ein Verlies zu sperren, in das kein Sonnenlicht eindringt, wenn sie ihr Schicksal nicht schweigend auf sich nähme, wie es ihre Schwester Chrysothemis tat, und nicht davon abließe, Aigisthos und Klytaimnestra in aller Öffentlichkeit ‹mörderische Ehebrecher› zu nennen. Doch verachtete Elektra Chrysothemis wegen ihrer Unterwürfigkeit und ihres Mangels an Loyalität für ihren toten Vater und sandte häufig geheime Mahnungen an Orestes, die von ihm erwartete Rache nicht zu vergessen.

Orestes, nun zum Mann herangewachsen, besuchte das Delphische Orakel, um zu fragen, ob er den Mörder seines Vaters töten sollte. Wenn er es unterließe, Agamemnon zu rächen, war Apollons Antwort, die auch von Zeus gutgeheißen wurde, würde er von der Gesellschaft ausgestoßen, von jedem Schrein und Tempel verbannt und von Lepra befallen werden. Es wurde ihm geraten, Trinkopfer am Grab des Agamemnon auszugießen, eine Locke seines Haares daraufzulegen und ohne Hilfe von Söldnern die Mörder mit List entsprechend zu bestrafen. Gleichzeitig gab die Pythia zu bedenken, daß die Erinyen nicht leicht einen Muttermord vergeben würden. Daher gab sie Orestes auf Befehl des Apollon einen hörnernen Bogen, mit dem er ihre Angriffe abschlagen könnte, sollten sie unerträglich werden. Nach Erfüllung dieser Befehle müsse er wieder nach Delphi kommen, wo Apollon ihn beschützen werde.

Im achten Jahr kehrte Orestes heimlich über Athen nach Mykene zurück, mit dem Entschluß, sowohl Aigisthos wie auch seine eigene Mutter zu töten.

Eines Morgens besuchte er, begleitet von Pylades, das Grab des Agamemnon und rief, während er eine Locke seines Haares abschnitt, den höllischen Hermes, den Schutzherrn der Vaterschaft an. Als sich eine Gruppe von Sklavinnen, schmutzig und in zerrissenen Gewändern, näherte, um zu klagen, verbarg er sich in einem nahe liegenden Dickicht, um sie zu beobachten. Nun hatte Klytaimnestra in der vergangenen Nacht geträumt, daß sie eine Schlange geboren hätte, die sie in Windeln hüllte und säugte. Plötzlich schrie sie im Schlaf auf und erschreckte den ganzen Palast mit ihrem Weinen; denn sie sah die Schlange Blut und auch Milch aus ihrer Brust saugen. Die Wahrsager, die sie befragte, meinten, sie hätte den Ärger des Toten auf sich geladen.

Nun kamen klagende Sklavinnen, um für sie Trankopfer auf Agamemnons Grab zu gießen, in der Hoffnung, seinen Geist zu besänftigen. Elektra, die sich unter ihnen befand, goß das Opfer jedoch in ihrem eigenen Namen und nicht in dem der Mutter aus. Sie betete zu Agamemnon um Rache anstatt um Vergebung und forderte von Hermes, Mutter Erde und die Götter der Unterwelt auf ihr Flehen aufmerksam zu machen. Da erblickte sie eine helle Haarlocke auf dem Grab und erkannte, daß sie nur dem Orestes gehören könne: sowohl weil sie ihrem eigenen Haar in Farbe und Beschaffenheit ähnlich war, als auch weil kein anderer es gewagt hätte, ein solches Opfer darzubringen.

Schwankend zwischen Hoffnung und Zweifel, verglich sie ihre Füße mit den Fußabdrücken des Orestes neben dem Grab; und sie sah die Familienähnlichkeit, als er nun aus seinem Versteck hervorkam und bewies, daß die Locke von ihm stammte.

Elektra hieß ihn freudig willkommen. Gemeinsam riefen sie ihren Vorfahren Vater Zeus an und erinnerten ihn, daß Agamemnon ihm stets große Ehren erwiesen hatte und, würde das Haus des Atreus aussterben, keiner übrigbliebe, der ihm die gewohnten Hekatomben darbringen könne; denn Aigisthos betete andere Götter an.

Als die Sklavinnen dem Orestes Klytaimnestras Traum erzählten, erkannte er sich selbst als die Schlange und erklärte, er würde in der Tat die Rolle der listigen Schlange spielen und das Blut aus ihrem falschen Körper saugen. Dann trug er Elektra auf, zum Palast zu gehen und Klytaimnestra nichts von dem Zusammentreffen zu erzählen; er und Pylades würden ihr nach einer Weile folgen und am Tor als Fremdlinge um Gastfreundschaft bitten; sie würden vorgeben, Phoker zu sein, und würden den parnassischen Dialekt verwenden. Sollte der Torhüter ihnen den Eintritt verweigern, so würde die Ungastlichkeit des Aigisthos die ganze Stadt empören; ließe er sie aber herein, so würden sie es sicher nicht unterlassen, Rache zu nehmen.

Bald klopfte also Orestes an das Tor des Palastes und fragte nach dem Herrn oder der Frau des Hauses. Klytaimnestra kam selbst heraus, doch erkannte sie Orestes nicht. Er gab vor, ein Aioler von Daulis zu sein, der traurige Nachrichten von einem gewissen Strophios bringe, den er durch Zufall auf der Straße nach Argos getroffen habe: nämlich, daß ihr Sohn Orestes tot sei und seine Asche in einer bronzenen Urne aufgehoben würde. Strophios wünsche zu wissen, ob er diese nach Mykene senden oder sie zu Krisa begraben solle.

Klytaimnestra hieß Orestes sofort im Palast willkommen. Sie verbarg ihre Freude vor den Dienern und schickte seine alte Amme Geilissa fort, Aigisthos von dem nahe gelegenen Tempel herbeizuholen. Doch Geilissa erkannte Orestes trotz seiner Verkleidung und änderte die Nachricht ab. Sie sagte dem Aigisthos, er solle sich freuen, denn nun könne er in Sicherheit allein nach Hause kommen und ohne Waffen die Bringer einer frohen Nachricht begrüßen: Sein Feind sei tot.

Ohne Verdacht zu schöpfen, betrat Aigisthos den Palast, wo gerade Pylades, um ihn noch mehr abzulenken, angekommen war und eine bronzene Urne brachte. Er erzählte Klytaimnestra, daß sie die Asche des Orestes enthielte, da Strophios sich nun entschlossen hätte, sie nach Mykene zu

Orestes und Elektra (Nationalmuseum, Neapel)

senden. Diese scheinbare Bestätigung der ersten Nachricht ließ Aigisthos vollständig arglos werden; so hatte Orestes keine Schwierigkeit, sein Schwert zu ziehen und ihn niederzustrecken. Klytaimnestra erkannte jetzt ihren Sohn und versuchte, sein Herz zu erweichen: Sie entblößte ihre Brust und flehte ihn an, seine Pflicht als Sohn nicht zu vergessen. Orestes jedoch enthauptete sie mit einem einzigen Schlag des gleichen Schwertes, und sie fiel an der Seite ihres Liebhabers zu Boden. Während er über den Leichen stand, wandte er sich an die Dienerschaft des Palastes, hielt das noch immer blutbefleckte Netz hoch, in dem Agamemnon gestorben war, und entschuldigte sich beredt für den Mord an Klytaimnestra. Er erinnerte an ihren Verrat und fügte hinzu, daß Aigisthos die Strafe erlitten hätte, die das Gesetz für Ehebrecher vorschreibe.

Nicht zufrieden damit, Aigisthos und Klytaimnestra getötet zu haben, entledigte sich Orestes als nächstes deren Tochter, der zweiten Helena; Pylades besiegte die Söhne des Nauplios, die zur Rettung des Aigisthos herbeigeeilt waren.

Orestes vor den Richtern

Die Mykener, die Orestes bei seiner unerhörten Tat unterstützt hatten, erlaubten nicht, daß die Leichen der Klytaimnestra und des Aigisthos in ihrer Stadt liegen blieben, sondern sie begruben sie außerhalb der Stadtmauern. In dieser Nacht wachten Orestes und Pylades am Grab Klytaimnestras, daß keiner wagen sollte, es zu berauben. Doch während ihrer Wache erschienen die schlangenhaarigen, hundeköpfigen, fledermausgeflügelten Erinyen und schwangen ihre Geißeln. Verwirrt durch diese wilden Angriffe, gegen die Apollons hörnerner Bogen von wenig Nutzen war, fiel Orestes flach auf eine Liege, wo er sechs Tage lang, sein Haupt in einen Mantel gehüllt, lag und sich weigerte, zu essen oder sich zu waschen.

Da kam der alte Tyndareos aus Sparta, beschuldigte Orestes des Muttermordes und rief die mykenischen Ältesten zusammen, daß sie ihn verurteilen sollten. Er verkündete, daß bis zum Prozeß keiner mit Orestes oder Elektra sprechen dürfe und daß beiden Obdach, Feuer und Wasser verweigert werden solle. So konnte Orestes nicht einmal seine blutbefleckten Hände waschen.

Inzwischen war Menelaos, mit Schätzen reich beladen, in Nauplia gelandet, wo ein Fischer ihm vom Mord an Aigisthos und Klytaimnestra erzählte. Bei Nacht, damit die Verwandten der zu Troia Gefallenen sie nicht steinigen sollten, sandte er Helena voraus, um sich in Mykene den Bericht bestätigen zu lassen. Helena schämte sich, öffentlich um ihre Schwester Klytaimnestra zu trauern, da sie selbst noch mehr Blutvergießen durch ihre Untreue verursacht hatte. Zu Elektra, die den leidenden Orestes pflegte, sprach sie: «Ich bitte dich, meine Nichte, lege meine Haare als Opfer auf das Grab Klytaimnestras, nachdem du ihrem Geist Trankopfer dargebracht hast.» Aber Elektra weigerte sich, als sie sah, daß Helena aus Eitelkeit nur die Spitzen ihres Haares abgeschnitten hatte. «Statt meiner sende deine Tochter Hermione», war ihr kurz gehaltener Rat, den Helena auch befolgte.

Dann betrat Menelaos in tiefe Trauer gekleidet den Palast, wo ihn sein Pflegevater Tyndareos begrüßte. Man warnte ihn, vor der Bestrafung seiner verbrecherischen Bruderkinder spartanischen Boden zu betreten. Tyndareos war der Meinung, daß sich Orestes mit der Verbannung Klytaimnestras durch seine Mitbürger hätte zufriedengeben sollen. Hätten sie aber ihren Tod verlangt, so hätte er sich für sie einsetzen müssen. Wie die Dinge jetzt standen, mußten sie dazu überredet werden, ob sie wollten oder nicht, nicht nur Orestes, sondern auch Elektra, die ihn angetrieben hatte, als Muttermörder zu Tode zu steinigen.

Menelaos, der sich fürchtete, Tyndareos zu beleidigen, sorgte dafür, daß das erwünschte Urteil gefällt wurde. Aber dank der beredten Selbstverteidigung des Orestes, der durch Pylades unterstützt wurde, verwandelten die Richter das Urteil der Steinigung in ein Urteil zum Selbstmord. Pylades führte Orestes fort und weigerte sich, ihn oder Elektra, mit der er verlobt war, zu verlassen. Er schlug vor, Menelaos noch vor ihrem eigenen Tod wegen seiner Feigheit und des Mangels an Treue zu bestrafen, indem sie Helena, als die Ursache allen Unglücks, das sie befallen hatte, töteten. Elektra wartete außerhalb der Stadtmauern, um ihren eigenen Plan auszuführen – nämlich, Hermione bei ihrer Rückkehr von Klytaimnestras Grab zu fangen und sie als Sicherheit für das gute Benehmen des Menelaos festzuhalten. Währenddessen betraten Orestes und Pylades den Palast, die Schwerter unter ihrem Mantel verborgen, und suchten Zuflucht am Altar, als ob sie Bittsteller wären. Helena saß in der Nähe, wurde durch ihr Jammern getäuscht und näherte sich ihnen, um sie willkommen zu heißen. Da zogen die beiden ihre Schwerter, und während Pylades die phrygischen Sklaven Helenas verjagte, versuchte Orestes, sie umzubringen. Doch auf Befehl des Zeus hüllte Apollon sie in eine Wolke und brachte sie zum Olymp, wo sie unsterblich wurde und sich ihren Brüdern, den Dioskuren, als Hüterin der Seeleute in Not anschloß.

Inzwischen hatte sich Elektra Hermiones bemächtigt. Sie führte sie in den Palast und schloß die Tore. Als Menelaos seine Tochter vom Tod bedroht sah, befahl er sofortige Rettungsmaßnahmen. Seine Männer brachen das Tor auf. Orestes wollte gerade den Palast in Flammen setzen und Hermione töten, um selbst entweder durch Feuer oder Schwert zu sterben, als Apollon, durch die

Athene, Silberplatte (Antikenabteilung, Schloß Charlottenburg, Berlin)

Vorsehung bestimmt, erschien, ihm die Fackel aus der Hand riß und die Krieger des Menelaos zurücktrieb. Apollon befahl dem Menelaos, eine andere Frau zu nehmen, Hermione dem Orestes zu verloben und selbst nach Sparta zurückzukehren, um es zu regieren. Klytaimnestras Ermordung sollte ihn nicht länger beschäftigen, da nun die Götter selbst eingegriffen hatten.

Orestes machte sich nach Delphi auf, noch immer von den Erinyen verfolgt. Die pythische Priesterin war erschrocken, ihn als Bittsteller auf den marmornen Nabelstein gekauert zu sehen – seine ungewaschenen Hände befleckt von Blut und die schreckliche Schar der schwarzen Erinyen schlafend an seiner Seite. Apollon jedoch beruhigte sie und versprach, als Fürsprecher für Orestes einzutreten. Ihm befahl er, seiner Prüfung mit Mut entgegenzutreten. Nach einer Zeit der Verbannung sollte er nach Athen gehen und dort das alte Bild der Athene umarmen, die ihn, wie die Dioskuren bereits vorausgesagt hatten, mit ihrer gorgonengesichtigen Aigis schützen und den Fluch zunichte machen würde. Während die Erinyen noch fest schliefen, entfloh Orestes, von Hermes geleitet.

Die Verbannung des Orestes dauerte nur ein Jahr: Verfolgt von den unermüdlichen Erinyen, wanderte er weit über Land und Meer, sich stets mit dem Blut von Schweinen und in fließendem Wasser reinwaschend. Doch befreiten ihn diese Riten niemals länger als ein oder zwei Stunden von seinen Quälgeistern, so daß er bald seinen Verstand verlor.

Als ein Jahr vergangen war, besuchte Orestes Athen, das damals von seinem Verwandten Pandion regiert wurde. Er ging sofort zum Tempel der Athene auf der Akropolis; dort warf er sich nieder und umarmte ihre Statue. Bald kamen die Erinyen außer Atem an, da sie seine Spur verloren hatten, als er den Isthmos überquerte. Obwohl ihn, den von den Göttern Gehaßten, bei seiner Ankunft keiner empfangen wollte, wagten es jetzt doch einige, ihn in ihre Häuser einzuladen. Dort aß er an einem Tisch für sich allein und trank aus einem nur für ihn bestimmten Weinbecher.

Den Erinyen, die bereits begonnen hatten, ihn bei den Athenern anzuklagen, schloß sich bald Tyndareos mit seiner Enkeltochter Erigone, der Tochter des Aigisthos und der Klytaimnestra, an. Aber Athene eilte nach Athen, vereidigte die edelsten Bürger als Richter und rief den Areopagos zusammen, um ein Urteil zu fällen. Dies war erst der zweite Mordfall, der vor ihn kam.

Zur festgelegten Zeit fand der Prozeß statt. Apollon erschien als Verteidiger und die älteste der Erinyen als öffentlicher Ankläger. In einer langen Rede bestritt Apollon die Wichtigkeit der Mutterschaft und versicherte, daß eine Frau nicht mehr sei als die träge Furche, in die der Mann seinen Samen wirft; und Orestes wäre in seiner Tat ausreichend gerechtfertigt, da der Vater der einzige Elternteil sei, würdig dieses Namens. Als die Abstimmung unentschieden ausging, stellte sich Athene ganz auf die Seite des Vaters und gab ihre Stimme zugunsten Orestes' ab. So war er nun in Ehren freigesprochen. Er kehrte freudenvoll nach Argolis zurück und gelobte, den Athenern, solange er lebte, ein treuer Verbündeter zu sein. Doch die Erinyen beklagten laut diese Vergewaltigung des alten Gesetzes durch neugekommene Götter; Erigone, zutiefst verletzt, erhängte sich.

Die Besänftigung der Erinyen

Aus Dankbarkeit für seinen Freispruch weihte Orestes der Kriegerischen Athene einen Altar. Doch drohten die Erinyen, sollte das Urteil nicht geändert werden, einen Tropfen ihres eigenen Herzblutes auf den Boden fallen zu lassen, was Unfruchtbarkeit, Krankheit, schlechte Ernte und den Tod aller Nachkommen Athens bedeuten würde. Dennoch konnte Athene deren Ärger durch Schmeichelei besänftigen: Sie gab zu, daß die Erinyen weit klüger seien als sie selbst, und schlug vor, daß sie ihren Wohnsitz in einer Grotte zu Athen aufschlagen sollten. Dort würden sie eine solche Menge von Anbetern anziehen, wie sie es nirgendwo anders erhoffen könnten. Sollten sie diese Einladung annehmen, dann würde sie, Athene, beschließen, daß kein Haus, das ihnen die Anbetung versage, glücklich sein sollte; doch sie müßten es ihrerseits auf sich nehmen, den Schiffen Athens gute Winde zu schenken, seinem Land Fruchtbarkeit und seinem Volk fruchtbare Ehen; auch müßten sie die Unfrommen ausrotten, damit sie Athen den Sieg im Krieg geben könne. Nach kurzer Überlegung stimmten die Erinyen diesen Vorschlägen gnädig zu.

Mit Dankbarkeit, guten Wünschen und Amuletten gegen widrige Winde, Trockenheit, Krankheit und Aufstand entboten die Erinyen – von nun an die ‹Feierlichen› genannt – Athene Abschied. Dann wurden sie vom Volke mit einem Fackelzug zum Eingang einer tiefen Grotte in der südöstlichen Ecke des Areopagos geführt. Dort wurden ihnen entsprechende Opfer dargebracht. Sie stiegen in die Grotte hinab, die nun sowohl ein Orakelschrein als auch, wie das Heiligtum des Theseus, ein Zufluchtsort der Hilfesuchenden ist.

Jedoch nur drei der Erinyen hatten das großzügige Angebot Athenes angenommen; die anderen setzten die Verfolgung des Orestes fort. Manche bestreiten sogar, daß die ‹Feierlichen› je Erinyen gewesen sind. Der Name ‹Eumeniden› wurde den Erinyen zuerst von Orestes ein Jahr nach seinen wagemutigen Abenteuern in Chersonese gegeben, als es ihm endlich gelang, ihren Zorn auf Karneia mit dem Brandopfer eines schwarzen Schafes zu besänftigen.

Iphigeneia auf Tauris

Noch immer von jenen Erinyen verfolgt, die der wortgewandten Athene ihre Ohren verschlossen hatten, wandte sich Orestes in seiner Verzweiflung nach Delphi. Hier warf er sich auf den Tempelboden nieder und drohte, sich das Leben zu nehmen, wenn ihn Apollon nicht von ihren Geißelungen befreie. In ihrer Antwort befahl ihm die Pythia, zum Bosporos zu segeln und dann nordwärts über das Schwarze Meer: Sein Leid würde nur dann ein Ende finden, wenn er eine alte Holzstatue der Artemis von ihrem Tempel im taurischen Chersonese hole und sie nach Athen bringe.

Nun war der schnellfüßige Thoas, König der Taurer, ein Sohn des Dionysos und der Ariadne und Vater der Hypsipyle. Sein Volk, so genannt, weil Osiris einst Stiere *(tauroi)* ins Joch gespannt und ihr Land gepflügt hatte, war skythischen Ursprungs. Es lebt noch immer, wie zu Thoas' Zeiten, vom Raub; und wenn einer seiner Krieger einen Gefangenen macht, köpft er ihn, trägt den Kopf nach Hause und hängt ihn hoch an den Rauchfang über dem Feuerplatz, damit sein Haushalt unter dem Schutze des toten Mannes lebe.

Orestes erschlägt Aigistheus (Archäologisches Nationalmuseum, Athen)

Orestes und Klytaimnestra, Vasenmalerei (Britisches Museum, London)

Jeder Segler, der schiffbrüchig geworden oder von Stürmen in den Hafen getrieben war, wurde öffentlich der Taurischen Artemis geopfert. Nachdem gewisse vorbereitende Riten durchgeführt wurden, schlagen sie ihn mit einer Keule nieder und nageln sein abgetrenntes Haupt an ein Kreuz. Dann wird der Körper entweder begraben oder von einem Abhang, der vom Tempel der Artemis gekrönt wird, ins Meer geworfen. Jeden Fremdling edlen Blutes aber, der in ihre Hände fällt, tötet die jungfräuliche Priesterin der Göttin mit dem Schwert. Sie wirft seinen Leichnam in das heilige Feuer, das vom Tartaros aufsteigt und auf dem Boden des Tempelbereiches brennt. Doch sagen manche, daß die Priesterin, obwohl sie die Riten überwacht und die vorausgehenden Reinigungen und das Scheren der Haare des Opfers vornimmt, ihn nicht selbst tötet. Das alte Bild der Göttin, das Orestes an sich nehmen sollte, war vom Himmel gefallen. Der Tempel wird von riesigen Säulen gestützt. Sein weißer Marmoraltar ist stets mit Blut befleckt.

Nun war Iphigeneia vor der Opferung zu Aulis von Artemis gerettet worden. Artemis hatte sie mit einer Wolke umhüllt und zum taurischen Chersonese gebracht, wo sie sofort zur Oberpriesterin ernannt wurde und als einzige das Recht erhielt, für die heilige Statue zu sorgen. Die Taurer nannten sie danach Artemis. Iphigeneia verabscheute Menschenopfer, aber fromm gehorchte sie der Göttin.

Orestes und Pylades wußten nichts von alledem. Immer noch glaubten sie, Iphigeneia sei unter dem Opfermesser in Aulis gestorben. Trotzdem eilten sie in einem fünfzigrudrigen Schiff zum Land der Taurer. Sie verankerten es bei ihrer Ankunft, von den Ruderern bewacht, und versteckten sich in einer Höhle, mit der Absicht, sich dem Tempel bei Anbruch der Nacht zu nähern. Aber schon vorher wurden sie von einigen leichtgläubigen Hirten überrascht, die zu Boden fielen und sie anbeteten, weil sie die beiden für die Dioskuren oder ein anderes Paar Unsterblicher hielten. In diesem Augenblick wurde Orestes wieder vom Wahnsinn befallen. Er blökte wie ein Kalb und jaulte wie ein Hund, hielt eine Herde Kälber für die Erinyen und stürzte aus der Höhle mit dem Schwert in der Hand, um sie zu erschlagen. Die zuerst entgeisterten Hirten überwältigten die beiden Freunde. Auf Befehl des Thoas wurden sie zum Tempel gebracht, um dort geopfert zu werden.

Während der vorangehenden Riten unterhielt sich Orestes mit Iphigeneia auf griechisch, und bald entdeckten sie voller Freude, wer sie waren. Als Iphigeneia von der Natur seiner Sendung hörte, machte sie sich sogleich daran, die Statue herunterzuheben, damit er sie wegtragen könne. Plötzlich erschien jedoch Thoas, ungeduldig über den langsamen Fortgang der Opferung. Da gab die einfallsreiche Iphigeneia vor, die Statue besänftigen zu wollen. Sie erklärte Thoas, die Göttin habe ihren Blick von den Opfern, die er gesandt hatte, abgewendet: Der eine sei ein Muttermörder, und der andere habe ihm geholfen; beide seien für das Opfer ungeeignet. Zusammen mit der Statue, die durch ihre Gegenwart befleckt worden sei, müsse sie die beiden zum Meere nehmen, um sie reinzuwaschen; dann müsse sie bei Fackellicht der Göttin ein Opfer von jungen Lämmern darbringen. Thoas solle inzwischen den Tempel mit einer Fackel reinigen, sein Haupt bedecken, wenn die Fremdlinge auftauchten, und jedem befehlen, zu Hause zu bleiben, um so eine Verunreinigung zu verhüten.

Thoas wurde völlig getäuscht und begann dann den Tempel zu reinigen. Iphigeneia, Orestes und Pylades trugen die Statue beim Licht der Fackeln zur Meeresküste hinab, doch statt sie im Meer zu reinigen, brachten sie sie eilends auf ihr Schiff. Die taurischen Tempeldiener, die sie begleitet hatten, schöpften jetzt Verdacht und wollten kämpfen. In einem harten Kampf wurden sie niedergemetzelt, und die Ruderer des Orestes stachen mit dem Schiff in See. Aber plötzlich sprang ein Sturm auf und schleuderte das Schiff zurück an die felsige Küste. Alle wären zugrunde gegangen, hätte nicht Poseidon auf die Bitte Athenes das Meer beruhigt. Mit Hilfe einer günstigen Brise erreichten sie die Insel Sminthos.

Diese Insel war die Heimat des Chryses, des Priesters des Apollon, seines gleichnamigen Enkels und dessen Mutter Chryseis. Diese schlug nun vor, die Flüchtlinge an Thoas auszuliefern. Denn Thoas, der nun zu deren Verfolgung eine Flotte bemannte, scheint doch mit Mordabsichten nach Sminthos gekommen zu sein, obwohl manche annahmen, Athene hätte ihn besucht und so erfolgreich überredet, daß er sogar bereit war, Iphigeneias griechische Sklavinnen in die Heimat zurückzuschicken. Da enthüllte Chryses der Ältere, der die Identität seiner Gäste erfahren hatte, seinem Enkel, daß er nicht, wie seine Mutter Chryseis stets vorgegeben hatte, Apollons Sohn, sondern der des Agamemnon sei und so ein Halbbruder des Orestes und der Iphigeneia. Da stürzten sich Chryses der Jüngere und Orestes Schulter an Schulter auf Thoas und töteten ihn. Orestes, der die Statue wieder an sich nahm, segelte heim nach Mykene. Jetzt endlich ließen die Erinyen von seiner Verfolgung ab.

Die Regierung des Orestes

Aletes, der Sohn des Aigisthos, besetzte nun das Königreich Mykene, da er dem bösen Gerücht Glauben schenkte, daß Orestes und Pylades auf dem Altar der Taurischen Artemis geopfert worden waren. Doch Elektra, die dies bezweifelte, wandte sich an das Delphische Orakel. Iphigeneia war gerade in Delphi angekommen, und man nannte sie der Elektra als Mörderin des Orestes. Voller Rache ergriff diese ein Feuerscheit vom Altar und wollte Iphigeneia, da sie sie nach so vielen Jahren nicht mehr erkannte, blenden. Da trat Orestes ein und erklärte alles. Die wieder vereinten Kinder des Agamemnon gingen voller Freude nach Mykene zurück, wo Orestes dem Kampf zwischen den Häusern des Atreus und Thyestes ein Ende bereitete, indem er Aletes tötete. Es wird gesagt, daß dessen Schwester Erigone ebenfalls durch die Hand des Orestes gestorben wäre, hätte Artemis sie nicht nach Attika entführt.

Manche behaupten, Iphigeneia sei entweder in Brauron oder in Megara gestorben, wo sie nun ein Heiligtum hat; andere sagen, Artemis ließ sie als ‹Jüngere Hekate› unsterblich werden. Elektra, die mit Pylades vermählt war, gebar Medon und Strophios den Zweiten. Sie ist in Mykene begraben. Orestes heiratete seine Base Hermione. Durch sie wurde er der Vater des Tisamenos, seines Erben und Nachfolgers; durch seine zweite Gemahlin Erigone der Vater des Penthilos.

Als Menelaos starb, forderten die Spartaner Orestes auf, ihr König zu werden, da sie ihn als Enkel des Tyndareos dem Nikostratos und Megapenthes vorzogen, die von Menelaos mit einem Sklavenmädchen gezeugt worden waren. Orestes, der mit Hilfe der Truppen, die ihm seine phokischen Verbündeten zur Verfügung stellten, bereits einen großen Teil Arkadiens seinen mykenischen Gebieten einverleibt hatte, machte sich nun auch zum Herrscher über Argos. Denn König Kylarabes, der Enkel des Kapaneus, hinterließ keine Nachkommen. Er unterwarf auch Achaia; aber, dem Delphischen Orakel gehorchend, wanderte er schließlich nach Arkadien aus, wo er im Alter von siebzig Jahren an einem Schlangenbiß in Oresteion oder Orestia starb, der Stadt, die er während seiner Verbannung gegründet hatte.

Orestes wurde zu Tegea begraben. Es geschah aber zur Regierungszeit des Anaxandrides, der der Mitkönig des Aristo und der einzige Lakoner war, der zwei Frauen besaß und zwei Häuser zur gleichen Zeit bewohnte, daß die Spartaner aus Verzweiflung darüber, daß sie bisher jede Schlacht, die sie gegen die Tegeer gefochten hatten, verloren hatten, um Rat nach Delphi sandten. Es wurde ihnen aufgetragen, die Gebeine des Orestes wieder in ihren Besitz zu bringen. Sie wußten aber nicht, wo sich diese befanden. So sandten sie Lichas aus, um weitere Auskünfte zu erfragen. Ihm wurde folgende Antwort erteilt:

«Glätte die Ebene des arkadischen Tegea. Geh immer dorthin, wo ständig zwei starke Winde wehen müssen; wo Schlag auf Schlag erdröhnt, wo Böses auf Bösem liegt; dort umschließt die allzeugende Erde den Prinzen, den du suchst. Bringe ihn zu deinem Haus und sei so Tegeas Herr!»

Wegen eines kurzen Waffenstillstandes zwischen den beiden Staaten konnte Lichas ohne Schwierigkeiten Tegea besuchen. Dort traf er einen Schmied, der ein Schwert statt aus Bronze aus Eisen schmiedete. Mit offenem Mund starrte er auf diesen ungewohnten Anblick. «Erstaunt dich diese Arbeit?» rief der freundliche Schmied aus. «Ich habe hier etwas, das dich noch viel mehr in Erstaunen setzen wird! Einen Sarg, sieben Ellen lang! Er beherbergt einen Leichnam von gleicher Länge, den ich unter dem Boden der Schmiede fand, als ich den Brunnen aushob.»

Lichas erriet, daß die im Orakel erwähnten Winde die des Blasebalgs des Schmiedes sein mußten, die prophezeiten Schläge die des Hammers; und das Böse, das auf Bösem liegt, mußte der Hammerkopf sein, der auf das Eisenschwert einschlug – denn das Eisenzeitalter brachte grausame Tage mit sich. Sofort kehrte er mit dieser Neuigkeit nach Sparta zurück, wo ihn die Richter – auf seinen eigenen Vorschlag hin – zum Schein für ein Verbrechen verurteilten. Darauf floh er wie vor einer Exekution nach Tegea und überredete den Schmied, ihn in seiner Schmiede aufzunehmen. Um Mitternacht stahl er die Gebeine aus dem Sarg und eilte nach Sparta zurück. Dort gab er sie in der Nähe des Heiligtums der Schicksalsgöttinnen der Erde zurück. Noch immer kann man das Grab sehen. Seit dieser Tat blieben die Heere Spartas stets über die Tegeer siegreich.

Inzwischen erbte Tisamenos die Länder seines Vaters. Doch wurde er dann von den Söhnen des Herakles aus den Hauptstädten Spartas, Mykenes und Argos' vertrieben und suchte mit seinem Heer Zuflucht in Achaia. Sein Sohn Kometes wanderte nach Asien aus.

6

HERAKLES

Die Geburt des Herakles

Elektryon, Sohn des Perseus, Hochkönig von Mykene und Gemahl der Anaxo, marschierte rachedurstig gegen die Tapher und Teleboer. Diese hatten nämlich an einem erfolgreichen Überfall auf sein Vieh teilgenommen. Er hatte den Tod der acht Söhne Elektryons zur Folge. Während seiner Abwesenheit war sein Neffe, König Amphitryon von Troizen, Regent. «Regiere weise, und kehre ich siegreich zurück, sollst du meine Tochter Alkmene heiraten», sprach Elektryon zum Abschied. Amphitryon, dem der König von Elis mitgeteilt hatte, daß das gestohlene Vieh nun in seinem Besitz sei, zahlte das verlangte hohe Lösegeld und rief Elektryon zurück, das Vieh als das seine zu erkennen. Elektryon freute sich nicht, als er erfuhr, Amphitryon erwarte von ihm, daß er das Lösegeld zurückzahle, und fragte zornig, welches Recht die Eleer denn hätten, gestohlenes Gut zu verkaufen, und warum Amphitryon diesem Betrug zugestimmt hätte. Amphitryon, der es für unter seiner Würde hielt zu antworten, gab seinem Ärger Ausdruck und schleuderte seine Keule auf eine Kuh, die von der Herde fortgelaufen war. Die Keule traf die Hörner, prallte ab und tötete Elektryon. Da wurde Amphitryon von seinem Onkel Sthenelos aus Argolis verbannt.

Amphitryon floh in Begleitung Alkmenes nach Theben, wo König Kreon ihn reinwusch. Seine Schwester Perimede gab er Elektryons einzigem überlebenden Sohn Likymnios zur Gemahlin. Dieser war ein Bastardsohn, den ihm eine phrygische Frau namens Midea geboren hatte. Die gottesfürchtige Alkmene wollte nicht mit Amphitryon schlafen, bevor er nicht den Tod ihrer acht Brüder gerächt hätte. Zu diesem Zweck gab ihm Kreon die Erlaubnis, ein boiotisches Heer aufzustellen. Dann überrannte Amphitryon die Teleboer und Tapher. Ihre Inseln gab er seinen Verbündeten.

Inzwischen hatte Zeus, der sich die Abwesenheit Amphitryons zunutze machte, dessen Gestalt angenommen und war zu Alkmene gegangen, um ihr zu versichern, daß ihre Brüder nun gerächt seien – denn tatsächlich hatte Amphitryon am gleichen Morgen den verlangten Sieg errungen. So lag er bei ihr während einer ganzen Nacht, der er die Länge von drei Nächten gab. Denn Hermes hatte im Auftrag des Zeus dem Helios befohlen, die Sonnenfeuer zu löschen, die Horen seine Pferde ausspannen zu lassen und den folgenden Tag zu Hause zu bleiben, da die Zeugung eines so gewaltigen Helden, wie Zeus es beabsichtigte, ja nicht in Eile geschehen konnte. Dann

gegenüber: *Herakles, Kamee (Archäologisches Museum, Athen)*

befahl Hermes dem Mond, langsam zu gehen, und dem Schlaf, die Menschheit so müde werden zu lassen, daß niemand des Geschehenen gewahr würde. Alkmene, gänzlich getäuscht, lauschte voll Freude dem Bericht des Zeus über die vernichtende Niederlage, die Pterelaos zu Oichaleia erlitten hatte. Voller Unschuld gab sie sich mit ihrem vermeintlichen Gatten während der sechsunddreißig Stunden der Liebe hin. Als Amphitryon am nächsten Tag von seinem Sieg und seiner Leidenschaft für sie erfüllt zurückkehrte, begrüßte ihn Alkmene nicht so überschwenglich auf dem ehelichen Lager, wie er es erwartet hatte. «Nicht einen Augenblick ruhten wir in der letzten Nacht», beklagte sie sich. «Und du erwartest sicherlich nicht von mir, daß ich zweimal die Geschichten deiner Taten anhöre?» Amphitryon konnte diese Bemerkung nicht verstehen und befragte den Seher Teiresias. Dieser sagte ihm, daß er von Zeus hintergangen worden war. Darauf wagte er es nie wieder, mit Alkmene zu schlafen, aus Angst, die göttliche Eifersucht auf sich zu ziehen.

Neun Monate später geschah es auf dem Olymp, daß Zeus sich rühmte, einen Sohn gezeugt zu haben, der nun geboren und Herakles genannt werden würde, was ‹Ruhm der Hera› bedeutet. Er solle über das edle Haus des Perseus herrschen. Da ließ Hera ihn versprechen, daß der Prinz, der dem Hause des Perseus vor Anbruch der Nacht geboren würde, König werden sollte. Als Zeus dies mit einem unwiderruflichen Eid beschwor, machte sich Hera sogleich nach Mykene auf, wo sie die Geburtswehen Nikippes, der Gemahlin des Königs Sthenelos, beschleunigte. Dann eilte sie nach Theben und hockte sich mit gekreuzten Beinen vor Alkmenes Tür, ihre Kleider in Knoten gebunden und die Finger ineinander verkrampft, daß sich die Geburt des Herakles verzögerte, bis Eurystheus, der Sohn des Sthenelos, ein Siebenmonatskind, bereits in der Wiege läge. Als Herakles eine Stunde zu spät das Licht der Welt erblickte, fand man, daß er noch einen Zwillingsbruder namens Iphikles hatte, den Sohn Amphitryons und eine Nacht jünger als Herakles selbst. Herakles wurde zuerst Alkaios oder Palaimon genannt.

Als Hera zum Olymp zurückkehrte und sich kaltblütig rühmte, Eileithyia, die Göttin der Geburt, von Alkmenes Tür ferngehalten zu haben, verfiel Zeus in tobenden Zorn. Er ergriff seine älteste Tochter Ate, die ihn gegenüber Heras Täuschung blind gemacht hatte, und schwor einen heiligen Eid, daß sie nie wieder den Olymp betreten solle. Er ergriff sie an ihrem goldenen Haar und schleuderte sie hinab zur Erde. Obwohl Zeus sein Wort nicht zurücknehmen und Herakles erlauben konnte, das Haus des Perseus zu regieren, überredete er Hera, seinen Sohn einen Gott werden zu lassen, nachdem ihm Eurystheus zwölf Aufgaben gestellt hätte.

Nun war Alkmene von Zeus, ganz im Gegensatz zu seinen früheren Liebesaffären mit Menschen, von Niobe angefangen, nicht so sehr zu seinem Vergnügen erwählt worden, als vielmehr in der Absicht, mit ihr einen Sohn zu zeugen, der stark genug wäre, Götter und Menschen vor Zerstörung zu schützen. Alkmene war die letzte sterbliche Frau, mit der Zeus schlief. Er erwies ihr so hohe Ehren, daß er sich, statt sie grob zu verletzen, der Mühe unterzog, die Gestalt Amphitryons anzunehmen und sie mit zärtlichen Worten und Liebkosungen zu umwerben. Er wußte, daß Alkmene unbestechlich sei: Als er ihr bei Einbruch der Dämmerung einen Becher gab, nahm sie ihn ohne Fragen an; sie glaubte, daß er eine im Sieg erworbene Beute sei.

Die Jugend des Herakles

Da Alkmene Heras Eifersucht fürchtete, setzte sie ihr neugeborenes Kind in einem Feld außerhalb der Stadtmauern Thebens aus. Hierher führte Athene auf Zeus' Veranlassung Hera bei einem gelegentlichen Spaziergang. «Schau, meine Liebe! Was für ein wundervoll kräftiges Kind!» sagte Athene, Überraschung vortäuschend, als sie ihn aufhob. «Seine Mutter muß von Sinnen gewesen sein, ihn in einem steinigen Feld zurückzulassen! Komm, du hast Milch, gib dem armen kleinen Wesen deine Brust!» Ohne weitere Überlegung hob ihn Hera auf und entblößte ihre Brust, an der Herakles mit solcher Kraft zu saugen begann, daß sie ihn im Schmerz von sich warf; ein Strahl von Milch schoß über den Himmel und wurde zur Milchstraße. «Dieses kleine Ungeheuer!» rief Hera aus. Aber jetzt war Herakles unsterblich. Athene brachte ihn mit einem Lächeln zu Alkmene zurück und trug ihr auf, ihn zu behüten und sorgsam aufzuziehen. Auf jeden Fall war Hera, wenn auch nur für kurze Zeit, die Ziehmutter des Herakles. Daher nennen ihn die Thebaner den Sohn Heras und sagen, daß er, bevor sie ihn nährte, Alkaios hieß, ihr zu Ehren aber umbenannt wurde.

Eines Abends, als Herakles acht oder zehn Monate oder vielleicht auch ein Jahr alt und noch immer nicht entwöhnt war, legte Alkmene ihre Zwillinge, nachdem sie sie gewaschen und gesäugt hatte, zur Ruhe; sie legte sie unter eine Lammfelldecke auf den breiten Schild, den Amphitryon von Pterelaos gewonnen hatte. Um Mitternacht sandte Hera zwei blauhäutige Schlangen zum Hause des Amphitryon mit dem strengen Befehl, Herakles zu töten. Als sie sich näherten, öffneten sich die Tore. Sie glitten durch diese hindurch und über den Marmorfußboden in das Kinderzimmer – ihre Augen schossen Flammen, und Gift tropfte von ihren Mäulern.

Die Zwillinge wachten auf und erblickten die Schlangen, die sich mit gespaltenen, hervorgestoßenen Zungen um sie herumwanden – wieder hatte Zeus das Gemach göttlich erleuchtet. Iphikles schrie auf, stieß die Decke von sich und rollte, in dem Versuch zu entfliehen, von dem Schild auf den Fußboden. Seine erschrockenen Schreie und das seltsame Licht, das unter der Tür hervorschien, weckten Alkmene. «Auf mit dir, Amphitryon!» schrie sie. Ohne erst seine Sandalen anzuziehen, sprang Amphitryon von dem Zedernholzbett auf, ergriff sein Schwert, das dicht bei ihm an der Wand hing, und zog es aus seiner glänzenden Scheide. In diesem Augenblick erlosch das Licht im Kinderzimmer. Er schrie zu seinen schlaftrunkenen Sklaven um Lampen und Fackeln und stürzte in das Gemach; Herakles, der keinen Laut ausgestoßen hatte, zeigte ihm stolz die Schlangen, die er gerade erwürgte.

Während Alkmene den erschrockenen Iphikles tröstete, breitete Amphitryon wieder die Decke über Herakles und kehrte in sein Bett zurück. Bei Anbruch der Morgendämmerung, als der Hahn dreimal krähte, rief Alkmene den alten Seher Teiresias und erzählte ihm das Wunder. Teiresias sagte Herakles eine glorreiche Zukunft voraus und riet ihr, trockene Zweige des Stechginsters, des Dornbusches und der Brombeere auf den großen Herd zu streuen, um darauf um Mitternacht die Schlagen zu verbrennen. Am Morgen müsse eine Magd die Asche aufsammeln, sie zu dem Felsen bringen, auf dem die Sphinx saß, sie in alle Winde streuen und ohne zurückzublicken fortlau-

Herakles und Hera, Vasenmalerei
(Britisches Museum, London)

Herakles (Nationalmuseum, Neapel)

fen. Bei ihrer Rückkehr solle der Palast mit Schwefelrauch und salzigem Quellenwasser gereinigt und sein Dach mit Ästen der wilden Olive gekrönt werden. Schließlich solle ein Keiler am Altar des Zeus geopfert werden. All dies tat Alkmene.

Als Herakles ein Jüngling wurde, lehrte ihn Amphitryon die Kunst des Wagenlenkens und wie man die Kurven nimmt, ohne das Ziel zu streifen. Kastor gab ihm Fechtunterricht, lehrte ihn den Gebrauch der Waffen, Reiten, Taktik und die Grundlagen der Strategie. Einer der Söhne des Hermes wurde sein Lehrer im Faustkampf. Eurytos lehrte ihn das Bogenschießen. Herakles übertraf alle Bogenschützen, selbst seinen Freund Alkon, den Vater des Argonauten Phaleros. Dieser konnte durch eine Anzahl von Ringen auf den Helmspitzen einer Reihe von Soldaten hindurchschießen und einen Pfeil spalten, der auf einer Lanze oder einem Schwert in die Höhe gehalten wurde.

Eumolpos unterrichtete Herakles im Singen und im Leierspiel, während ihn Linos, der Sohn des Flußgottes Ismenios, in das Studium der Literatur einführte. Als einst Eumolpos abwesend war, gab ihm Linos auch Unterricht im Leierspiel. Doch Herakles weigerte sich, die von Eumolpos gelernten Grundregeln zu ändern, und als er wegen seiner Starrsinnigkeit geschlagen wurde, tötete er Linos durch einen Schlag mit seiner Leier. Bei dem darauf folgenden Mordprozeß zitierte Herakles ein Gesetz des Rhadamanthys, das gewaltsamen Widerstand gegen einen Angreifer rechtfertigt, und erreichte so seinen eigenen Freispruch. Trotzdem schickte Amphitryon, fürchtend, daß der Knabe aus seinem heftigen Temperament weitere Gewalttaten begehen könnte, ihn auf einen Bauernhof. Dort blieb er bis zu seinem achtzehnten Lebensjahr. Er übertraf alle seine Zeitgenossen an Größe, Schönheit und Mut. Man weiß nicht, wer Herakles in Astronomie und Philosophie unterrichtete, doch war er auch in diesen beiden Wissenschaften beschlagen.

Die Augen des Herakles blitzten feurig; weder mit dem Wurfspeer noch mit dem Pfeil verfehlte er je sein Ziel. Zu Mittag aß er nur wenig; beim Abendessen war sein Leibgericht geröstetes Fleisch und dorischer Gerstenkuchen. Seine Tunika war kurz und einfach; und er verbrachte die Nacht lieber unter den Sternen als im Hause. Eine gründliche Kenntnis der Zeichendeutung ließ ihn besonders das Erscheinen von Geiern willkommen heißen, wenn er eine neue Aufgabe zu erfüllen hatte. «Geier», pflegte er zu sagen, «sind die rechtschaffensten aller Vögel: Kein lebendes Wesen greifen sie an.»

Herakles behauptet, niemals einen Streit angefangen zu haben, sondern er habe seinen Angreifern immer dieselbe Behandlung zukommen lassen, die sie ihm zudachten. Ein gewisser Termeros pflegte Reisende zu töten, indem er sie zu einem Stoßkampf herausforderte; doch der Schädel des Herakles erwies sich als stärker, und er schlug den Schädel des Termeros ein, als ob er ein Ei gewesen wäre. Herakles war von Natur höflich und der erste Sterbliche, der aus eigenem Antrieb seinem Feind die Toten zum Begräbnis übergab.

Die Töchter des Thespios

Im Alter von achtzehn Jahren verließ Herakles den Bauernhof und machte sich daran, den Löwen von Kithairon zu töten. Dieser fügte den Herden des Amphitryon und seines Nachbarn Thespios, des athenischen Erechtheiden, schweren Schaden zu. Der Löwe hatte auch eine Höhle auf dem Berg Helikon, an dessen Fuß die Stadt Thespiai liegt.

König Thespios hatte von seiner Gattin Megamede, der Tochter des Arneus, fünfzig Töchter. Da er fürchtete, daß sie unpassende Ehen schließen könnten, beschloß er, daß jede von ihnen ein Kind von Herakles haben sollte, der sich den ganzen Tag der Löwenjagd hingab. Herakles wohnte nämlich fünfzig Nächte lang in Thespiai. «Du kannst meine älteste Tochter Prokris als deine Bettgenossin haben», bot ihm Thespios gastfreundlich an. Aber jede Nacht besuchte eine andere Tochter Herakles, bis er mit jeder von ihnen geschlafen hatte. Manche sagen jedoch, daß er sich in einer einzigen Nacht aller erfreute, mit Ausnahme einer, die Jungfrau blieb und später als Priesterin an seinem Schrein zu Thespiai diente. Einundfünfzig Söhne hatte er mit ihren Schwestern gezeugt: Prokris, die älteste, gebar ihm die Zwillinge Antileon und Hippeus und die jüngste Schwester ein anderes Zwillingspaar.

Endlich hatte er den Löwen aufgespürt und ihn mit der unbehauenen Keule eines wilden Olivenbaumes, den er auf dem Berg Helikon ausgerissen hatte, getötet. Dann kleidete sich Herakles in das Fell eines Löwen und benutzte die offene Kinnlade als Helm.

Erginos

Einige Jahre vor diesen Ereignissen, während des Poseidon-Festes zu Onchestos, erregte ein kleiner Vorfall den Ärger der Thebaner. In dem nun entstehenden Streit warf der Wagenlenker des Menoikeus einen Stein, der den minyischen König Klymenos tödlich verletzte. Klymenos wurde nach Orchomenos zurückgebracht, wo er sterbend seinen Söhnen befahl, ihn zu rächen. Erginos, der älteste von ihnen, dessen Mutter die boiotische Prinzessin Budeia war, stellte ein Heer auf, marschierte gegen die Thebaner und rieb sie vollständig auf. Auf Grund eines Friedensvertrages, den sie durch Eide bekräftigten, sollten die Thebaner an Erginos zwanzig Jahre lang einen jährlichen Tribut von einhundert Rindern als Sühne für den Tod des Klymenos zahlen.

Herakles stieß bei seiner Rückkehr vom Helikon auf die minyischen Herolde, als sie den Tribut der Thebaner einkassieren wollten. Als er sie nach ihrer Beschäftigung fragte, antworteten sie zornig, sie seien noch einmal gekommen, um die Thebaner an das Mitleid des Erginos zu erinnern, das ihn daran gehindert hätte, Ohren, Nasen und Hände eines jeden Mannes in der Stadt abschneiden zu lassen. «Trägt Erginos wirklich Gelüste nach solchen Tributen?» fragte Herakles voll Ärger – und verstümmelte die Herolde auf die gleiche Weise. Dann sandte er sie nach Orchomenos zurück, die blutigen Teile mit einem Strick um ihren Hals gebunden.

Als Erginos König Kreon zu Theben den Befehl gab, ihm den Urheber dieser Freveltat auszuliefern, hätte dieser nur zu gern gehorcht, denn die Minyer hatten Theben entwaffnet; auch konnte er in einer so üblen Sache nicht auf die freundschaftliche Hilfe seiner Nachbarn hoffen. Doch Herakles überredete seine jungen Kameraden, den Kampf um die Freiheit auf sich zu nehmen. Er machte die Runde durch die Stadttempel und riß alle Schilde, Helme, Brustplatten, Beinschienen, Schwerter und Speere, die dort als Kriegsbeute angebracht waren, herab. So rüstete Herakles alle Thebaner

Die erste Arbeit: Herakles kämpft mit dem Nemeischen Löwen (Museum der University of Pennsylvania)

rechts: *Die zweite Arbeit: Herakles und die Lernaiische Schlange, rotfigurige Vasenmalerei (Britisches Museum, London)*

Die dritte Arbeit: Herakles jagt die Keryneiische Hindin, attische Vasenmalerei (Britisches Museum, London)

wehrfähigen Alters aus, lehrte sie den Gebrauch der Waffen und übernahm selbst den Oberbefehl. Ein Orakel versprach ihm Sieg, wenn der Edelstgeborene Thebens sein eigenes Leben opfere. Alle Augen richteten sich erwartungsvoll auf Antipoinos, einen Abkömmling der ‹Gesäten Männer›. Als er jedoch nicht willens war, für das gemeinsame Wohl zu sterben, opferten sich freudig seine Töchter Androkleia und Alkis an seiner Stelle.

Daraufhin marschierten die Minyer gegen Theben, doch Herakles lauerte ihnen in einem engen Paß auf und tötete Erginos und den größten Teil seiner Hauptleute. Diesen fast allein gewonnenen Sieg nützte er aus, um einen plötzlichen Überfall auf Orchomenos durchzuführen. Dort schlug er die Tore ein, machte den Palast dem Erdboden gleich und zwang die Minyer, einen doppelten Tribut an Theben zu zahlen. Unglücklicherweise kam sein Pflegevater Amphitryon in diesem Gefecht um.

Der Wahnsinn des Herakles

Der Sieg des Herakles über die Minyer machte ihn zum berühmtesten aller Heroen; sein Lohn war, Megara, die älteste Tochter des Königs Kreon, zu heiraten und zum Schutzherrn der Stadt ernannt zu werden, während Iphikles die jüngste Tochter zur Gattin nahm. Herakles hatte zwei Söhne von Megara. Sie sind als die Alkaiden bekannt.

Als nächstes besiegte Herakles Pyraichmos, den König der Euboier, einen Verbündeten der Minyer, der gegen Theben marschierte. Er verbreitete Schrecken über ganz Griechenland, als er befahl, daß des Pyraichmos' Körper von zwei Fohlen in Stücke gerissen und unbegraben am Ufer des Flusses Herakleios liegengelassen werden sollte.

Hera, durch die Ausschreitungen des Herakles erzürnt, strafte ihn mit Wahnsinn. Zuerst griff er seinen geliebten Neffen Iolaos an, den ältesten Sohn des Iphikles. Ihm gelang es, vor diesem wilden Angriff zu entfliehen. Dann hielt er sechs seiner eigenen Kinder für Feinde, schoß sie nieder und warf ihre Körper in ein Feuer – zusammen mit zwei anderen Söhnen des Iphikles, mit denen sie Kriegsübungen durchführten.

Als Herakles wieder zur Besinnung gekommen war, schloß er sich viele Tage lang in einem dunklen Zimmer ein und vermied jeden Umgang mit Menschen. Dann ging er, von König Thespios reingewaschen, nach Delphi, um zu erkunden, was er weiter tun solle. Die Pythia, die ihn zum ersten Male anstatt Palaimon Herakles nannte, gab ihm den Rat, sein Heim zu Tiryns aufzuschlagen, dem Eurystheus zwölf Jahre lang zu dienen und jede ihm gestellte Aufgabe durchzuführen. Als Lohn sollte er unsterblich werden. Bei diesen Worten fiel Herakles in tiefe Verzweiflung, da er es verabscheute, einem Mann, der weit unter ihm stand, zu dienen. Doch hatte er Angst, seinem Vater Zeus den Gehorsam zu verweigern. Viele seiner Freunde kamen, ihn in seiner Not zu trösten; und endlich, als die Zeit ihn etwas mit seinem harten Schicksal ausgesöhnt hatte, stellte er sich Eurystheus zur Verfügung.

Es wurde gesagt, daß Hermes dem Herakles vor Beginn seiner Arbeiten ein Schwert gab, Apollon einen Bogen und glattschaftige, mit Adlerfedern besetzte Pfeile, Hephaistos einen goldenen Brustpanzer und Athene ein Gewand. Athene und Hephaistos, so fügt man hinzu, sollen miteinander gewetteifert haben, Herakles Wohltaten zu erweisen: Athene gab ihm die Freude friedvoller Vergnügungen, Hephaistos Schutz vor den Gefahren des Krieges. Die Gabe des Poseidon war ein Pferdegespann, die des Zeus ein außergewöhnlicher und unzerbrechlicher Schild. Zahlreich waren die Geschichten, die auf diesem Schild in Emaille, Elfenbein, Bernstein, Gold und Lapislazuli eingelegt waren; zwölf Schlangenköpfe, die um den Schild eingeschnitzt waren, entblößten ihre Giftzähne, wenn Herakles in die Schlacht zog, und erschreckten so seine Feinde. Die Wahrheit jedoch ist, daß Herakles jeden Panzer verachtete und nach seiner ersten Arbeit selbst einen Speer selten trug, sich vielmehr auf Keule, Bogen und Pfeile verließ. Er hatte wenig Verwendung für die bronzeköpfige Keule, die Hephaistos ihm gab, und zog es vor, seine eigenen Keulen von der wilden Olive abzuschneiden: die erste auf dem Helikon, die zweite in Nemea. Diese zweite Keule wurde später durch eine dritte ersetzt, die auch von einer wilden Olive an der Küste des Saronischen Meeres geschnitten war: Es ist jene Keule, die er bei seinem Besuch in Troizen gegen die Statue des Hermes lehnte. Sie schlug Wurzeln, trieb neue Äste und ist nun ein stattlicher Baum.

Sein Neffe Iolaos nahm als sein Wagenlenker oder als sein Schildträger an seinen Arbeiten teil.

Die erste Arbeit: Der Nemeische Löwe

Als Herakles nach Tiryns kam, um dort zu wohnen, stellte ihm Eurystheus die erste Arbeit: den Nemeischen Löwen zu töten und sein Fell abzuziehen. Das war ein riesiges Tier mit einem Fell, das gegen Eisen, Bronze und Steine gefeit war.

Als Herakles in Kleonai, das zwischen Korinth und Argos liegt, ankam, übernachtete er im Hause eines Taglöhners oder Schafhirten namens Molorchos, dessen Sohn der Löwe getötet hatte.

Herakles erreichte Nemea um die Mittagszeit; aber da der Löwe die ganze Gegend entvölkert hatte, fand er keinen, der ihm den Weg weisen konnte. Auch konnte er keine Spuren finden. Zuerst suchte er den Berg Apesas ab. Dann erstieg Herakles den Berg Tretos und entdeckte bald den Löwen, der gerade zu seiner Höhle zurückkehrte, befleckt vom Blut der Opfer dieses Tages. Herakles schoß eine Anzahl Pfeile gegen ihn ab, doch prallten sie harmlos von dem dicken Fell ab; der Löwe leckte seine Lippen und gähnte. Als nächstes schlug er mit seinem Schwert nach ihm; doch es bog sich so, als ob es aus Blei wäre. Endlich erhob er seine Keule und versetzte dem Löwen einen solchen Schlag auf das Maul, daß dieser in die Höhle mit den zwei Ausgängen zurückgetrieben wurde. Dabei schüttelte er sein Haupt – jedoch nicht vor Schmerz, sondern weil es ihm in den Ohren dröhnte. Herakles blickte betrübt auf seine zerbrochene Keule, schloß mit einem Netz den einen Eingang der Höhle ab und betrat sie durch den anderen. Da er nun wußte, daß das Ungeheuer gegen alle Waffen gefeit war, begann er mit ihm zu ringen. Der Löwe biß ihm einen Finger ab; doch Herakles umklammerte fest das Haupt des Löwen und drückte so lange seinen Hals zu, bis das Tier erstickte.

Die vierte Arbeit: Eurystheus verbirgt sich in einem Bronzekrug, Miniatur (Archäologisches Museum, Delphi)

Bei der Rückkehr nach Kleonai trug Herakles den toten Löwenkörper auf seinen Schultern. Er fand Molorchos vor, der sich gerade anschickte, ihm ein Heroenopfer darzubringen; statt dessen opferten sie nun gemeinsam dem Retter Zeus. Als dies geschehen war, schnitt sich Herakles eine neue Keule. Nachdem er einige Änderungen bei den Nemeischen Spielen vorgenommen hatte, die bisher zu Ehren des Opheltes gefeiert und nun von ihm wieder dem Zeus gewidmet wurden, brachte er den Kadaver des Löwen nach Mykene. Eurystheus war erstaunt und erschreckt und verbot ihm, je wieder die Stadt zu betreten. In Zukunft sollte er die Früchte seiner Arbeiten außerhalb der Stadttore zeigen.

Zuerst wußte Herakles nicht, wie er dem Löwen das Fell abziehen sollte, bis er durch eine göttliche Eingebung daran dachte, dessen eigene messerscharfe Krallen hierfür zu verwenden. Bald konnte er das undurchdringliche Fell als Panzer tragen und das Haupt als seinen Helm. Inzwischen befahl Eurystheus seinen Schmieden, eine erzene Urne zu formen, die er in der Erde vergrub. Seit damals nahm er, sobald die Ankunft des Herakles angekündigt wurde, in ihr Zuflucht und sandte seine Befehle durch einen Herold – einen Sohn des Pelops, genannt Kopreus, den er von einem Mord reingewaschen hatte.

Die zweite Arbeit: Die Lernaiische Hydra

Als zweite von Eurystheus auferlegte Arbeit sollte Herakles die Lernaiische Hydra töten, ein Ungeheuer, dem Typhon und der Echidne geboren und von Hera als Bedrohung für Herakles aufgezogen.

Lerna liegt an der Küste, fünf Meilen von der Stadt Argos entfernt. Im Westen erhebt sich der Berg Pontios mit seinem bis zum Meeresufer reichenden heiligen Platanenhain. Jedes Jahr werden in Lerna bei Nacht geheime Riten zu Ehren des Dionysos abgehalten, der an dieser Stelle zum Tartaros hinabstieg, als er Semele zurückholte. Und nicht weit von hier werden die Mysterien der Lernaiischen Demeter in einer Umfriedung an der Stelle gefeiert, wo auch Hades und Persephone zum Tartaros hinabstiegen.

Dieses fruchtbare und heilige Gebiet wurde einst von der Hydra bedroht, die ihre Höhle unter einer Platane an der siebenfachen Quelle des Flusses Amymone hatte. Auch die in der Nähe liegenden unergründlichen Lernaiischen Sümpfe machte sie unsicher – manchen Unvorsichtigen wurden sie zum Grab. Die Hydra hatte einen ungeheuren, hundeähnlichen Körper und acht oder neun Schlangenköpfe, von denen einer unsterblich war. Manche sprechen ihr sogar zehntausend Köpfe zu. Auf jeden Fall war sie so giftig, daß ihr Atem oder selbst der Geruch ihrer Spuren Leben zerstören konnte.

Athene hatte sich überlegt, wie Herakles wohl am besten dieses Ungeheuer töten könnte; und als er in Lerna angekommen war, dorthin von Iolaos in seinem Wagen gefahren, zeigte sie ihm die Höhle der Hydra. Er zwang die Hydra hervorzukommen, indem er sie auf Athenes Rat mit Brandpfeilen beschoß, dann seinen Atem anhielt und sie einfing. Aber das Ungeheuer wand sich um seine Füße, um ihn zu Fall zu bringen. Vergeblich schlug er mit seiner Keule auf ihre Häupter ein; kaum war eines zerschmettert, so wuchsen zwei oder mehr an dessen Stelle hervor.

Eine ungeheuerlich große Krabbe schoß aus den Sümpfen hervor, um der

Hydra zu helfen, und biß nach den Beinen des Herakles. Voller Zorn schlug er ihre Panzerschale ein und rief nach Iolaos um Hilfe. Da setzte Iolaos sofort eine Ecke des Hains in Brand, und um die Hydra zu hindern, neue Köpfe hervorzutreiben, versengte er die Wurzeln der abgeschlagenen Häupter mit brennenden Ästen. So gebot er dem Fließen des Blutes Einhalt. Jetzt benutzte Herakles ein Schwert oder einen Dolch, um das unsterbliche Haupt abzuschlagen, von dem ein Teil aus purem Gold war. Als er es unter einem Felsen am Rand der Straße nach Elaios begrub, zischte es noch immer. Er nahm die Eingeweide aus dem toten Körper und tauchte seine Pfeile in die Galle. Von nun an war die kleinste Wunde von einem dieser Pfeile unweigerlich tödlich.

Als Lohn für den Dienst der Krabbe setzte Hera ihr Bild unter die zwölf Zeichen des Tierkreises. Doch Eurystheus wollte diese Arbeit nicht als erfüllt betrachten, denn Iolaos hatte die feurigen Äste herbeigebracht.

Die dritte Arbeit: Die Keryneiische Hindin

Herakles' dritte Arbeit war es, die Keryneiische Hindin einzufangen und sie lebend von Oinoi nach Mykene zu bringen. Dieses schnelle, gefleckte Wesen hatte bronzene Hufe und goldene Hörner wie ein Bock, so daß manche es einen Bock nennen. Sie war der Artemis geweiht, die als Kind fünf Hindinnen, größer als Bullen, sah, die am Ufer des dunkelsteinigen thessalischen Flusses Anauros am Fuß des Parrhasischen Gebirges ästen; die Sonne glitzerte auf ihren Hörnern. Sie verfolgte sie und fing vier, eine nach der anderen, mit ihren eigenen Händen und zäumte sie an ihren Wagen; die fünfte floh über den Fluß Keladon zu den Keryneiischen Hügeln – wie es Hera, bereits Aufgaben für Herakles im Sinn, beabsichtigt hatte.

Um zu vermeiden, daß die Hindin getötet oder verwundet würde, vollbrachte Herakles diese Arbeit ohne die geringste Anwendung von Gewalt. Unermüdlich jagte er sie ein ganzes Jahr lang. Diese Jagd führte ihn bis nach Istrien und zum Land der Hyperboreer. Als sie endlich erschöpft Zuflucht auf dem Berg Artemision suchte und von dort zum Fluß Ladon hinabstieg, ließ Herakles einen seiner Pfeile los und heftete mit ihm ihre Vorderläufe zusammen. Da er zwischen Knochen und Sehnen hindurchging, floß kein Blut. Dann fing er sie ein, legte sie über seine Schulter und eilte durch Arkadien zurück nach Mykene. Artemis kam Herakles entgegen und machte ihm Vorwürfe, ihr heiliges Tier mißbraucht zu haben. Er aber verteidigte sich mit der Notwendigkeit und legte alle Schuld auf Eurystheus. So wurde ihr Ärger besänftigt, und sie ließ ihn die Hindin lebend nach Mykene bringen.

Die vierte Arbeit: Der Erymanthische Keiler

Als vierte Arbeit wurde Herakles auferlegt, den Erymanthischen Eber lebend zu fangen: ein wildes, ungeheuer großes Tier, das die zypressenbedeckten Hänge des Berges Erymanthos und die Dickichte des arkadischen Berges Lampeia unsicher machte und das Land um Psophis verwüstete.

Herakles, der auf seinem Weg nach Erymanthos durch Pholoë zog – wo er einen gewissen Sauros, einen grausamen Banditen, tötete –, wurde von dem Kentauren Pholos, den eine der Eschennymphen dem Silenos geboren hatte,

Die vierte Arbeit: Herakles bringt den Erymanthischen Keiler, Vasenmalerei (Britisches Museum, London)

gastfreundlich aufgenommen. Pholos setzte Herakles gebratenes Fleisch vor, selbst aber zog er rohes vor. Doch wagte es Pholos nicht, den Weinkrug, ein gemeinsames Gut der Kentauren, zu öffnen, als Herakles ihn daran erinnerte, daß es gerade dieser Krug war, den Dionysos vor vier Generationen in der Höhle für diese Gelegenheit zurückgelassen hatte. Als die Kentauren den starken Wein rochen, wurden sie von Zorn erfaßt. Bewaffnet mit großen Felsbrocken, ausgerissenen Fichten, Feuerbränden und Fleischeräxten, stürmten sie auf die Höhle des Pholos zu. Während sich Pholos voller Schrecken versteckte, verjagte Herakles kühn Ankios und Agrios, die ersten beiden Angreifer, mit einem Hagel von Feuerbränden. Da ließ Nephele, die wolkige Großmutter der Kentauren, einen heftigen Regen herabstürzen, der die Bogensehne des Herakles erweichte und den Boden schlüpfrig machte. Er jedoch erwies sich seiner früheren Taten würdig und tötete einige Kentauren, unter ihnen Oreus und Hylaios. Die übrigen flohen bis Malea, wo sie bei ihrem König Cheiron, der von den Lapithern vom Berg Pelion vertrieben worden war, Zuflucht suchten.

Einer der Pfeile vom Bogen des Herakles war durch den Arm des Elatos gedrungen und blieb schwirrend im Knie des Cheiron stecken. Entsetzt über diesen Unfall seines alten Freundes, zog Herakles den Pfeil heraus. Doch obwohl Cheiron selbst die Heilmittel zum Verbinden seiner Wunde zur Verfügung stellte, waren sie ohne Wirkung, und er zog sich, vor Schmerzen heulend, in seine Höhle zurück. Er konnte aber nicht sterben, denn er war unsterblich. Später erbot sich Prometheus, die Unsterblichkeit statt seiner auf sich zu nehmen; und Zeus hieß dies gut.

Herakles machte sich jetzt auf, den Keiler am Fluß Erymanthos zu jagen. Ein so wildes Tier lebend zu fangen war eine Aufgabe von ungewöhnlicher

Schwierigkeit. Er trieb es mit lauten Rufen aus einem Dickicht, jagte es in einen tiefen Schneehaufen und sprang auf seinen Rücken. Dann band er es mit Ketten und trug es auf seinen Schultern lebend nach Mykene. Als er aber hörte, daß sich die Argonauten für ihre Reise nach Kolchis sammelten, ließ er den Keiler draußen auf dem Marktplatz fallen, und statt auf weitere Befehle des Eurystheus zu warten, der sich in seinem bronzenen Krug versteckt hatte, machte er sich mit Hylas auf, um sich der Expedition anzuschließen. Man weiß nicht, wer den gefangenen Keiler tötete, aber seine Hauer sind im Apollon-Tempel zu Cumae aufbewahrt.

Die fünfte Arbeit: Die Ställe des Augeias

Herakles' fünfte Arbeit bestand darin, den verschmutzten Viehstall des Augeias an einem Tag zu reinigen. Mit Schadenfreude stellte sich Eurystheus vor, wie Herakles voll Ekel den Mist in Körbe laden und ihn auf seinen Schultern forttragen müßte. Augeias, König von Elis, war der Sohn des Helios oder Eleios und der Naupiadame, einer Tochter des Amphidamas. Andere nennen ihn einen Sohn des Poseidon. Er war in seinen Tagen der an Vieh- und Schafherden reichste Mann der Erde: Denn durch einen göttlichen Beschluß waren seine Herden gegen Krankheit und Unfruchtbarkeit geschützt und hatten nie eine Mißgeburt. Obwohl sie fast jedes Mal weibliche Nachkommen hervorbrachten, hatte er trotzdem dreihundert weißfüßige schwarze und zweihundert rote Zuchtbullen, außerdem zwölf hervorragende silberweiße, seinem Vater Helios geweihte Bullen. Diese zwölf verteidigten seine Herden gegen wilde Tiere von den bewaldeten Hügeln.

Nun war der Mist im Viehstall des Augeias schon jahrelang nicht weggeräumt worden, und wenn auch sein aufdringlicher Gestank die Tiere selbst nicht störte, verbreitete er doch eine Pestilenz über den ganzen Peloponnes. Außerdem waren die Talweiden so tief mit Mist bedeckt, daß sie nicht mehr gepflügt und bestellt werden konnten.

Herakles rief von weitem nach Augeias und übernahm es, den Viehstall noch vor Anbruch der Nacht gegen Überlassung von einem Zehntel des Viehs zu reinigen. Augeias lachte ungläubig und rief seinen ältesten Sohn Phyleus als Zeugen für das Angebot des Herakles herbei. «Schwöre, daß du die Aufgabe noch vor Anbruch der Nacht erfüllen wirst», verlangte Phyleus. Der Eid, den Herakles nun beim Namen seines Vaters schwor, war der erste und letzte seines Lebens. Augeias beeidete gleicherweise, seinen Teil des Abkommens einzuhalten.

Auf Anraten des Eleers Menedemos und mit Hilfe des Iolaos öffnete Herakles erst die den Hof umgebende Mauer an zwei Stellen und leitete die benachbarten Flüsse Alpheus und Peneis derart ab, daß ihr Wasser durch den Hof stürzte und ihn reinschwemmte. Dann ging er daran, die Schafställe und das Weideland im Tal zu säubern. So vollendete Herakles diese Arbeit an einem einzigen Tag und machte das Land wieder gesund, ohne auch nur seinen kleinen Finger zu beschmutzen. Aber als Augeias von Kopreus erfuhr, daß Herakles bereits von Eurystheus den Befehl erhalten hatte, die Viehställe zu reinigen, weigerte er sich, den Lohn zu zahlen, und wagte sogar abzustreiten, daß er und Herakles eine Wette abgeschlossen hätten.

Herakles schlug daraufhin vor, den Fall einem Schiedsgericht zu unterbreiten. Doch als die Richter Platz genommen hatten und Phyleus, der von Herakles als Zeuge gerufen war, die Wahrheit bezeugte, sprang Augeias zornentbrannt auf, verbannte sie beide von Elis und behauptete, daß er von Herakles betrogen worden sei, denn die Flußgötter und nicht er hätten die Arbeit getan. Um aber das Ganze noch ärger zu machen, weigerte sich Eurystheus, diese Arbeit als eine der zehn anzuerkennen, denn Herakles stand in einem Dienstverhältnis bei Augeias.

Die sechste Arbeit: Die Stymphalischen Vögel

Es war Herakles' sechste Arbeit, die zahllosen bronzeschnabligen, bronzeklauigen, bronzegeflügelten und männerverzehrenden Vögel, die dem Ares geweiht waren, zu vertreiben. Sie waren von den Wölfen der Wolfsschlucht an der orchomenischen Straße in Schrecken versetzt worden und hatten sich dann in den Stymphalischen Sümpfen niedergelassen. Hier vermehrten sie sich, wateten am Ufer des Flusses gleichen Namens und flogen manchmal in großen Scharen auf, um Männer und Tiere zu töten: Sie ließen einen Schauer bronzener Federn fallen und gaben zur gleichen Zeit einen giftigen Auswurf von sich, der die Ernten zum Welken brachte.

Als er an dem von dichten Wäldern umgebenen Sumpf ankam, fand er sich außerstande, die Vögel mit seinen Pfeilen zu verjagen; sie waren zu zahlreich.

Die sechste Arbeit: Herakles und die Stymphalischen Vögel, Vasenmalerei (Britisches Museum, London)

Auch schien der Sumpf weder fest genug, einen Mann zu tragen, noch flüssig genug, um den Gebrauch eines Bootes möglich zu machen. Als Herakles unentschlossen am Ufer stand, gab ihm Athene ein Paar bronzener Kastagnetten, die Hephaistos gemacht hatte; doch vielleicht war es nur eine Klapper. Herakles stand auf dem Gipfel des Berges Kyllene, der den Sumpf überragt, schüttelte die Kastagnetten oder die Klapper und machte solch einen Lärm, daß sich die Vögel, wahnsinnig vor Schrecken, in großen Scharen in die Luft erhoben. Er schoß Unmengen von ihnen nieder, als sie zur Insel Ares im Schwarzen Meer flogen, wo sie nachher von den Argonauten gefunden wurden.

Die siebente Arbeit: Der Kretische Stier

Eurystheus befahl Herakles, als siebente Arbeit den Kretischen Stier einzufangen, den Minos dem Poseidon als Opfer vorenthielt und der mit Pasiphaë den Minotauros zeugte. Zu dieser Zeit verwüstete er das kretische Land

Als Herakles nach Kreta segelte, bot ihm Minos jede in seiner Macht stehende Hilfe an. Er aber zog es vor, den Stier allein einzufangen, trotz der versengenden Flammen, die jener schnaubte. Nach einem langen Kampf brachte er das Ungeheuer nach Mykene, wo Eurystheus es der Hera weihte und freisetzte. Hera jedoch verabscheute eine Gabe, die den Ruhm des Herakles noch vermehrte, und trieb den Stier zuerst nach Sparta, dann wieder zurück durch Arkadien und über den Isthmos zum attischen Marathon, von wo ihn Theseus später nach Athen als ein Opfer für Athene brachte.

Die achte Arbeit: Die Mähren des Diomedes

Eurystheus befahl Herakles als achte Arbeit, die vier wilden Mähren des thrakischen Königs Diomedes zu fangen – man streitet sich darüber, ob er ein Sohn des Ares und der Kyrene war oder aus einer blutschänderischen Beziehung zwischen Asteriё und ihrem Vater stammte. Dieser regierte die kriegerischen Bistoner, und seine Ställe in der nun verschwundenen Stadt Tirida waren der Schrecken Thrakiens. Diomedes hielt die Mähren mit eisernen Ketten an bronzene Krippen gefesselt und fütterte sie mit dem Fleisch seiner ahnungslosen Gäste.

Herakles segelte mit einer Anzahl Freiwilliger nach Thrakien und besuchte auf dem Weg seinen Freund, König Admetos von Pherai. Als er in Tirida ankam, überwältigte er die Diener des Diomedes und trieb die Mähren hinunter zum Meer, wo er sie auf einem kleinen Hügel der Aufsicht seines Lieblings Abderos überließ. Dann wandte er sich um, die Bistoner, die in Verfolgung heranstürzten, zurückzuschlagen. Obwohl der Feind seinen eigenen Leuten zahlenmäßig weit überlegen war, besiegte er sie, indem er klugerweise einen Kanal schnitt: Jetzt konnte das Meer die tiefer liegende Ebene überfluten. Als sie sich zur Flucht wandten, verfolgte er sie, betäubte Diomedes mit einem Hieb seiner Keule, zog seinen Körper um den neu gebildeten See und legte ihn seinen eigenen Mähren zum Fraß vor, die von seinem noch lebenden Fleisch rissen. Da nun ihr Hunger vollständig gestillt war – während Herakles fortgewesen war, hatten sie auch Abderos verschlungen –, konnte er sie ohne viel Mühe bändigen.

Die siebente Arbeit: Herakles fängt den Kretischen Stier, Vasenmalerei (Britisches Museum, London)

rechts: *Die achte Arbeit: Herakles schirrt die Mähren des Diomedes an*

Die neunte Arbeit: Der Gürtel der Hippolyte

Herakles' neunte Arbeit bestand darin, für Admete, die Tochter des Eurystheus, den goldenen Gürtel des Ares zu holen, der von der Amazonenkönigin Hippolyte getragen wurde. Er nahm ein Schiff und eine Schar Freiwilliger, unter ihnen Iolaos, Telamon von Aigina, Peleus von Iolkos und nach einigen Berichten auch Theseus von Athen, und segelte zum Fluß Thermodon.

Die Amazonen waren Kinder des Ares und der Naiade Harmonia, die in den Tälern des akmonischen Phrygien geboren waren. Es wird aber auch behauptet, ihre Mutter sei Aphrodite gewesen oder Otrere, die Tochter des Ares. Zuerst lebten sie am Amazonenfluß, der nun nach Tanais, einem Sohn der Amazone Lysippe, genannt wird. Dieser beleidigte Aphrodite dadurch, daß er das Heiraten verachtete und sich nur dem Krieg hingab. Als Rache ließ Aphrodite Tanais sich in seine Mutter verlieben; aber bevor er sich zu einer blutschänderischen Leidenschaft hinreißen ließ, warf er sich in den Fluß und ertrank. Um den Vorwürfen seines Geistes zu entfliehen, führte Lysippe ihre Töchter entlang der Küste des Schwarzen Meeres zu einer Ebene am Fluß Thermodon, der in den hohen amazonischen Bergen entspringt. Dort brachten sie drei Stämme hervor, von denen jeder eine Stadt gründete.

Damals, wie auch jetzt, rechneten die Amazonen ihre Abkunft nur von der Mutter. Lysippe hatte das Gesetz festgelegt, daß die Männer die Hausarbeiten ausführen müßten, während die Frauen kämpften und regierten. Deshalb wurden die Arme und Beine der kleinen Knaben gebrochen, um sie für Krieg und Reise untauglich zu machen. Diese unnatürlichen Frauen, die die Skyther Oiorpata nennen, besaßen keine Achtung vor Gerechtigkeit oder Anstand. Sie waren berühmte Krieger, die ersten, die Pferde im Kampf verwendeten. Sie trugen bronzene Bogen und kurze Schilde, die wie ein Halbmond geformt waren. Ihre Helme, Kleider und Gürtel wurden aus den Fellen wilder Tiere hergestellt. Bevor Lysippe im Kampf fiel, baute sie die große Stadt Themiskyra und besiegte jeden Stamm bis zum Fluß Tanais. Mit der Beute ihrer Kriege errichtete sie Tempel dem Ares und der Artemis Tauropolos zu Ehren und führte deren Anbetung ein. Ihre Nachkommen erweiterten das Amazonenreich westwärts über den Fluß Tanais bis nach Thrakien und an der südlichen Küste westwärts über den Thermodon bis nach Phrygien. Drei berühmte Amazonenköniginnen, Marpesia, Lampado und Hippo, eroberten einen großen Teil Kleinasiens und Syriens und gründeten die Städte Ephesos, Smyrna, Kyrene und Myrine.

Als die Amazonen bei diesem Unternehmen Troia eroberten, war Priamos noch ein Kind. Aber während Teile des Amazonenheeres heimzogen, beladen mit ungeheuren Mengen von Beute, wurde der Rest, der zur Festigung ihrer Macht in Kleinasien zurückgeblieben war, von verbündeten Barbarenstämmen vertrieben. Dabei verloren sie ihre Königin Marpesia.

Zur Zeit, als Herakles die Amazonen besuchte, waren sie alle zum Fluß Thermodon zurückgekehrt; ihre drei Städte wurden von Hippolyte, Antiope und Melanippe regiert. Auf seiner Reise besuchte er auch die Insel Paros, die wegen ihres Marmors berühmt war und die König Rhadamanthys einem gewissen Alkeus, einem Sohn des Androgeus, verliehen hatte. Vier der Söhne des Minos, Eurymedon, Chryses, Nephalion und Philolaos, hatten sich auch dort niedergelassen. Als einige der Mannschaft des Herakles dort landeten, um Wasser zu holen, wurden sie von den Söhnen des Minos ermordet. Herakles tötete voller Empörung alle vier und bedrängte die Parer so hart, daß sie Gesandte mit dem Angebot schickten, er könne als Sühne für die toten Seeleute zwei ihrer Männer als Sklaven für sich aussuchen. Zufrieden mit diesem Vorschlag, hob Herakles die Belagerung auf und wählte König Alkeus und seinen Bruder Sthenelos, die er mit sich aufs Schiff nahm. Dann segelte er durch den Hellespont und den Bosporos nach Mariandyne in Mysien, wo er von König Lykos, dem Paphlagoner, einem Sohn des Daskylos und Enkel des Tantalos, gastfreundlich aufgenommen wurde. Aus Dankbarkeit unterstützte er Lykos in einem Krieg mit den Bebrykern, wobei er viele, einschließlich ihres Königs Mygdon, des Bruders des Amykos, tötete und einen großen Teil des paphlagonischen Landes von den Bebrykern zurückeroberte. Er gab es dem Lykos zurück, der es ihm zu Ehren Herakleia nannte. Später wurde Herakleia von den Megarern und Tanagern auf den Rat der Delphischen Pythia kolonisiert, die ihnen aufgetragen hatte, eine Kolonie am Ufer des Schwarzen Meeres zu errichten, in einem Gebiet, das Herakles geweiht war.

Als Herakles an der Mündung des Flusses Thermodon ankam, warf er Anker im Hafen von Themiskyra, wo Hippolyte ihn besuchte und ihm, berauscht von seinem kräftigen Körper, den Gürtel des Ares als Liebesgabe anbot. Inzwischen aber war Hera in Verkleidung einer Amazone herumgegangen und hatte das Gerücht verbreitet, daß diese Fremdlinge Hippolyte entführen wollten. Darauf bestiegen die erzürnten Kriegerinnen ihre Pferde

Die neunte Arbeit: Eine Amazone, Bronze (Britisches Museum, London)

und griffen das Schiff an. Herakles, der Verrat fürchtete, tötete Hippolyte, entfernte ihren Gürtel, ergriff ihre Axt und andere Waffen und bereitete sich zur Verteidigung vor. Er tötete die Amazonenführerinnen eine nach der anderen und schlug ihr Heer nach einem großen Gemetzel in die Flucht.

Bei seiner Rückkehr von Themiskyra kam Herakles wieder nach Mariandyne und nahm an den Begräbnisspielen des Priolas, des Bruders von König Lykos, teil, der von den Mysern getötet worden war. Herakles kämpfte im Faustkampf gegen den mariandynischen Meister Titias, schlug ihm alle Zähne ein und tötete ihn mit einem Schlag auf die Schläfe. Zum Beweis, daß er diesen Unfall bedaure, unterwarf er für Daskylos die Maser und die Phryger. Er unterjochte aber auch die Bithyner und beanspruchte ihr Königreich bis an die Mündung des Flusses Rhebas und den Gipfel des Berges Kolone für sich selbst. Die Paphlagoner des Pelops unterwarfen sich ihm freiwillig. Kaum war Herakles jedoch fortgezogen, als die Bebryker unter Amykos, dem Sohn des Poseidon, wieder Lykos seines Landes beraubten und ihre Grenzen bis zum Fluß Hypios ausdehnten.

Von dort segelte Herakles nach Troia und rettete Hesione vor einem Seeungeheuer. Dann setzte er seine Reise nach dem thrakischen Ainos fort, wo er von Poltys bewirtet wurde. Gerade als er sich wieder aufmachen wollte, erschoß er auf dem ainischen Strand Sarpedon, den unverschämten Bruder des Poltys, einen Sohn des Poseidon. Als nächstes unterwarf er die Thraker, die sich in Thasos niedergelassen hatten, und gab die Insel den Söhnen des

Androgeus, die er von Pharos entführt hatte. Zu Torone wurde er von Polygonos und Telegonos, den Söhnen des Proteus, zu einem Ringkampf aufgefordert; dabei tötete er beide.

Endlich kehrte er nach Mykene zurück und gab den Gürtel dem Eurystheus, der ihn wiederum Admete schenkte. Von den anderen Beutestücken, die er den Amazonen fortgenommen hatte, gab er die reichen Gewänder dem Tempel des Apollon zu Delphi und die Axt der Hippolyte der Königin Omphale, die sie mit den heiligen Krönungsinsignien der lydischen Könige einschloß. Schließlich wurde die Axt in einen karischen Tempel des Labradeischen Zeus gebracht und dort in die Hände seiner göttlichen Statue gelegt.

Die zehnte Arbeit: Das Vieh des Geryon

Als zehnte Arbeit sollte Herakles, ohne irgendwelche Forderungen zu stellen oder Bezahlung zu verlangen, das berühmte Vieh des Geryon von Erytheia, einer Insel in der Nähe des Okeanstromes, holen. Geryon, ein Sohn des Chrysaor und der Kallirrhoë, einer Tochter des Titanen Okeanos, war König von Tartessos in Spanien und hatte den Ruf, der stärkste lebende Mann zu sein. Er war mit drei Köpfen, sechs Händen und drei Körpern, die an der Hüfte verbunden waren, geboren worden. Geryons weidendes rotes Vieh wurde von dem Hirten Eurytion, einem Sohn des Ares, gehütet und von dem doppelköpfigen Wachhund Orthros – früher im Besitz des Atlas –, der von Typhon und Echidne abstammte.

Während seines Zuges durch Europa erlegte Herakles viele wilde Tiere. Als er endlich Tartessos erreichte, errichtete er zwei Säulen auf den gegenüberliegenden Ufern der Meerenge, eine in Europa, die andere in Afrika. Manche glauben, daß die beiden Kontinente früher miteinander verbunden gewesen waren und daß Herakles entweder zwischen ihnen einen Kanal grub oder die Klippen voneinander trennte; andere behaupten das Gegenteil: daß er die schon bestehende Meerenge verkleinerte, um den Durchzug von Walfischen und anderen Seeungeheuern zu verhindern.

Helios strahlte auf Herakles herab. Da es unmöglich war, in dieser Hitze zu arbeiten, spannte er seinen Bogen und schoß einen Pfeil auf den Gott ab. «Genug damit!» rief Helios ärgerlich aus. Da entschuldigte sich Herakles wegen seines Jähzorns und entspannte sofort seinen Bogen. Helios, der sich von Herakles nicht an Höflichkeit übertreffen lassen wollte, lieh ihm seinen goldenen Pokal, der wie eine Wasserlilie geformt war. In diesem segelte Herakles nach Erytheia. Doch der Titan Okeanos, der ihn auf die Probe stellen wollte, ließ den Pokal heftig auf den Wellen schwanken. Wieder zog Herakles seinen Bogen, wodurch Okeanos erschrak und das Meer beruhigte.

Bei seiner Ankunft erstieg er den Berg Abas. Der Hund Orthros stürzte sich bellend auf ihn, aber die Keule des Herakles schlug ihn nieder. Eurytion, der Hirt des Geryon, starb auf die gleiche Weise, als er Orthros zu Hilfe eilte. Dann machte sich Herakles daran, das Vieh wegzutreiben. Menoites, der das Vieh des Hades in der Nähe weidete, brachte die Nachricht zu Geryon. Dieser forderte Herakles zum Kampf heraus. Herakles lief zur Flanke des Geryon und schoß einen einzigen Pfeil durch alle seine drei Körper. Als Hera Geryon zu Hilfe eilte, verwundete Herakles die rechte Brust der Göttin mit einem

Pfeil, worauf sie entfloh. So eroberte er das Vieh ohne Forderung oder Bezahlung. Er machte sich wieder in seinem goldenen Pokal auf, mit dem er nach Tartessos segelte. Hier gab er ihn dankbar dem Helios zurück. Dem Blut Geryons entsprang ein Baum, der, wenn sich die Pleiaden erheben, kernlose, kirschenähnliche Früchte trägt.

Man ist sich nicht einig darüber, wie Herakles das Vieh nach Mykene trieb. Aber nach einem wahrscheinlich klingenden Bericht zog er durch das heutige Abdera, eine phoinikische Siedlung, und dann durch Spanien, wo er einige seiner Gefolgsleute als Siedler zurückließ. In den Pyrenäen umwarb und begrub er die bebrykische Prinzessin Pyrene; von ihr leitet sich der Name dieser Bergkette ab. Dann besuchte er Gallien und schaffte dort die barbarische eingeborene Sitte ab, Fremdlinge zu töten. Durch seine großzügigen Taten gewann er so viele Freunde, daß er eine große Stadt gründen konnte, die er Alesia oder ‹Wandern› zum Andenken an seine Reisen nannte. Bis zu diesem Tag verehren die Gallier Alesia als den Herd und die Mutterstadt ihres ganzen Landes. Sie behaupten, aus der Verbindung des Herakles mit einer hochgewachsenen Prinzessin namens Galata abzustammen, die ihn als ihren Liebhaber erwählte und dieses kriegerische Volk hervorbrachte.

Als Herakles das Vieh des Geryon durch Ligurien trieb, versuchten zwei Söhne des Poseidon, Ialebion und Derkynos, ihm das Vieh zu stehlen; beide wurden getötet. Während des Kampfes mit den feindlichen ligurischen Heeren gingen Herakles seine Pfeile aus. Da kniete er verwundet und erschöpft nieder und weinte. Der Boden war weich, er fand keine Steine, die er auf die Feinde werfen konnte, deren Führer Ligys, der Bruder des Ialebion, war. Zeus, den seine Tränen zu Mitleid rührten, überschattete die Erde mit einer Wolke, aus der er Steine regnen ließ. Mit diesen trieb er die Ligurer in die Flucht. Zeus setzte ein Bild des Herakles, der die Ligurer bekämpft, unter die Sterne. Es ist als die Konstellation Engonasis (‹der auf den Knien›) bekannt. Auf Erden erinnert noch ein anderes Denkmal an diese Schlacht: und zwar die breite, runde Ebene, die zwischen Marseille und der Mündung der Rhône liegt, fünfzig Meilen vom Meer entfernt. Sie wird ‹die steinige Ebene› genannt, denn sie ist mit Steinen von der Größe einer Mannesfaust übersät. Auf ihr entspringen Salzquellen.

Bei seinem Zug über die Ligurischen Alpen baute Herakles eine Straße für sein Heer und für die Gepäckzüge; bevor er das Land diesseits der Alpen, das heute Gallien genannt wird, und Etrurien betrat, vernichtete er alle Räuberbanden, die den Paß unsicher machten. Erst nachdem er die ganze Küste Italiens entlanggezogen war und nach Sizilien übergesetzt hatte, kam ihm der Gedanke: ‹Ich habe den falschen Weg genommen!› Die Römer sagen, daß er, als er den Albula erreichte – der nachher der Tiber genannt wurde –, von König Euander, einem Verbannten aus Arkadien, willkommen geheißen wurde. Am Abend schwamm er über den Fluß, trieb das Vieh vor sich her und legte sich auf einem Grasbett zur Ruhe. In einer tiefen Höhle in der Nähe lebte ein riesig großer, schrecklich anzusehender dreiköpfiger Schafhirt namens Kakos, der ein Sohn des Hephaistos und der Medusa war, der Schreck und die Schande des Aventinischen Forstes. Aus seinen drei Mäulern schnaubte er Flammen. Menschliche Schädel und Arme hingen an Nägeln über dem Türstock seiner Höhle, und innen leuchtete der Boden weiß von den

gegenüber oben:
Die zehnte Arbeit: Herakles holt das Vieh des Geryon, attischer Becher (Antikensammlung, München)

gegenüber unten:
Die zehnte Arbeit: Herakles und Geryon, attischer Becher (Louvre, Paris)

Knochen seiner Opfer. Während Herakles schlief, stahl Kakos die zwei schönsten seiner Stiere und auch vier Kühe, die er an ihren Schwänzen rückwärts in seine Höhle zog.

Beim ersten Anzeichen der Morgendämmerung erwachte Herakles und bemerkte sofort das Fehlen des Viehs. Nach vergeblichem Suchen wollte er den Rest weitertreiben, als eine der gestohlenen Kühe hungrig muhte. Herakles bemerkte, daß der Ton aus der Höhle kam, fand aber den Eingang von einem Felsen verschlossen, den zwanzig Ochsen kaum bewegen konnten. Trotzdem schob er ihn beiseite, als ob er ein Kieselstein gewesen wäre. Unerschrocken vor den rauchigen Flammen, die Kakos gegen ihn spie, ergriff er ihn, und mit ihm ringend schlug er seine Gesichter, bis sie unkenntlich waren.

Mit Hilfe des Königs Euander baute dann Herakles dem Zeus einen Altar, opferte ihm einen der wiedergefundenen Stiere und veranlaßte dann seine eigene Anbetung. Laut den Römern befreite Herakles König Euander von dem Tribut an die Etrusker. Er tötete König Faunus, dessen Eigenheit es war, Fremdlinge auf dem Altar seines Vaters Hermes zu opfern. Mit der Witwe des Faunus oder mit einer seiner Töchter zeugte er Latinus, den Vorfahren der Lateiner. Man nimmt auch an, daß Herakles Pompeji und Herculaneum gründete und daß er die Riesen auf der Phlegraeischen Ebene von Cumae bekämpfte. Er soll auch einen Weg, der eine Meile lang ist, heute die Straße des Herakles genannt, über den Lukrinischen Golf erbaut haben. Über diesen trieb er das Vieh des Geryon.

Es wird weiter gesagt, daß er sich in der Nähe der Grenze von Rhegium und dem epizephyrischen Lokris zur Ruhe legte. An diesem Tag brach ein Stier aus der Herde aus, stürzte sich ins Meer und schwamm nach Sizilien. Herakles machte sich an die Verfolgung und fand den Stier unter den Herden des Eryx versteckt, des Königs der Elymanen, eines Sohnes der Aphrodite und des Butes. Eryx, der ein Ringer und Faustkämpfer war, forderte ihn zum Fünfkampf auf. Herakles nahm die Herausforderung unter einer Bedingung an: Eryx sollte sein Königreich gegen den entlaufenen Stier setzen. Herakles gewann die ersten vier Wettkämpfe. Endlich im Ringkampf hob er Eryx hoch in die Luft, warf ihn zu Boden und tötete ihn. Die Sizilianer lernten daraus, daß nicht jeder von einer Göttin Geborene auch notwendigerweise unsterblich sein muß. Auf diese Weise gewann Herakles das Königreich des Eryx. Er überließ es zu ihrer Freude den Einwohnern so lange, bis einer seiner eigenen Abkömmlinge es für sich beanspruchen würde.

Herakles setzte seinen Weg durch Sizilien fort und kam an den Ort, wo heute die Stadt Syrakus steht. Dort brachte er Opfer dar und führte die jährlichen Festspiele in der Nähe des heiligen Abgrundes von Kyane ein, durch den Hades Kore in die Unterwelt entführte. Allen, die Herakles in der Ebene von Leontini Ehre erwiesen, hinterließ er unvergängliche Andenken. In der Nähe der Stadt Agyrium wurden die Hufabdrücke seines Viehs auf einer steinigen Straße gefunden, als wäre diese aus Wachs gewesen. Herakles, dies für eine Ankündigung seiner eigenen Unsterblichkeit haltend, nahm von den Einwohnern die von ihm bisher abgelehnten göttlichen Ehren an. Zur Belohnung grub er einen See außerhalb der Stadtmauern, fast sechs Meilen im Umfang, und errichtete örtliche Heiligtümer des Iolaos und des Geryon.

Auf der Suche nach einem anderen Weg nach Griechenland kehrte Herakles nach Italien zurück, trieb sein Vieh entlang der östlichen Küste und beabsichtigte, es durch Istrien nach Epeiros und von dort über den Isthmos zum Peloponnes zu treiben. Aber am nördlichen Ende des Adriatischen Golfs sandte Hera eine Stechfliege, die die Kühe zur Flucht über Thrakien in die skythische Wüste trieb. Herakles verfolgte sie; nachdem er den größten Teil des verirrten Viehs wiedergefunden hatte, trieb er sie über den Fluß Strymon zurück, den er zu diesem Zweck mit Steinen abdämmte. Eine Zeitlang erlebte er keine weiteren Abenteuer, bis er auf den riesigen Viehhirten Alkyoneus traf, der den korinthischen Isthmos in Besitz genommen hatte. Der Hirt warf einen Felsen nach dem Heer, das wieder dem Herakles folgte. Mit diesem Stein zerschmetterte er nicht weniger als zwölf Wagen und die doppelte Anzahl von Wagenlenkern. Es war dies der gleiche Alkyoneus, der zweimal das heilige Vieh des Helios stahl: von Erytheia und aus der Stadt Korinth. Nun rannte er vorwärts, hob den Stein wieder auf und warf ihn diesmal gegen Herakles. Dieser jedoch schleuderte ihn mit seiner Keule zurück und tötete den Riesen.

Die elfte Arbeit: Die Äpfel der Hesperiden

Herakles hatte diese zehn Arbeiten im Laufe von acht Jahren und einem Monat erfüllt, Eurystheus aber, der die zweite und fünfte nicht anerkennen wollte, trug ihm zwei weitere auf. Der elfte Auftrag war, Früchte vom goldenen Apfelbaum zu holen, der das Hochzeitsgeschenk der Mutter Erde an Hera war und über den sie sich so gefreut hatte, daß sie ihn in ihrem eigenen göttlichen Garten anpflanzte. Dieser Garten lag auf den Abhängen des Berges Atlas, wo die keuchenden Wagenpferde der Sonne ihre Reise vollenden und die Schafe und die Rinder des Atlas, tausend Herden von jedem, über ihre unbestrittenen Weiden wandern. Als Hera eines Tages merkte, daß die Töchter des Atlas, die Hesperiden, denen sie den Baum anvertraut hatte, die Äpfel plünderten, ließ sie den immer wachsamen Drachen Ladon sich als Hüter um den Baum winden.

Obwohl die Äpfel Hera gehörten, hegte Atlas für sie den Stolz eines Gärtners. Da warnte ihn Themis: «Eines Tages in der fernen Zukunft wird dein Baum, Titan, von einem Sohn des Zeus seines Goldes beraubt werden.» Atlas, zu dieser Zeit noch nicht mit der schrecklichen Aufgabe gestraft, das himmlische Gewölbe auf seinen Schultern zu tragen, baute feste Mauern um seinen Fruchtgarten und vertrieb alle Fremdlinge.

Herakles, der nicht wußte, in welcher Richtung der Garten der Hesperiden lag, zog durch Illyrien zum Fluß Po, der Heimat des orakelsprechenden Seegottes Nereus. Als Herakles endlich zum Po kam, zeigten ihm die Flußnymphen, Töchter des Zeus und der Themis, den schlafenden Nereus. Er faßte nach dem altersgrauen Seegott und ließ ihn trotz seiner zahlreichen Verwandlungen nicht los. So zwang er ihn zu sagen, wie die goldenen Äpfel gewonnen werden könnten.

Nereus hatte Herakles den Rat gegeben, die Äpfel nicht selbst zu pflücken, sondern dies Atlas tun zu lassen, während er ihn von seiner phantastischen Last befreite. Als er beim Garten der Hesperiden ankam, bat er daher Atlas, ihm einen Gefallen zu tun. Atlas würde jede Aufgabe auf sich genommen

Die elfte Arbeit: Herakles trägt die Welt, während Atlas ihm die Äpfel der Hesperiden holt, weißgrundige Vasenmalerei (Archäologisches Nationalmuseum, Athen)

haben, um eine Stunde Rast zu gewinnen, doch fürchtete er Ladon. Da tötete Herakles diesen mit einem Pfeilschuß über die Gartenmauer. Nun beugte sich Herakles nieder, um die Last der himmlischen Wölbung auf seine Schultern zu nehmen, und Atlas ging fort. Bald kehrte er mit drei Äpfeln zurück, die seine Töchter gepflückt hatten. Er fand das Gefühl der Freiheit berauschend. «Du kannst dich darauf verlassen, daß ich diese Äpfel selbst zu Eurystheus bringen werde», sagte er, «wenn du den Himmel noch einige Monate länger tragen willst.» Herakles gab vor, zuzustimmen, doch da ihn Nereus davor gewarnt hatte, ein solches Angebot anzunehmen, bat er Atlas, den Himmel nur noch für eine Minute zu tragen, damit er sich ein Kissen auf den Kopf legen könne. Atlas, leicht getäuscht, legte die Äpfel auf den Boden und nahm seine Last wieder auf. Herakles hob sie auf und zog mit einem ironischen Lebewohl von dannen.

Nach einigen Monaten brachte Herakles die Äpfel zu Eurystheus, der sie ihm zurückgab; worauf er sie der Athene schenkte. Diese aber gab sie den Nymphen, weil es gegen das Gesetz war, daß das Eigentum Heras aus ihren Händen gehe. Da Herakles nach dieser Arbeit durstig war, stampfte er mit dem Fuß auf den Boden und ließ einen Wasserstrahl hervorbrechen, der später das Leben der Argonauten rettete, als sie in die trockene Libysche Wüste verschlagen worden waren. Hera, die um Ladon weinte, setzte sein Bild unter die Sterne als das Bild der Schlange.

Herakles kehrte nach Mykene nicht auf dem direkten Weg zurück. Zuerst durchquerte er Libyen, dessen König Antaios, Sohn des Poseidon und der Mutter Erde, die Gewohnheit hatte, Fremdlinge zu einem Ringkampf zu zwingen, bis sie erschöpft waren. Darauf tötete er sie. Denn er war nicht nur ein starker und geschickter Athlet, sondern wann immer er die Erde berührte, kehrte seine Stärke zurück. Er bewahrte die Schädel seiner Opfer auf, um das Dach des Poseidon-Tempels damit zu bedecken. Man weiß nicht, ob Herakles, der entschlossen war, dieser barbarischen Sitte ein Ende zu machen, Antaios zum Kampf herausforderte oder ob er von Antaios herausgefordert wurde. Es erwies sich jedoch, daß Antaios nicht leicht zu besiegen war, denn er war ein Riese. Er lebte in einer Höhle unter einer steilen Klippe. Dort aß er das Fleisch der Löwen und schlief auf nackter Erde, um seine bereits ungeheuere Stärke zu bewahren und zu vermehren.

In Vorbereitung auf den Ringkampf warfen beide Kämpfer ihre Löwenfelle ab; während sich Herakles nach olympischem Brauch mit Öl einrieb, goß Antaios heißen Sand über seine Glieder, für den Fall, daß sich die Berührung mit der Erde durch seine Fußsohlen als ungenügend erweisen sollte. Herakles plante, seine Stärke zu bewahren und Antaios zu erschöpfen. Nachdem er ihn aber der Länge nach auf den Boden geworfen hatte, sah er erstaunt, wie die Muskeln des Riesen anschwollen und ein gesundes Rot seine Glieder überzog, als die Mutter Erde ihn wieder belebte. Wieder fielen sich die Kämpfer in die Arme; jetzt warf sich Antaios selbst auf den Boden und wartete nicht, bis er niedergeworfen wurde. Als Herakles erkannte, was er vorhatte, hob er ihn hoch in die Luft, zerbrach seine Rippen, und trotz tiefen Stöhnens der Mutter Erde hielt er ihn in die Höhe, bis er starb.

Als nächstes besuchte Herakles das Grab des Ammon, dann wandte er sich nach Süden und gründete eine hunderttorige Stadt, zu Ehren seines Geburtsortes Theben genannt. Doch manche sagen, daß Osiris sie bereits gegründet hatte. Während der ganzen Zeit war Busiris König von Ägypten, ein Bruder des Antaios, Sohn Poseidons und Lysianassas, der Tochter des Epaphos. Nun war das Königreich des Busiris einst von Dürre und Hunger acht oder neun Jahre lang heimgesucht worden. Da sandte er nach griechischen Wahrsagern, um sich Rat zu holen. Sein Neffe, ein weiser kyprischer Wahrsager namens Phrasios, Sohn des Pygmalion, verkündete, daß die Hungersnot nur dann enden würde, wenn jedes Jahr ein Fremdling dem Zeus zu Ehren geopfert werden würde. Busiris begann gleich mit Phrasios selbst und opferte dann andere zufällige Gäste, bis Herakles ankam. Er ließ sich von Priestern zum Altar zerren und sein Haar mit einem Netz umwickeln. Als aber Busiris gerade die Opferaxt erheben wollte, zerriß Herakles seine Bande und erschlug Busiris, seinen Sohn Amphidamas und alle anwesenden Priester.

Dann zog Herakles durch Asien und erreichte den Kaukasus, wo Prometheus nun gefesselt war, während jeden Tag ein Geier, geboren von Typhon und Echidne, an seiner Leber hackte. Zeus hatte schon lange die Bestrafung des Prometheus bedauert, denn Prometheus hatte ihm eine freundliche Warnung gegeben, Thetis nicht zu heiraten, damit er nicht jemanden zeuge, der größer werde als er selbst. Als nun Herakles für Prometheus um Gnade flehte, gewährte er diese ohne Zögern. Da Zeus ihn aber einst zu ewiger Strafe verdammt hatte, stellte er die Bedingung, daß Prometheus, um noch immer als Gefangener angesehen zu werden, einen Ring tragen müßte, der aus seinen Ketten gemacht und mit einem kaukasischen Stein besetzt sei. Dies wurde der erste Ring, in den ein Stein gefaßt war. Doch war bestimmt, daß Prometheus so lange leiden sollte, bis ein Unsterblicher an seiner Stelle freiwillig in den Tartaros ginge. Da erinnerte Herakles den Zeus an Cheiron, der schon lange, seitdem er die unheilbare Wunde erlitten hatte, auf die Gabe seiner Unsterblichkeit verzichten wollte. So stand kein weiteres Hindernis im Weg, Herakles rief den Jäger Apollon an, schoß den Geier durch das Herz und befreite Prometheus.

Die zwölfte Arbeit: Die Gefangennahme des Kerberos

Die letzte und schwerste Arbeit des Herakles war, den Hund Kerberos aus dem Tartaros zu holen. Als Vorbereitung zog er nach Eleusis, wo er um die Erlaubnis bat, an den Mysterien teilzunehmen und den Myrtenkranz zu tragen. Da der Zutritt in den Tagen des Herakles nur den Athenern vorbehalten war, schlug Theseus seine Adoption durch einen gewissen Pylios vor. Pylios tat dies. Als Herakles von seiner Tötung der Kentauren reingewaschen worden war – mit blutbefleckten Händen durfte keiner an den Mysterien teilnehmen –, wurde er von Musaios, dem Sohn des Orpheus, eingeführt, während Theseus für ihn bürgte.

So gereinigt und vorbereitet stieg Herakles vom lakonischen Tainaron zum Tartaros hinab. Ihn führten Athene und Hermes. Wann immer er, erschöpft von seinen Arbeiten, in Verzweiflung Zeus anrief, kam Athene eilends herbei, ihn zu trösten. Charon, vom finsteren Blick des Herakles eingeschüchtert, führte ihn ohne Murren über den Fluß Styx. Als Herakles aus dem wackeligen Boot an Land stieg, flohen alle Geister mit Ausnahme des Meleager und der

Die zwölfte Arbeit: Herakles nimmt den Kerberos gefangen, rotfigurige Vasenmalerei (Louvre, Paris)

Herakles mit dem Dreifuß des Apollon, rotfigurige Vasenmalerei (Wagner-Museum, Würzburg)

Herakles und die Kerkopen, weißgrundige Vasenmalerei (Brüssel)

Gorgo Medusa. Als er Medusa erblickte, zog er sein Schwert; doch Hermes versicherte ihm, sie wäre nur ein Phantom. Als er auf Meleager, der einen glänzenden Panzer trug, einen Pfeil anlegte, lachte dieser. «Du hast von den Toten nichts zu befürchten», sagte er, und sie plauderten freundlich eine Zeitlang. Am Ende erbot sich Herakles, die Schwester des Meleager, Deianeira, zu heiraten.

In der Nähe des Tores des Tartaros fand Herakles seine Freunde Theseus und Peirithoos an die grausamen Stühle gefesselt; es gelang ihm, Theseus loszureißen, doch mußte er Peirithoos zurücklassen. Als nächstes rollte er den Stein weg, unter dem Demeter den Askalaphos gefangenhielt. Um die Geister mit einer Gabe warmen Blutes zu besänftigen, schlachtete er ein Stück Vieh von der Herde des Hades. Ihr Hirt Menoites oder Menoitios, der Sohn des Keuthonymos, forderte ihn zu einem Ringkampf auf; doch faßte ihn Herakles um die Mitte und brach ihm die Rippen. In diesem Augenblick kam Persephone aus ihrem Palast, begrüßte Herakles wie einen Bruder und setzte sich für das Leben des Menoites ein.

Als Herakles den Kerberos verlangte, antwortete ihm Hades, der an der Seite seiner Gemahlin stand, grimmig: «Er soll dein sein, wenn du ihn ohne Gebrauch deiner Keule oder deiner Pfeile meistern kannst.» Herakles fand den Hund an den Toren des Acheron angekettet und faßte ihn entschlossen an der Kehle, der drei mit Schlangen bedeckte Köpfe entsprangen. Der stachelige Schwanz flog zum Schlage in die Höhe, doch Herakles, von seinem Löwenfell geschützt, lockerte seinen Griff nicht, bis Kerberos am Ersticken war und sich ihm ergab.

Mit Hilfe Athenes überquerte Herakles wieder sicher den Fluß Styx. Teils zog er, teils trug er Kerberos vom Abgrund in der Nähe von Troizen hinauf; durch ihn hatte schon Dionysos seine Mutter Semele geführt.

Als Herakles mit Kerberos nach Mykene kam, brachte Eurystheus gerade ein Opfer dar und bot ihm nur den Anteil eines Sklaven an, während er die besten Stücke für seine Verwandten zurücklegte. Herakles zeigte seinen berechtigten Ärger, indem er drei der Söhne des Eurystheus tötete: Perimedes, Eurybios und Eurypylos.

Die Ermordung des Iphitos

Als Herakles nach seinen Arbeiten nach Theben zurückkehrte, gab er seine nun dreiunddreißig Jahre alte Gemahlin Megara seinem Neffen und Wagenlenker Iolaos, der nur sechzehn Jahre alt war, zur Frau, mit der Begründung, daß seine eigene Verbindung mit ihr unglückbringend gewesen sei. Dann schaute er sich nach einer jüngeren und ihm mehr Glück bringenden Gattin um. Als er hörte, daß sein Freund Eurytos, ein Sohn des Melaneus, des Königs von Oichalia, verkündet hatte, er wolle seine Tochter Iole dem Bogenschützen vermählen, der ihn und seine vier Söhne übertreffen könnte, machte er sich auf den Weg dorthin. Eurytos hatte von Apollon einen ausgezeichneten Bogen erhalten und dessen Gebrauch von ihm gelernt. Nun behauptete er, mit diesem jeden an Zielsicherheit übertreffen zu können. Doch war es für Herakles ein leichtes, den Wettkampf zu gewinnen. Der Ausgang ärgerte Eurytos sehr, und als er erfuhr, daß Herakles Megara verstoßen hatte, nachdem er ihre Kinder umgebracht hatte, weigerte er sich, ihm Iole zu geben. Nachdem er eine große Menge Wein getrunken hatte, um sich Mut zu machen, sagte er zu Herakles: «Du könntest dich niemals mit mir und meinen Söhnen als Bogenschütze vergleichen, wenn du nicht unehrlicherweise magische Pfeile verwendet hättest, die niemals ihr Ziel verfehlen. Dieser Wettkampf ist ungültig, und auf keinen Fall werde ich meine geliebte Tochter so einem Rohling wie dir anvertrauen! Außerdem bist du der Sklave des Eurystheus, und als solcher verdienst du nur Schläge von einem freien Mann.» So sprach er und vertrieb Herakles aus dem Palast. Herakles übte nicht sofort Vergeltung, wie er es wohl gekonnt hätte; doch schwor er, Rache zu nehmen.

Drei der Söhne des Eurytos, Didaion, Klytios und Toxeus, hatten ihren Vater in seinen wenig ehrenhaften Anmaßungen unterstützt. Der älteste jedoch, dessen Name Iphitos war, erklärte, daß rechtmäßigerweise Iole dem Herakles gehören sollte. Als kurz darauf zwölf starkhufige Zuchtmähren und zwölf kräftige Maultierfohlen aus Euboia verschwanden, weigerte er sich zu glauben, daß Herakles der Dieb sei. Tatsächlich waren sie von dem bekannten Dieb Autolykos gestohlen worden, der auf magische Weise ihr Aussehen änderte und sie dem ahnungslosen Herakles verkaufte, als ob sie seine eigenen wären. Iphitos folgte den Spuren der Stuten und Fohlen und fand, daß sie nach Tiryns geführt worden waren. Dies rief in ihm den Verdacht hervor, daß Herakles doch die ihm von Eurytos angetane Schmach rächte. Als er plötzlich Herakles, der gerade von seiner Rettung der Alkestis zurückgekommen war, Antlitz zu Antlitz gegenüberstand, ließ er sich seinen Verdacht nicht anmerken und fragte bloß um Rat in dieser Angelegenheit. Herakles erkannte die Tiere aus der Beschreibung des Iphitos nicht als diejenigen, die ihm Autolykos verkauft hatte. Und mit seiner gewohnten Herzlichkeit versprach er, sie zu suchen, wenn Iphitos zustimme, sein Gast zu sein. Aber er ahnte nun, daß er des Diebstahls verdächtigt war, und sein empfindliches Herz verbitterte. Nach einem großen Gelage führte er Iphitos an die Spitze des höchsten Turmes in Tiryns. «Schau hier um dich!» verlangte er, «und sage mir, ob du deine Mähren irgendwo grasen siehst.» «Ich kann sie nicht sehen», gab Iphitos zu. «Dann hast du mich in deinem Herzen fälschlich angeklagt, der Dieb zu sein!» schrie Herakles und schleuderte ihn in den Tod.

Daraufhin ging Herakles zu Neleus, dem König von Pylos, und bat ihn, ihn reinzuwaschen; doch Neleus weigerte sich, denn Eurytos war sein Verbündeter. Keiner seiner Söhne, mit Ausnahme des jüngsten, Nestor, war bereit, Herakles aufzunehmen. Herakles überredete endlich Deiphobos, den Sohn Hippolytos', ihn zu Amyklai reinzuwaschen. Jedoch litt er noch unter bösen Träumen und wandte sich an das Delphische Orakel mit der Frage, wie er sich von diesen befreien könne. Die Pythia Xenoklea weigerte sich, ihm die Frage zu beantworten. «Du mordetest deinen Gast», sagte sie. «Für solche wie dich habe ich kein Orakel!» «Dann bin ich gezwungen, mein eigenes Orakel zu errichten!» rief Herakles. Mit diesen Worten nahm er die Votivgaben vom Schrein und zog sogar den Dreifuß unter Xenoklea weg. «Herakles von Tiryns ist ein anderer Mann als sein kanopischer Namensvetter», sagte die Pythia streng, als er den Dreifuß vom Altar forttrug; damit meinte sie, daß der Ägyptische Herakles einst nach Delphi gekommen war und sich höflich und ehrerbietig benommen hatte.

oben: *Zwei Münzbilder von Herakles (Sammlung Pennisi, Acireale)*

unten: *Herakles errettet Hesione vor dem Meeresungeheuer, schwarzfigurige Vasenmalerei (Archäologisches Museum, Tarent)*

gegenüber: *Kopf des Pan (Archäologisches Nationalmuseum, Rom)*

Da erhob sich der empörte Apollon und kämpfte mit Herakles, bis Zeus die beiden Streitenden mit einem Donnerkeil trennte und sie veranlaßte, sich in Freundschaft die Hände zu reichen. Herakles gab den heiligen Dreifuß zurück, und zusammen gründeten sie die Stadt Gythion, wo nun Seite an Seite Statuen des Apollon, des Herakles und des Dionysos auf dem Marktplatz stehen. Daraufhin gab Xenoklea dem Herakles den folgenden Orakelspruch: «Damit du von deinen Leiden befreit wirst, mußt du dich für ein ganzes Jahr in die Sklaverei verkaufen lassen. Und den Preis, den man für dich zahlen wird, mußt du den Kindern des Iphitos anbieten. Zeus ist empört, daß du ohne jede Veranlassung die Gesetze der Gastfreundschaft verletzt hast.» «Wessen Sklave soll ich sein?» fragte Herakles demütig. «Königin Omphale von Lydien wird dich kaufen», antwortete Xenoklea. «Ich gehorche», sagte Herakles, «aber eines Tages werde ich den Mann, der dieses Leid über mich gebracht hat, mit seiner ganzen Familie versklaven!»

Omphale

Herakles wurde von Hermes, dem Schutzherrn aller wichtigen finanziellen Transaktionen, nach Asien gebracht und dort als namenloser Sklave zum Verkauf angeboten. Hermes übergab das Kaufgeld von drei Silbertalenten den Waisen des Iphitos. Aber Eurytos verbot seinen Enkeln die Annahme geldlicher Wiedergutmachung und sagte, daß nur Blut für Blut bezahlen könne. Was mit dem Silber geschah, weiß nur Hermes allein. Wie die Pythia vorausgesagt hatte, wurde Herakles von Omphale, der Königin von Lydien, gekauft. Sie war eine Frau mit einem guten Blick für einen Gelegenheitskauf. Er diente ihr treu für ein oder drei Jahre und befreite Kleinasien von den Banditen, die es unsicher machten.

Unter den vielen Taten, die Herakles während seiner Dienstzeit vollbrachte, war die Gefangensetzung der beiden ephesischen Kerkopen, die ihn ständig seines Schlafes beraubt hatten. Sie waren Zwillingsbrüder, Passalos und Akmon genannt, Söhne des Okeanos und der Theia. Sie waren die meisterhaftesten Schwindler und Lügner, die der Menschheit bekannt waren, sie reisten durch die Welt und erfanden ständig neue Täuschungen. Theia hatte sie gewarnt, Herakles aus dem Weg zu gehen, und ihre Worte: «Meine kleinen weißen Hintern, ihr müßt erst den großen schwarzen Hintern treffen!» waren sprichwörtlich geworden. ‹Weißer Hintern› bedeutet nun ‹feig, gemein oder wollüstig›. Sie summten um Herakles' Bett in der Gestalt von Schmeißfliegen herum, bis er sie eines Nachts ergriff und sie zwang, ihre ursprüngliche Gestalt anzunehmen. Dann trug er sie hinweg, mit dem Kopf abwärts von einer Stange hängend, die er über seine Schultern legte. Nun war das vom Löwenfell nicht bedeckte Gesäß des Herakles, von der Sonne und dem feurigen Atem des Kakos und des Kretischen Stieres verbrannt, so dunkel wie ein alter Lederschild. Die Kerkopen brachen in ein schamloses Gelächter aus, als sie mit herunterhängendem Kopf darauf starrten. Ihre Fröhlichkeit überraschte Herakles, und als er den Grund dafür erfuhr, setzte er sich auf einen Felsen und lachte selbst so herzlich, daß sie ihn überredeten, sie laufen zu lassen.

Endlich erschoß Herakles am Ufer des lydischen Flusses Sagaris eine riesige

Schlange, die Menschen und Ernten vernichtete. Die dankbare Omphale, die nun seinen wahren Namen und seine Abstammung erkannt hatte, ließ ihn frei und sandte ihn mit Gaben beladen nach Tiryns zurück, während Zeus das Sternbild Ophiuchos im Angedenken des Sieges aufstellte.

Omphale hatte Herakles sicher als Liebhaber und nicht als Kämpfer gekauft. Er zeugte mit ihr drei Söhne: Lamos, Agelaos – der Ahne des berühmten Königs Kroisos, der sich in die Flammen eines Scheiterhaufens werfen wollte, als die Perser Sardis eroberten – und Laomedon. Manche fügen noch einen vierten, Tyrrhenos, hinzu, der die Trompete erfand und lydische Auswanderer nach Etrurien führte, wo sie den Namen Tyrrhener annahmen. Doch wahrscheinlich war Tyrrhenos der Sohn des Königs Atys und ein entfernter Abkömmling des Herakles und der Omphale. Durch eine der Frauen der Omphale namens Malis war Herakles bereits der Vater des Kleodaios oder Kleolaos geworden. Ihr zweiter Sohn Alkaios war der Gründer der lydischen Dynastie, die König Kroisos vom Thron von Sardis vertrieben hatte.

Die Nachricht erreichte Griechenland, daß Herakles sein Löwenfell und seinen Espenkranz abgelegt hätte und jetzt ein Juwelenhalsband, goldene Armringe, die Kopfbedeckung einer Frau, einen purpurnen Schal und einen maionischen Gürtel trüge. Dort saß er – so wollte es die Geschichte – von leichten ionischen Mädchen umgeben, zupfte Wolle aus dem glänzenden Wollkorb und spann den Faden; er zitterte, wenn ihn seine Herrin tadelte. Sie pflegte ihn mit ihrem goldenen Schuh zu schlagen, wenn seine ungeschickten Finger die Spindel zerbrachen. Zu ihrer Erheiterung ließ sie sich von seinen Taten erzählen; doch anscheinend schämte er sich nicht. Daher zeigen die Maler, wie er sich in einem gelben Unterkleid von Omphales Dienerinnen kämmen und maniküren läßt, während sie sich selbst in seinen Löwenpelz kleidet und seine Keule und seinen Bogen trägt.

Was aber tatsächlich geschehen war, war folgendes: Als Herakles und Omphale eines Tages die Weingärten des Tmolos besuchten, sie in einem purpurnen, goldbestickten Gewand, mit parfümiertem Haar, hielt er galant einen goldenen Sonnenschirm über ihr Haupt. Pan erblickte sie von einem hohen Hügel und verliebte sich in Omphale. Er verabschiedete sich von der Berggöttin und rief: «Von nun an soll sie allein meine Liebe sein!» Omphale und Herakles erreichten ihr Ziel, eine abgeschlossene Grotte, wo sie zu ihrer Unterhaltung die Kleider austauschten. Sie kleidete ihn in einen netzartigen Gürtel, der lächerlich klein für seine Taille war, und in ihr purpurnes Gewand. Obwohl sie dies ganz aufschnürte, sprengte er die Ärmel. Die Bänder ihrer Sandalen waren viel zu kurz, um seinen Fuß zu umspannen.

Nach dem Essen schliefen sie auf getrennten Lagern ein, nachdem sie dem Dionysos ein Opfer bei der Dämmerung gelobt hatten. Dieser verlangte eheliche Reinheit von seinen Anbetern. Um Mitternacht kroch Pan in die Grotte, tastete in der Dunkelheit umher und fand ein Bett, das er für Omphales hielt, denn der Schläfer war in Seide gekleidet. Mit zitternden Händen hob er das Bettuch auf und kroch darunter. Doch Herakles wachte auf, zog seinen Fuß an und schleuderte ihn über die ganze Länge der Grotte. Omphale hörte den Lärm und ein lautes Heulen, sprang auf und rief nach Lichtern. Als der Schein der Fackeln das Dunkel erhellte, lachten sie und Herakles Tränen: Sie

Ein Flußgott (Britisches Museum, London)

erblickten Pan in einer Ecke hockend, mit seinen Beulen beschäftigt. Seit diesem Tag hat Pan einen Abscheu vor Kleidern und ruft seine Diener nackt zu seinen Riten; er rächte sich an Herakles, indem er das Gerücht verbreitete, daß dessen scherzhafter Kleidertausch mit Omphale eine perverse Gewohnheit von Herakles wäre.

Hesione

Nachdem Herakles der Königin Omphale als Sklave gedient hatte, kehrte er nach Tiryns zurück. Sein Verstand war nun vollständig wiederhergestellt, und sofort plante er einen Feldzug gegen Troia. Seine Gründe waren folgende: Er und Telamon (entweder auf ihrem Weg zurück aus dem Land der Amazonen oder als sie mit den Argonauten zu Sigeion landeten) waren erstaunt, Laomedons Tochter, Hesione, nackt bis auf ihre Juwelen, an einen Felsen an der Küste Troias gekettet zu sehen. Es schien, daß Poseidon zur Strafe ein Seeungeheuer gesandt hatte, weil Laomedon es versäumt hatte, ihm und Apollon den festgesetzten Lohn zu zahlen, als sie die Stadtmauern bauten und seine Herden hüteten. Manche sagen, daß er ihnen das ganze Vieh, das in diesem Jahr in seinem Königreich geboren war, hätte opfern sollen; andere, daß er ihnen nur einen geringen Lohn als Tagelöhner versprochen hatte. Aber selbst so betrog er sie um mehr als dreißig troische Drach-

Herakles ringt mit dem schlangengestaltigen Acheloos, schwarzfigurige Vasenmalerei (Britisches Museum, London)

men. Als Rache sandte Apollon eine Pest, und Poseidon befahl seinem Ungeheuer, sich Opfer aus dem Volk der Ebene zu erjagen und ihre Felder zu ruinieren, indem er über sie Meerwasser spie.

Laomedon besuchte das Orakel des Zeus Ammon, das ihm den Rat gab, Hesione an der Seeküste auszusetzen, so daß das Ungeheuer sie verschlänge. Doch weigerte er sich starrsinnig, dies zu tun, wenn ihm nicht die Adligen Troias erst ihre eigenen Töchter zum Opfern gäben. In ihrer Verzweiflung befragten sie Apollon, der ihnen, nicht weniger verärgert als Poseidon, wenig Trost gab. Die meisten Eltern schickten ihre Kinder außer Landes in Sicherheit. Aber Laomedon versuchte einen gewissen Phoinodamas, der seine drei Töchter zu Hause behielt, zu zwingen, eine von ihnen auszusetzen. Phoinodamas überredete daraufhin die Volksversammlung und sagte, daß Laomedon für ihr gegenwärtiges Unglück verantwortlich sei und daher leiden und seine Tochter opfern sollte. Schließlich wurde beschlossen zu losen, und das Los fiel auf Hesione, die an den Felsen gebunden wurde. Dort fand sie Herakles.

Herakles löste nun ihre Fesseln und ging zur Stadt. Er erbot sich, als Gegenleistung für die beiden unvergleichlichen unsterblichen, schneeweißen Pferde, die wie der Wind über Wasser und stehendes Getreide laufen konnten, das Ungeheuer zu töten. Zeus hatte sie dem Laomedon als Trost für die Vergewaltigung des Ganymedes gegeben. Laomedon stimmte diesem Handel bereitwillig zu.

Mit Hilfe Athenes bauten die Troer für Herakles eine hohe Mauer, die ihn vor dem Ungeheuer schützen sollte, wenn es seinen Kopf aus dem Meer hervorsteckte und über die Ebene zog. Als das Ungeheuer an der Mauer angekommen war, öffnete es sein großes Maul, und Herakles sprang voll bewaffnet hinein. Er verbrachte dann drei Tage im Bauch des Ungeheuers und kam siegreich hervor. Aber der Kampf hatte ihn alle Haare gekostet.

Man ist sich nicht darüber einig, was dann geschah. Die umständlichste Fassung jedoch ist, daß Laomedon Herakles betrog, indem er ihm an Stelle der unsterblichen sterbliche Pferde gab, worauf Herakles drohte, Troia den Krieg zu erklären. Dann segelte er voller Zorn fort. Zuerst besuchte er die Insel Paros, wo er Zeus und Apollon einen Altar errichtete, dann den Isthmos von Korinth, wo er den Untergang des Laomedon prophezeite. Schließlich stellte er in seiner eigenen Stadt Tiryns ein Heer auf.

Man streitet darüber, ob Herakles mit achtzehn langen Schiffen mit je fünfzig Rudern nach Troia fuhr oder ob es nur sechs kleine Schiffe mit spärlicher Besatzung waren. Unter seinen Verbündeten waren Iolaos, Telamon, der Sohn des Aiakos, Peleus, der Argonaute Oikles und der boiotische Deimachos.

Herakles verließ sein Boot in der Nähe von Troia und ließ Oikles zur Bewachung des Schiffes zurück, während er selbst die anderen Helden in einem Angriff auf die Stadt führte. Laomedon, so überrascht, hatte keine Zeit, sein Heer aufzustellen. Er gab dem Volk Schwerter und Fackeln und forderte es auf, die Flotte niederzubrennen. Oikles leistete ihnen bis zu seinem Tode Widerstand und kämpfte einen heldenhaften Rückzugskampf, während seine Kameraden die Schiffe von Land stießen und entflohen. Dann eilte Laomedon zur Stadt zurück, und nach einem Kampf mit den zerstreuten Kämpfern des Herakles gelang es ihm, wieder in die Stadt einzudringen und die Tore hinter sich zu schließen.

Herakles, ohne Geduld für eine lange Belagerung, befahl einen sofortigen Angriff. Als erster erkletterte Telamon die Stadtmauer und drang in die Stadt ein. Er hatte die westliche, von seinem Vater Aiakos erbaute Flanke als den schwächsten Punkt erwählt; doch Herakles folgte ihm hart auf den Fersen, wutentbrannt vor Eifersucht. Telamon, der plötzlich gewahr wurde, daß das gezogene Schwert des Herakles für ihn selbst bestimmt war, hatte die Geistesgegenwart, sich niederzubeugen und einige große Steine, die sich von der Mauer losgelöst hatten, aufzunehmen. «Was willst du tun?» brüllte Herakles. «Herakles dem Sieger, Herakles dem Abwender allen Übels einen Altar erbauen!» antwortete der an Ausreden reiche Telamon. «Ich überlasse die Eroberung Troias dir.» Herakles dankte ihm kurz und eilte vorwärts. Dann schoß er Laomedon und alle seine Söhne nieder. Mit Ausnahme des Podarkes, des einzigen, der darauf bestanden hatte, daß Herakles die unsterblichen Mähren erhalten sollte. Dann machte Herakles die Stadt dem Erdboden gleich. Nachdem er seinen Rachedurst befriedigt hatte, belohnte er Telamon mit der Hand Hesiones, der er erlaubte, irgendeinen ihrer Mitgefangenen freizusetzen. Sie erwählte Podarkes. «Gut», sagte Herakles. «Aber zuerst muß er als Sklave verkauft werden.» So wurde Podarkes zum Kauf angeboten, und Hesione löste ihn mit dem goldenen Schleier, der ihr Haupt umwand, aus: Daher bekam Podarkes den Namen Priamos, was ‹erlöst› bedeutet.

Nachdem Herakles Troia verbrannt und dessen Zufahrtstraßen verwüstet hatte, setzte er Priamos auf den Thron und segelte fort und nahm Glaukia mit sich, eine Tochter des Flusses Skamander. Während der Belagerung war sie die Geliebte des Deimachos gewesen. Als er in der Schlacht fiel, bat sie Herakles um Schutz. Herakles führte sie an Bord seines Schiffes, hoch erfreut, daß der Stamm eines so edlen Freundes weiterleben sollte: Denn Glaukia war schwanger und gebar später einen Sohn namens Skamander.

Während der ‹Schlaf› Zeus umdämmerte, befahl Hera dem Boreas, einen Sturm loszulassen, der Herakles weit von seinem Kurs zur Insel Kos trieb. Zeus erwachte in Zorn und drohte, den ‹Schlaf› von der oberen Welt in den Golf von Erebos zu werfen; doch der ‹Schlaf› floh als Bittsteller zur ‹Nacht›, die zu ärgern selbst Zeus sich nicht getraute. In seinem vergeblichen Zorn begann er, die Götter um den Olymp umherzuwerfen. Manche sagen, daß es damals war, daß er Hera an ihren Handgelenken an die Balken fesselte und Ambosse an ihre Fußgelenke hängte; Hephaistos warf er nieder zur Erde. Nachdem er so seiner schlechten Laune Luft gemacht hatte, rettete er Herakles von Kos und führte ihn nach Argos zurück.

Die Eroberung von Elis

Nicht lange nach seiner Rückkehr stellte Herakles ein Heer von Tirynthern und Arkadern auf, dem sich auch Freiwillige der edelsten griechischen Familien anschlossen; er marschierte gegen Augeias, den König von Elis, gegen den er noch wegen der fünften Arbeit einen Ärger in sich trug. Augeias jedoch, der diesen Angriff voraussah, hatte sich schon vorbereitet, indem er Eurytos und Kteatos als seine Feldherren berief. Es waren die Söhne seines Bruders Aktor und der Molione oder Moline, einer Tochter des Molos. Dem tapferen Amarynkeus übertrug er einen Teil der eleischen Regierung. Er wird gewöhnlich als ein Sohn des thessalischen Einwanderers Pyttios bezeichnet.

Die Söhne des Aktor werden nach ihrer Mutter Molionen oder Molioniden genannt, um sie von den Söhnen des anderen Aktor, der Aigina heiratete, zu unterscheiden. Sie waren Zwillinge, geboren aus dem gleichen silbernen Ei, und überragten alle ihre Zeitgenossen an Stärke; doch ungleich den Dioskuren waren sie seit ihrer Geburt an den Hüften zusammengewachsen.

Herakles erntete keine Ehre in diesem eleischen Krieg. Er wurde krank; und als die Molionen seine Armee aufrieben, die im Herzen von Elis ihr Lager aufgeschlagen hatte, schritten die Korinther ein und riefen den isthmischen

links: *Herakles mit seiner Gemahlin Deianeira, rotfigurige Vasenmalerei (Ashmolean Museum, Oxford)*

gegenüber: *Die Apotheose des Herakles, schwarzfigurige Vasenmalerei (Paestum)*

unten: *Herakles auf dem Olymp, schwarzfigurige Vasenmalerei (Britisches Museum, London)*

Waffenstillstand aus. Unter den von den Molionen Verwundeten war Iphikles, der Zwillingsbruder des Herakles; seine Freunde trugen ihn bewußtlos nach Pheneus in Arkadien, wo er schließlich starb und ein Heros wurde.

Als Herakles nach Tiryns zurückkehrte, beschuldigte ihn Eurystheus, unlautere Absichten auf die Königswürde zu haben, in der er von Zeus selbst bestätigt worden war, und verbannte ihn. Mit seiner Mutter Alkmene und seinem Neffen Iolaos schloß sich dann Herakles dem Iphikles in Pheneus an, wo er Laonome, die Tochter des Guneus, als seine Geliebte nahm.

Später hörte Herakles, daß die Eleer eine Prozession zu Ehren des Poseidon zu den dritten Isthmischen Festspielen entsendeten und daß die Molionen die Spiele besuchen und an den Opfern teilnehmen würden. Da lauerte er ihnen in einem Dickicht entlang der Straße unterhalb von Kleonai auf und erschoß beide. Er tötete auch ihren Vetter, den anderen Eurytos, einen Sohn des Königs Augeias.

Bald erfuhr Molione, wer ihre Söhne getötet hatte, und veranlaßte die Eleer, von Eurystheus Sühne zu verlangen, weil Herakles ein Sohn Tiryns' wäre. Als Eurystheus die Verantwortung für die Übeltaten des Herakles ablehnte, den er ja verbannt hatte, verlangte Molione von den Korinthern, daß sie allen Bewohnern von Argos die Isthmischen Spiele verbieten sollten, bis Sühne für den Mord geleistet worden wäre. Sie weigerten sich jedoch; worauf Molione jeden Eleer, der an den Festspielen teilnehmen würde, verfluchte.

Nun entlieh Herakles das schwarzmähnige Pferd Arion von Onkos, zähmte es, stellte ein neues Heer in Argos, Theben und Arkadien auf und zerstörte die Stadt Elis. Manche sagen, daß er Augeias und seine Söhne tötete und Phyleus, den rechtmäßigen König, wieder auf den eleischen Thron setzte. Andere sagen, daß er wenigstens das Leben des Augeias schonte.

Die Eroberung von Pylos

Als nächstes eroberte Herakles die Stadt Pylos und steckte sie in Brand, weil die Pyler den Eleern zu Hilfe gekommen waren. Er tötete auch alle Söhne des Neleus mit Ausnahme des jüngsten, Nestor, der sich gerade in Gerania befand. Neleus selbst aber kam mit dem Leben davon.

Athene, Hüterin der Gerechtigkeit, kämpfte für Herakles, und Pylos wurde von Hera, Poseidon, Hades und Ares unterstützt. Während Athene sich mit Ares befaßte, kämpfte Herakles mit Poseidon, Keule gegen Dreizack, und zwang ihn nachzugeben. Als nächstes rannte er mit dem Speer in der Hand Athene zu Hilfe; sein dritter Ausfall durchdrang den Schild des Ares und warf ihn der Länge nach auf den Boden. Dann trieb er den Speer mit einem mächtigen Stoß in den Schenkel des Ares, tief in das göttliche Fleisch. Ares floh in Schmerzen zum Olymp, wo Apollon ihm lindernde Salben auf die Wunde strich und ihn innerhalb einer Stunde heilte. So konnte er erneut am Kampfe teilnehmen, bis einer der Pfeile des Herakles seine Schulter durchdrang und ihn endgültig vom Felde vertrieb. Inzwischen hatte Herakles auch Hera mit einem gezahnten Pfeil an der rechten Brust verletzt.

Der Argonaute Periklymenos, der älteste Sohn des Neleus, war von Poseidon mit grenzenloser Stärke beschenkt worden und mit der Fähigkeit, sich in jede gewünschte Gestalt zu verwandeln, sei es nun Vogel, Tier oder Baum. Bei diesem Anlaß verwandelte er sich in einen Löwen und dann in eine Schlange. Nach einer Weile hockte er, um einer Entdeckung zu entgehen, auf dem Joche der Pferde des Herakles in der Gestalt einer Ameise, einer Fliege oder einer Biene. Herakles, durch einen Stoß Athenes aufmerksam gemacht, erkannte Periklymenos und griff nach seiner Keule. Jener aber verwandelte sich in einen Adler und versuchte, ihm das Auge auszuhacken. Da durchdrang ihn unterhalb seines Flügels ein plötzlicher Pfeil vom Bogen des Herakles. Er fiel zur Erde, der Pfeil wurde durch seinen Nacken getrieben und tötete ihn.

Herakles gab die Stadt Messene dem Nestor zu treuen Händen für seine eigenen Nachkommen, da er sich erinnerte, daß Nestor nicht teilnahm, als man ihm Geryons Vieh raubte; bald liebte er ihn mehr als selbst Hylas und Iolaos. Nestor war es, der den ersten Eid bei Herakles schwor.

Deianeira

Nach vier Jahren in Pheneus beschloß Herakles, den Peloponnes zu verlassen. An der Spitze eines großen arkadischen Heeres segelte er hinüber nach Kalydon in Aitolien und schlug dort seinen Wohnsitz auf. Da er jetzt keine ehelichen Söhne und keine Gemahlin hatte, umwarb er Deianeira, von der man annahm, daß sie eine Tochter des Oineus sei, und hielt so sein Versprechen an den Geist ihres Bruders Meleager. Aber Deianeira war in Wirklichkeit die Tochter des Gottes Dionysos und der Althaia, der Gemahlin des Oineus.

Viele Bewerber kamen zum Palast des Oineus in Pleuron und baten um die Hand der lieblichen Deianeira, die einen Wagen fuhr und die Kriegskunst ausübte. Aber alle gaben ihre Ansprüche auf, als sie Herakles und den Flußgott Acheloos als Rivalen fanden. Man weiß, daß der unsterbliche Acheloos in drei Gestalten erscheint: als Stier, als gefleckte Schlange und als stierköpfiger Mann. Wasserströme fließen ununterbrochen aus seinem zottigen Bart. Deianeira wäre eher gestorben, als ihn zu heiraten.

Als Herakles von Oineus aufgefordert wurde, seine Bewerbung zu begründen, prahlte er, daß Deianeira als seine Gemahlin nicht nur Zeus als Schwiegervater haben, sondern sich auch an der Ehre erfreuen würde, die ihm seine zwölf Arbeiten einbrachten.

Acheloos (nun in seiner stierköpfigen Gestalt) äußerte sich nun abfällig über Herakles und bemerkte, er hingegen sei eine wohlbekannte Persönlichkeit, der Vater aller griechischen Gewässer und nicht ein heimatloser Fremdling wie jener; auch hätte das Orakel von Dodona allen Besuchern aufgetragen, ihm Opfer darzubringen. Dann zog er Herakles auf: «Entweder bist du nicht der Sohn des Zeus, oder deine Mutter ist eine Ehebrecherin!»

Da grollte Herakles. «Ich bin im Kämpfen besser als im Diskutieren», sagte er, «und werde es nicht zulassen, daß meine Mutter beleidigt wird!»

Acheloos warf sein grünes Gewand ab und rang mit Herakles, bis er auf dem Rücken lag. Da verwandelte er sich geschickt in eine gefleckte Schlange und eilte davon.

«Schon in meiner Wiege erwürgte ich Schlangen!» lachte Herakles und beugte sich nieder, ihn an der Kehle zu fassen. Acheloos verwandelte sich in einen Stier und griff an; Herakles trat geschickt zur Seite, erfaßte seine beiden Hörner und warf ihn mit solcher Gewalt auf den Boden, daß das rechte Horn glatt abbrach. Acheloos zog sich kläglich beschämt zurück und verbarg seine Verletzung unter einem Kranz von Weidenästen.

Nach seiner Heirat mit Deianeira marschierte Herakles mit den Kalydonern gegen die thesprotische Stadt Ephyra – später Kichyros –, wo er den König Phyleus besiegte und tötete. Unter den Gefangenen war Astyoche, die Tochter des Phyleus, durch die Herakles der Vater des Tlepolemos wurde; obwohl manche sagen, daß Tlepolemos' Mutter Astydameia die Tochter des Amyntor war, die Herakles vom eleischen Ephyra, einer wegen ihrer Gifte berühmten Stadt, entführt hatte.

Drei Jahre später wurde Herakles bei einem Fest von einem jungen Verwandten des Oineus in Zorn versetzt. Dieser wurde Eunomos, der Sohn des Architeles, genannt. Ihm wurde befohlen, Wasser über die Hände des Herakles zu gießen, und er bespritzte ungeschickterweise dessen Beine. Herakles gab dem Knaben eine härtere Ohrfeige, als er beabsichtigt hatte, und tötete ihn. Obwohl ihm Architeles das Unglück verzieh, beschloß Herakles, die Strafe des Exils auf sich zu nehmen, und zog mit Deianeira und ihrem Sohn Hyllos nach Trachis, der Heimat des Keyx, des Neffen des Amphitryon.

Auf der Reise dorthin kam er mit Deianeira zum Flusse Euenos, der damals in voller Flut stand. Dort behauptete der Kentaur Nessos, der autorisierte Fährmann des Gottes zu sein, und daß er wegen seiner Aufrichtigkeit zu diesem Posten erwählt worden wäre. Er erbot sich für eine kleine Summe, Deianeira trockenen Fußes über das Wasser zu führen, während Herakles schwamm. Herakles stimmte zu, zahlte Nessos die Überfahrt, warf seine Keule und die Bogen über den Fluß und tauchte ins Wasser. Statt sich aber an sein Abkommen zu halten, rannte Nessos, mit Deianeira in seinen Armen, in entgegengesetzter Richtung davon, warf sie dann auf den Boden und versuchte, sie zu vergewaltigen. Sie rief um Hilfe, und Herakles nahm schnell seinen Bogen, zielte sorgfältig und durchbohrte die Brust des Nessos aus der Entfernung von einer halben Meile.

Als Nessos den Pfeil aus der Wunde zog, sagte er zu Deianeira: «Wenn du den Samen, den ich auf dem Boden verschüttet habe, mit dem Blut meiner Wunde mischst, dazu Olivenöl gibst und heimlich das Hemd des Herakles mit dieser Mischung bestreichst, wirst du nie wieder Grund haben, dich über seine Untreue zu beklagen.» Deianeira sammelte eilends die Zutaten in einem Krug, ohne Herakles ein Wort darüber zu sagen. Durch Deianeira war Herakles bereits der Vater des Hyllos, des Ktesippos, des Glenos und des Hodites geworden, auch seiner einzigen Tochter, Makaria.

Herakles und Kyknos

Nun kam Herakles nach Itonos, einer Stadt in Phthiotis, wo der alte Tempel der Athene steht. Hier traf er Kyknos, einen Sohn des Ares und der Pelopia, der die Gewohnheit hatte, seinen Gästen wertvolle Preise anzubieten, wenn sie es wagten, sich mit ihm im Wagenwettkampf zu messen. Der immer siegreiche Kyknos schlug dann ihre Häupter ab.

Apollon war gegen Kyknos von Ärger erfüllt, weil dieser den Herden, die zur Opferung nach Delphi geschickt wurden, auflauerte und sie entführte. Deshalb wiegelte er Herakles auf, die Kampfaufforderung des Kyknos anzunehmen. Es wurde vereinbart, daß Herakles von seinem Wagenlenker Iolaos unterstützt werden und Kyknos die Hilfe seines Vaters Ares erhalten sollte. Obwohl dies für Herakles nicht die gewohnte Art des Kampfes war, legte er doch die polierten bronzenen Beinschienen an, die Hephaistos für ihn geschmiedet hatte, sowie den seltsamen goldenen Brustpanzer, den Athene ihm gegeben hatte, und ein paar eiserne Schulterschienen. Bewaffnet mit Bogen und Pfeilen, Speer, Helm und einem festen Schild, den Hephaistos auf Befehl des Zeus herbeigebracht hatte, bestieg er leichten Herzens seinen Wagen.

Herakles verfolgt den pferdegestaltigen Nessos, Vasenmalerei (Britisches Museum, London)

Athene war vom Olymp herabgekommen und warnte den Herakles: er dürfe trotz der Erlaubnis des Zeus, Kyknos zu töten und sein Gut an sich zu reißen, sich gegen Ares nur verteidigen und im Falle eines Sieges Kyknos nicht seines Pferdes und seines wunderbaren Panzers berauben. Dann stieg sie an der Seite des Herakles und des Iolaos auf den Wagen und schwang ihre Aigis. Und Mutter Erde stöhnte, als der Wagen vorwärts stürmte. Kyknos jagte ihnen sein Gespann mit voller Geschwindigkeit entgegen. Ihre Speere prallten gegen die Schilde, und beide Kämpfer wurden von der Erschütterung zu Boden geworfen. Doch sprangen sie wieder auf die Füße, und Herakles durchbohrte nach einem kurzen Kampf den Hals des Kyknos. Dann wandte er sich kühn gegen Ares, der ihm seinen Speer entgegenschleuderte. Athene aber stieß den Speer mit einem ärgerlichen Stirnrunzeln beiseite. Ares stürmte nun mit dem Schwert in der Hand gegen Herakles, erreichte aber für alle seine Mühe nur, daß er an der Hüfte verwundet wurde; Herakles hätte ihm, als er auf dem Boden lag, einen weiteren Schlag versetzt, wenn nicht Zeus die Kämpfenden mit seinem Donnerkeil getrennt hätte. Herakles und Iolaos beraubten dann den Leichnam des Kyknos seiner Waffen und setzten ihre unterbrochene Reise fort, während Athene den bewußtlos gewordenen Ares zum Olympos zurückführte. Kyknos wurde von Keyx im Tal von Anauros begraben, doch auf Apollons Befehl schwemmte der angestiegene Fluß seinen Grabstein fort.

Iole

Herakles stellte zu Trachis ein Heer von Arkadern, Meliern und epiknemidischen Lokrern auf und marschierte gegen Oichalia. Er wollte sich an König Eurytos rächen, der sich geweigert hatte, ihm die Prinzessin Iole zu geben, die er ehrlich in einem Bogenwettkampf gewonnen hatte. Doch sagte er seinen Verbündeten nur, daß Eurytos von den Euboiern ungerechterweise Tribut verlangt hätte. Er stürmte die Stadt und durchbohrte Eurytos und seinen Sohn mit Pfeilen. Nachdem er einige seiner im Kampf gefallenen Kameraden, und zwar Hippasos, den Sohn des Keyx, Argeios und Melas, die Söhne des Likymnios, begraben hatte, plünderte er Oichalia und nahm Iole gefangen. Eher als Herakles nachzugeben, hatte Iole es zugelassen, daß er ihre ganze Familie vor ihren eigenen Augen tötete. Sie selbst sprang von der Stadtmauer, kam aber mit dem Leben davon, denn ihre vom Wind aufgeblasenen Röcke milderten den Sturz. Nun sandte Herakles sie zusammen mit anderen oichalischen Frauen nach Trachis zu Deianeira, während er das euboiische Mutterland zu Kenaion besuchte. Doch soll hier bemerkt werden, daß Herakles beim Abschied von Deianeira eine Prophezeiung enthüllt hatte: das Schicksal habe bestimmt, daß er am Ende von fünfzehn Monaten entweder sterben oder den Rest seines Lebens in absoluter Tatenlosigkeit verbringen müsse. Die Nachricht war ihm von den Zwillingstauben des alten Eichenorakels zu Dodona gebracht worden.

Die Apotheose des Herakles

Nachdem Herakles seinem Vater Zeus marmorne Altäre und einen heiligen Hain auf dem kenaiischen Mutterland geweiht hatte, bereitete er ein Dankopfer für die Eroberung Oichalias vor. Er hatte bereits Lichas zurückgesandt, um von Deianeira ein gutes Hemd und einen Mantel von der Art zu verlangen, wie er ihn regelmäßig bei solchen Anlässen trug.

Deianeira, die zu Trachis in Wohlstand lebte, hatte sich bereits mit der Gewohnheit des Herakles, sich ständig neue Geliebte zu nehmen, abgefunden. Als sie Iole als die letzte dieser Geliebten erkannte, fühlte sie eher Mitleid als Ärger für diese todbringende Schönheit, die den Untergang Oichalias verursacht hatte. Doch war es nicht eine unerträgliche Zumutung des Herakles, daß sie und Iole unter einem Dach leben sollten? Da Deianeira nicht mehr jung war, beschloß sie, den angeblichen Liebeszauber des Nessos anzuwenden, um sich die Liebe ihres Gatten zu erhalten. Als sie ein neues Opferhemd angesichts seiner sicheren Rückkehr erworben hatte, brach sie heimlich den Krug auf, tränkte ein Stück Wolle mit der Mischung und rieb das Hemd damit ein. Als Lichas ankam, verschloß sie das Hemd in einer Truhe, gab sie ihm und sagte: «Setze das Hemd auf keinen Fall Licht oder Hitze aus, bis Herakles bereit ist, es beim Opfer zu tragen.» Lichas war schon mit großer Geschwindigkeit in seinem Wagen davongefahren, als Deianeira auf das Stück Wolle blickte, das sie in den sonnenbeschienenen Hof geworfen hatte, und es voll Schrecken brennen sah, während roter Schaum aus den Quadersteinen hervorkam. Sie erkannte, daß Nessos sie getäuscht hatte, und sandte in Eile einen Boten zu Lichas mit dem Schwur, wenn Herakles sterben würde, ihn nicht zu überleben; dann verfluchte sie ihre eigene Dummheit.

Jedoch zu spät kam der Bote im kenaiischen Mutterland an. Herakles hatte bereits das Hemd angezogen und zwölf tadelfreie Bullen als Erstopfer seiner Beute dargebracht: Alles in allem hatte er eine gemischte Herde von einhundert Häuptern zum Altar getrieben. Er goß gerade aus einer Schüssel Wein auf den Altar und warf Weihrauch in die Flammen, als er plötzlich einen Schrei ausstieß, als ob ihn eine Schlange gebissen hätte. Die Hitze hatte das Gift der Hydra im Blut des Nessos aufgelöst, das nun über die Glieder des Herakles floß und sein Fleisch verbrannte. Bald wurde der Schmerz unerträglich, und er warf vor Qualen brüllend die Altäre um. Er versuchte das Hemd vom Leib zu reißen, aber es klebte so fest, daß er sein Fleisch mit losriß und die Knochen freilegte. Sein Blut zischte und sprudelte wie Quellwasser, wenn man in ihm rotglühendes Metall abschreckt. Er stürzte sich kopfüber in den nächsten Strom, doch das Gift brannte um so stärker. Diese Gewässer werden seit damals Thermopylen oder ‹heißer Durchgang› genannt.

Herakles raste über den Berg, riß im Lauf Bäume aus und traf endlich den erschrockenen Lichas, der sich in einer Felsenhöhle versteckt hatte und mit den Händen seine Knie umklammerte. Vergeblich versuchte Lichas, sich zu entschuldigen: Herakles erfaßte ihn, schwang ihn dreimal um das Haupt und warf ihn in das Euboiische Meer. Dort verwandelte er sich: Er wurde zu einem Felsen mit menschlicher Gestalt, der ein Stück über die Wellen hinausragt und den die Seeleute noch immer Lichas nennen; sie fürchten sich, ihn zu betreten, denn sie glauben, er sei ein fühlendes Wesen. Das Heer, das von ferne zusah, stieß einen lauten Jammerschrei aus, aber keiner wagte, sich ihm zu nähern, bis Herakles, der sich in Agonie wand, Hyllos herbeirief und bat, ihn fortzutragen, damit er in Einsamkeit sterben könne. Hyllos brachte ihn zum Fuß des Berges Oita in Trachis (ein Gebiet, das wegen seiner weißen Nieswurz bekannt war), nachdem das Delphische Orakel bereits dem Likymnios und Iolaos dieses Gebiet als den vom Schicksal bestimmten Platz genannt hatte, an dem ihr Freund sterben sollte.

Entsetzt über die Nachricht, erhängte sich Deianeira oder, wie manche sagen, erstach sich mit einem Schwert in ihrem Ehebett. Herakles' einziger Gedanke war, sie noch vor seinem Tod zu bestrafen; doch als Hyllos ihm versicherte, daß sie unschuldig sei, wie es ihr Selbstmord ja bewies, seufzte er verzeihend und gab dem Wunsch Ausdruck, daß Alkmene und alle seine Söhne sich versammeln sollten, um seine letzten Worte zu hören. Alkmene befand sich jedoch mit einigen seiner Kinder in Tiryns, der Großteil der anderen hatte sich in Theben niedergelassen. So konnte er die sich nun erfüllende Prophezeiung des Zeus nur dem Hyllos enthüllen: «Kein lebender Mensch soll Herakles je töten; ein toter Feind soll sein Untergang werden.» Hyllos bat dann um Anweisungen und erhielt den Auftrag: «Schwöre beim Haupte des Zeus, daß du mich zum höchsten Gipfel dieses Berges tragen und dort ohne Jammern auf einem Scheiterhaufen von Eichenzweigen und Stämmen der männlichen wilden Olive verbrennen wirst. Schwöre auch, Iole zu heiraten, sobald du volljährig wirst.» Obwohl Hyllos über diese Forderungen entsetzt war, versprach er, sie zu erfüllen.

Nachdem alles vorbereitet worden war, zogen sich Iolaos und seine Gefährten in eine gewisse Entfernung zurück. Herakles bestieg den Scheiterhaufen und gab den Befehl, ihn anzuzünden. Aber keiner wagte zu gehorchen, bis der vorbeiziehende aiolische Schafhirt Poias dem Philoktetes, seinem Sohn von Demonassa, befahl, Herakles' Verlangen zu erfüllen. Aus Dankbarkeit gab Herakles seinen Köcher, Bogen und Pfeile dem Philoktetes. Als die Flammen den Scheiterhaufen zu verzehren begannen, breitete er sein Löwenfell darüber aus, legte sich darauf, mit seiner Keule als Kissen, und blickte so freudig in die Runde wie ein bekränzter Gast, der von Weinbechern umgeben ist. Da fielen Blitze vom Himmel, und der Scheiterhaufen wurde sofort zu Asche.

Auf dem Olympos beglückwünschte Zeus sich selbst, daß sein Lieblingssohn sich so heldenhaft benommen hatte. «Der unsterbliche Teil des Herakles», verkündete er, «ist vor dem Tode sicher, und ich werde ihn bald an diesem gesegneten Ort begrüßen. Sollte aber irgendein Gott über seine Verherrlichung murren, wird er sich doch fügen müssen!»

Die Blitze hatten den sterblichen Teil des Herakles verzehrt. Er glich nicht mehr länger Alkmene, sondern erschien – wie eine Schlange, die ihre Haut

Haupt des Zeus, Bronze (Archäologisches Museum, Olympia)

abgeworfen hatte – in der vollen Majestät seines göttlichen Vaters. Eine Wolke verhüllte ihn vor den Augen seiner Kameraden, als ihn Zeus unter Donnerdröhnen in seinem vierspännigen Wagen zum Himmel holte. Dann nahm ihn Athene an der Hand und stellte ihn feierlich seinen Mitgöttern vor.

Nun hatte Zeus im voraus Herakles als einen der zwölf Olympier bestimmt, doch wollte er aus der bestehenden Göttergesellschaft keinen verjagen, um für Herakles Platz zu schaffen. Daher überredete er Hera, Herakles durch eine Zeremonie der Wiedergeburt zu adoptieren: nämlich zu Bett zu gehen und Wehen vorzutäuschen, um ihn dann unter ihrem Rock hervorzuziehen – ein Adoptionsritus, der noch immer bei vielen barbarischen Stämmen geübt wird. Seit damals betrachtete Hera den Herakles als ihren Sohn und liebte ihn fast so wie Zeus selbst. Alle Unsterblichen begrüßten seine Ankunft. Hera verheiratete ihn mit ihrer hübschen Tochter Hebe, die ihm Alexiares und Aniketos gebar. Und tatsächlich hatte Herakles auch die ewige Dankbarkeit Heras verdient, da er beim Aufstand der Riesen den Pronomos tötete, der versucht hatte, sie zu vergewaltigen.

7

DIE ARGONAUTEN UND MEDEA

Die Versammlung der Argonauten

Nach dem Tod des Königs Kretheus des Aiolers entriß Pelias, ein Sohn des Poseidon, bereits ein alter Mann, seinem Halbbruder Aison, dem rechtmäßigen Erben, den iolkischen Thron. Ein Orakel warnte ihn, daß er durch einen Abkömmling des Aiolos sterben würde. Darauf tötete Pelias jeden bekannten Aioler, an den er Hand zu legen wagte. Nur Aison verschonte er um seiner Mutter Tyro willen; aber er hielt ihn im Palast gefangen und zwang ihn, dem Erbe zu entsagen.

Aison hatte Polymele geheiratet. Sie gebar ihm einen Sohn, den Diomedes. Pelias hätte auch ohne Skrupel das Kind umgebracht, hätte Polymele nicht die Frauen ihrer Familie zusammengerufen, um den Säugling als tot geboren zu beweinen, und hätte sie ihn nicht später aus der Stadt zum Berg Pelion geschmuggelt; dort zog ihn der Kentaur Cheiron auf, wie er es früher oder später mit Asklepios, Achilleus, Aineias und anderen berühmten Heroen tat.

Ein zweites Orakel warnte Pelias vor einem Mann mit nur einer Sandale. Als er eines Tages am Meeresufer mit einer Gruppe seiner fürstlichen Verbündeten ein feierliches Opfer an Poseidon darbrachte, fiel sein Blick auf einen großen, langhaarigen Jüngling aus Magnesien, der in eine engsitzende Ledertunika und in ein Leopardenfell gekleidet war. Er war mit zwei breitspitzigen Speeren bewaffnet und trug nur eine Sandale.

Die andere Sandale hatte er im schlammigen Fluß Anauros durch die List einer alten Frau verloren. Diese stand am anderen Ufer und bat Vorüberziehende, sie über den Fluß zu tragen, bis dieser junge Fremdling ihr höflich seinen breiten Rücken anbot. Aber sie war niemand anderes als die Göttin Hera in Verkleidung. Pelias hatte Hera verärgert, da er ihr die üblichen Opfer vorenthielt; so hatte sie beschlossen, ihn für diese Vernachlässigung zu strafen.

Als Pelias den Fremdling grob fragte: «Wer bist du, und was ist deines Vaters Name?», antwortete er, daß Cheiron, sein Pflegevater, ihn Iason nenne, obwohl er früher Diomedes, Sohn des Aison, geheißen habe.

Pelias blickte ihn haßvoll an. «Was würdest du tun», fragte er plötzlich, «wenn ein Orakel verkünden würde, daß einer deiner Mitbürger vom Schicksal bestimmt wäre, dich zu töten?»

«Ich würde ihn aussenden, das Goldene Vlies des Widders aus Kolchis zu bringen», antwortete Iason, der nicht wußte, daß Hera diese Worte in seinen Mund gelegt hatte. «Und mit wem, bitte, habe ich die Ehre zu sprechen?»

Die Argonauten vor ihrer Abreise, Griff eines Kastens (Villa Giulia, Rom)

Als Pelias sich ihm zu erkennen gab, blieb Iason ungerührt. Kühn verlangte er den Thron, den Pelias an sich gerissen hatte, doch verzichtete er auf die dazugehörigen Viehherden. Da er von seinem Oheim Pheres, dem König von Pherai, und Amathaon, dem König von Pylos, die auch zur Teilnahme an diesem Opfer gekommen waren, unterstützt wurde, fürchtete sich Pelias, ihm sein Geburtsrecht abzuschlagen. «Doch zuerst», sprach er, «verlange ich, daß du unser geliebtes Land von einem Fluch befreist!»

Dann erfuhr Iason, daß Pelias vom Geist des Phrixos verfolgt wurde, der vor einer Generation von Orchomenos auf dem Rücken eines königlichen Widders reitend geflohen war, um seiner Opferung zu entgehen. Er nahm in Kolchis Zuflucht, wo ihm bei seinem Tode ein gebührendes Begräbnis verweigert wurde. Gemäß dem Delphischen Orakel würde das Land Iolkos, wo viele der minyischen Verwandten des Iason lebten, niemals Wohlstand erreichen, wenn Phrixos' Geist nicht zusammen mit dem Goldenen Vlies des Widders auf einem Schiff heimgebracht werden würde. Jetzt hing dieses Vlies von einem Baum im Haine des Kolchischen Ares und wurde Tag und Nacht von einem nie schlafenden Drachen bewacht. Wäre diese fromme Tat erfüllt, erklärte Pelias, würde er gern seine Königswürde aufgeben, die für einen Mann in seinem fortgeschrittenen Alter doch langsam eine Bürde wäre.

Iason konnte Pelias diesen Dienst nicht abschlagen. Daher sandte er Herolde zu jedem Hof Griechenlands, die Freiwillige für seine Fahrt werben sollten. Er überredete auch Argos, den Thespier, ihm ein Schiff mit fünfzig Rudern zu bauen; dieses geschah in Pagasai aus abgelagertem Holz vom Berg Pelion. Athene selbst setzte im Bug der *Argo* einen Orakelbalken ein, der aus der Eiche ihres Vaters Zeus zu Dodona geschnitten worden war.

Zahlreiche Listen der Argonauten – mit den Namen der Begleiter des Iason – wurden zu verschiedenen Zeiten aufgestellt; doch die folgende Aufzählung stammt aus den verläßlichsten Quellen:

Akastos, Sohn des Königs Pelias
Aktor, Sohn des Phokers Deion
Admetos, Prinz von Pherai
Amphiaraos, der Seher aus Argos
Der Große Ankaios von Tegea, Sohn des Poseidon
Der Kleine Ankaios, der Leleger von Samos
Argos der Thesper, Erbauer der *Argo*
Askalaphos der Orchomener, Sohn des Ares
Asterios, Sohn des Kometes, ein Peloper
Atalanta von Kalydon, die jungfräuliche Jägerin
Augeias, Sohn des Königs Phorbas von Elis
Butes von Athen, der Bienenmeister
Echion, Sohn des Hermes, der Herold
Erginos von Miletos
Euphemos von Tainaron, der Schwimmer
Euryalos, Sohn des Mekisteus, einer der Epigonen
Eurydamas der Doloper vom See Xynias
Herakles von Tiryns, der stärkste Mann, der je lebte, nun ein Gott
Hylas der Dryoper, Schildknappe des Herakles
Idas, Sohn des Aphareus von Messenia
Idmon der Argiver, Sohn des Apollon
Iphikles, Sohn des Thestios des Aitolers
Iphitos, Bruder von König Eurystheus von Mykene
Iason, der Führer der Expedition
Kaineus der Lapither, der einst eine Frau gewesen war
Kalais, der geflügelte Sohn des Boreas
Kanthos der Euboier
Kastor, der spartanische Ringkämpfer, einer der Dioskuren
Kepheus, Sohn des Arkaders Aleus
Koronos, der Lapither, aus Gyrton in Thessalien
Laërtes, Sohn des Argivers Akrisios
Lynkeus, der Späher, Bruder des Idas
Melampos von Pylos, Sohn des Poseidon
Meleager von Kalydon
Mopsos der Lapither

Die Argonauten mit Athene, von einer großen zweihenkeligen Schale (Louvre, Paris)

Nauplios der Argiver, Sohn des Poseidon, ein berühmter Segler
Oileus der Lokrer, Vater des Aias
Orpheus, der thrakische Poet
Palaimon, Sohn des Hephaistos, ein Aitoler
Peleus der Myrmidone
Peneleos, Sohn des Hippalkimos, der Boioter
Periklymenos von Pylos, der seine Gestalt wechselnde Sohn des Poseidon
Phaleros, der athenische Bogenschütze
Phanos, der kretische Sohn des Dionysos
Poias, Sohn des Magnesers Thaumakos
Polydeukes, der spartanische Faustkämpfer, einer der Dioskuren
Polyphemos, Sohn des Arkaders Elatos
Staphylos, Bruder des Phanos
Tiphys, der Steuermann vom boiotischen Siphai
Zetes, Bruder des Kalais

Niemals zuvor war eine so edle Schiffsbesatzung versammelt gewesen. Die Argonauten sind auch als Minyer bekannt, weil sie den Geist des Phrixos, Enkel des Minyas, und das Vlies seines Widders zurückbrachten und weil viele von ihnen, einschließlich Iason, dem Blut der Töchter des Minyas entsprangen. Dieser Minyas, ein Sohn des Chryses, war von Thessalien nach Orchomenos in Boiotien ausgewandert, wo er ein Königreich gründete. Er war der erste König, der eine Schatzkammer baute.

Die lemnischen Frauen und König Kyzikos

Nachdem Herakles den Erymanthischen Keiler gefangen hatte, erschien er plötzlich in Pagasai und wurde einstimmig zum Befehlshaber der *Argo* ernannt. Doch großzügig lehnte er ab und wollte unter Iason dienen, der, obzwar ein Neuling, die Expedition geplant und begonnen hatte. Als das Schiff von Stapel gelassen und die Lose für die Bänke gezogen waren – zwei Ruderer für jede Bank –, war es Iason, der dem ‹Apollon der Einschiffung› ein Gespann Ochsen als Opfer darbrachte. Als der Rauch dieses Opfers glückverheißend in dunklen, wirbelnden Säulen zum Himmel anstieg, ließen sich die Argonauten zu ihrem Abschiedsgelage nieder. Und Orpheus beruhigte mit seiner Leier die durch Trunkenheit entstandenen Streitereien. Dann setzten sie die Segel und nahmen Kurs auf Lemnos.

Etwa ein Jahr vorher hatten die lemnischen Männer mit ihren Frauen Streit, über deren Gestank sie sich beklagten. Sie nahmen thrakische Mädchen, die sie bei ihren Überfällen gefangengenommen hatten, als Konkubinen. Aus Rache dafür ermordeten die lemnischen Frauen mitleidlos alle Männer, die alten wie auch die jungen, mit Ausnahme des Königs Thoas; heimlich schonte seine Tochter Hypsipyle sein Leben: Sie setzte ihn in einem ruderlosen Boot auf dem Meere aus. Als die *Argo* nun in Sicht kam und die lemnischen Frauen sie für ein feindliches Schiff aus Thrakien hielten, legten sie die Panzer ihrer toten Männer an und rannten kühn zur Küste, den drohenden Angriff abzuwehren. Doch der redegewandte Echion – den Landestab als Iasons Herold in der Hand – konnte sie bald beruhigen. Hypsipyle berief den Rat und machte den Vorschlag, den Argonauten Gaben von Wein und Nahrung zu schicken, ihnen aber den Zutritt zu ihrer Stadt Myrine zu verwehren, da sie fürchtete, sie könnte wegen des Gemetzels angeklagt werden. Da erhob sich Polyxo, die betagte Amme Hypsipyles, und wandte ein, daß die lemnische Rasse ohne Männer bald aussterben würde. «Es wäre wohl das klügste», sagte sie, «wenn ihr euch diesen hochgeborenen Abenteurern in Liebe hingeben und damit nicht nur unsere Insel unter mächtigen Schutz stellen, sondern auch einen neuen und starken Stamm heranziehen würdet.»

Dieser uneigennützige Rat wurde laut gelobt und die Argonauten in Myrine willkommen geheißen. Selbstverständlich erzählte Hypsipyle Iason nicht die volle Wahrheit, sondern stotternd und errötend erklärte sie, daß nach vielen Mißhandlungen durch ihre Männer ihre Gefährtinnen die Waffen ergriffen und die Männer gezwungen hätten, auszuwandern. Der leere Thron von Lemnos, sagte sie, wäre sein, wenn er es wollte. Obwohl Iason dankbar ihr Angebot annahm, erklärte er, er müsse, bevor er sich in ihrem fruchtbaren Lemnos niederlassen könne, erst die Suche nach dem Goldenen Vlies erfolgreich beenden. Trotzdem fiel es Hypsipyle nicht schwer, die Argonauten zu überreden, den Zeitpunkt ihrer Abreise aufzuschieben; denn jeder der Abenteurer war von zahlreichen jungen Frauen belagert, die es reizte, mit ihm ins Bett zu gehen. Für sich selbst beanspruchte Hypsipyle Iason und nahm ihn königlich auf. Es war damals, daß er Euneus und dessen Zwillingsbruder Nebrophonos zeugte, den manche Deiphilos oder Thoas den Jüngeren nennen. Euneus wurde schließlich König von Lemnos und versorgte während des Trojanischen Krieges die Griechen mit Wein.

Bei dieser Gelegenheit wurden auch viele andere Kinder von den anderen Argonauten gezeugt. Wäre nicht Herakles, der die *Argo* bewachte, endlich ärgerlich nach Myrine gezogen, hätte er nicht mit seiner Keule an die Türen der Häuser geschlagen und seine Kameraden zur Pflicht gerufen, so hätte wahrscheinlich das Goldene Vlies niemals Kolchis verlassen. Er zwang sie, schnell zur Küste zu kommen, und noch in der gleichen Nacht segelten sie nach Samothrake, wo sie in die Mysterien der Persephone und ihrer die Seeleute aus Seenot rettenden Diener, der Kabeiri, eingeführt wurden.

Nun segelten die Argonauten weiter und ließen Imbros steuerbord liegen. Da allgemein bekannt war, daß König Laomedon von Troia den Eingang zum Hellespont bewachte und kein griechisches Schiff durchließ, schlichen sie sich im Schutze der Nacht und der thrakischen Küste durch die Meerenge und kamen sicher in das Marmarameer. Als sie sich dolionischem Gebiet näherten, landeten sie an einer zerklüfteten Halbinsel, genannt Arkton, die vom Berg Dindymon überragt wird. Hier hieß sie König Kyzikos, der Sohn des Aineus, des früheren Verbündeten des Herakles, willkommen. Er hatte gerade Kleite aus dem phrygischen Perkote geheiratet und lud sie alle herzlich ein, an seinem Hochzeitsgelage teilzunehmen. Während die Feierlichkeiten noch im Gange waren, wurden die Wachen der *Argo* von gewissen sechshändigen erdgeborenen Giganten mit Felsen und Keulen angegriffen. Diese wohnten im Inneren der Halbinsel. Sie konnten davongejagt werden.

Daraufhin weihten die Argonauten ihren Ankerstein der Athene und nahmen einen schwereren an Bord. Sie ruderten mit herzlichen Abschiedsgrüßen fort und nahmen Kurs auf den Bosporos. Plötzlich überholte sie ein Nordostwind, und sie kamen so schlecht vorwärts, daß Tiphys beschloß, das Schiff zu wenden und die windgeschützte Seite der Halbinsel anzulaufen; doch es wurde von seinem Kurs abgetrieben. Die Argonauten konnten ihr Schiff gerade noch im Dunkel der Nacht landen, aber sogleich wurden sie von gutbewaffneten Kriegern überfallen. Erst als sie diese in einem wilden Kampf besiegt, einige von ihnen getötet und den Rest von ihnen in die Flucht geschlagen hatten, erkannte Iason, daß er die östliche Küste von Arkton angelaufen hatte. Der edle König Kyzikos, der die Argonauten für Piraten gehalten hatte, lag tot zu seinen Füßen. Kleite, die bei dieser Nachricht wahnsinnig wurde, erhängte sich; und die Nymphen des Haines weinten so mitfühlend, daß ihre Tränen zu einem Springbrunnen wurden, der nun ihren Namen trägt.

Die Argonauten hielten dann zu Ehren des Kyzikos Begräbnisspiele ab und blieben durch das Wetter noch viele Tage an das Land gebunden. Schließlich flatterte ein Eisvogel über dem Haupt des Iason und ließ sich zwitschernd auf den Bug der *Argo* nieder. Mopsos, der die Sprache der Vögel verstand, erklärte, daß alles gutgehen würde, könnten sie die Göttin Rhea besänftigen. Sie hatte als Sühne für den Tod ihres heiligen Löwen auf dem Tod des Kyzikos bestanden, der das Tier auf dem Berg Dindymon getötet hatte; aber jetzt war sie über die Argonauten verärgert, weil diese solch ein Gemetzel unter ihren sechsarmigen erdgeborenen Brüdern verursacht hatten. Da errichteten sie zu Ehren der Göttin eine Statue, die Argos aus einem alten Weinstock geschnitzt hatte, und tanzten in voller Bewaffnung auf dem Berggipfel. Rhea erkannte ihre Ehrerbietung an: Sie ließ eine Quelle – nun die Quelle des Iason genannt

– aus den benachbarten Felsen hervorspringen. Dann erhob sich ein günstiger Wind, und die Argonauten setzten ihre Reise fort. Die Dolioner jedoch trauerten noch einen vollen Monat, zündeten keine Feuer an und lebten von ungekochter Nahrung: eine Sitte, die noch immer während der jährlichen Kyzikischen Spiele beobachtet wird.

Hylas, Amykos und Phineus

Jetzt forderte Herakles die Argonauten zu einem Ruderwettkampf auf, um zu sehen, wer am längsten rudern könne. Nach vielen mühsamen, nur durch das Leierspiel des Orpheus unterbrochenen Stunden hatten es nur Iason, die Dioskuren und Herakles am Ruder ausgehalten. Ihre Kameraden hatten sich einer nach dem anderen als geschlagen erklärt. Kastors Kraft begann nachzulassen, und Polydeukes zog sein eigenes Ruder ein, da er ihn nur so bewegen konnte, aufzugeben. Iason und Herakles jedoch, die an den entgegengesetzten Seiten des Schiffes saßen, trieben die *Argo* weiterhin vorwärts, bis sie die Mündung des Flusses Chios in Mysien erreichten und Iason ohnmächtig wurde. Fast im gleichen Augenblick brach das Ruder des Herakles. Verärgert und angeekelt schaute er um sich. Da stießen seine müden Kameraden ihre Ruder wieder durch die Löcher und setzten die *Argo* am Flußufer an Land.

Während sie die Abendmahlzeit vorbereiteten, ging Herakles auf die Suche nach einem Baum, der ihm als neues Ruder dienen könnte. Er entwurzelte eine riesige Fichte. Als er sie aber zum Beschlagen ans Lagerfeuer gebracht hatte, bemerkte er, daß sein Gefolgsmann Hylas verschwunden war; dieser hatte sich ein oder zwei Stunden früher auf den Weg gemacht, Wasser aus dem nahe gelegenen Teich von Pegai zu holen. Auch Polyphemos war fortgegangen, ihn zu suchen.

Mit dem Ruf «Hylas! Hylas!» stürzte sich Herakles wild in die Wälder und traf bald Polyphemos, der berichtete: «Ich hörte die Hilferufe des Hylas und lief seiner Stimme nach. Aber als ich nach Pegai kam, fand ich kein Zeichen eines Kampfes mit wilden Tieren oder anderen Feinden. Nur sein Wasserkrug lag verlassen am Ufer des Teiches.» Herakles und Polyphemos setzten die ganze Nacht ihre Suche fort und zwangen jeden Myser, den sie trafen, sich ihnen anzuschließen. Aber alles war vergebens. In Wirklichkeit hatten sich Dryope und ihre Schwesternymphen aus Pegai in Hylas verliebt und ihn verlockt, zu ihnen zu kommen, um mit ihnen in einer Unterwassergrotte zu leben.

Bei der Morgendämmerung kam ein günstiger Wind auf, und da weder Herakles noch Polyphemos erschienen, obwohl jeder nach ihnen rief und das Land vom Echo der Rufe erfüllt war, gab Iason den Befehl, die Reise fortzusetzen. Dieser Entscheidung wurde laut widersprochen, und als die *Argo* vom Ufer fortzog, klagten ihn verschiedene der Argonauten an, Herakles zurückgelassen zu haben, um sich für seine Niederlage beim Rudern zu rächen. Sie versuchten, Tiphys zu veranlassen, das Schiff zu wenden, aber Kalais und Zetes widersetzten sich. Dies ist auch der Grund, warum Herakles sie später auf der Insel Tenos tötete. Dort setzte er einen schwankenden Felsbrocken auf ihr Grab.

Herakles drohte, Mysien zu verwüsten, sollten die Einwohner nicht weiter

Nymphen
(Archäologisches Museum, Delphi)

nach Hylas suchen, sei er nun tot oder lebendig. Dann führte er einen erfolgreichen Überfall auf Troia aus und nahm seine Arbeiten wieder auf. Doch Polyphemos ließ sich in der Nähe von Pegai nieder und erbaute die Stadt Krios, wo er regierte, bis ihn die Chalybier in einer Schlacht töteten.

Als nächstes kam die *Argo* zur Insel Bebrykos, die auch im Marmarameer liegt und von dem überheblichen König Amykos, einem Sohn des Poseidon, regiert wurde. Dieser Amykos bildete sich ein, ein hervorragender Faustkämpfer zu sein, und pflegte alle Fremden zu einem Wettkampf aufzufordern, der sich immer als deren Unglück erwies. Lehnten sie ab, so warf er sie ohne viel Umstände über eine Klippe ins Meer. Er näherte sich nun den Argonauten und verweigerte ihnen Nahrung und Wasser, wenn sich ihm nicht einer ihrer Helden im Ring stellte. Polydeukes, der den Faustkampf bei den Olympischen Spielen gewonnen hatte, trat freiwillig vor und zog die häutenen Handschuhe an, die Amykos ihm anbot.

In einem blumenreichen Tal nicht weit vom Strand stürzten sich Amykos und Polydeukes mit Eifer in den Kampf. Die Handschuhe des Amykos waren mit bronzenen Dornen besteckt, und die Muskeln auf seinen haarigen Armen sahen wie mit Seealgen bedeckte Felsbrocken aus. Er war bei weitem der Schwerere und einige Jahre jünger. Doch ging der anfangs vorsichtig kämpfende Polydeukes seinen stierähnlichen Angriffen aus dem Weg und entdeckte bald die schwachen Punkte seiner Verteidigung. Nicht viel später begann der andere, Blut aus seinem geschwollenen Mund zu spucken. Nach einem lange sich hinziehenden Kampf, in dem keiner ein Zeichen der Ermüdung zeigte, brach Polydeukes die Verteidigung des Amykos, schlug seine Nase mit einem geraden linken Haken platt und gab ihm noch weitere unbarmherzige Schläge auf beide Seiten, wobei er Haken und Schläge verwendete. In Schmerz und Verzweiflung ergriff Amykos mit seiner linken Hand die linke Faust des Polydeukes und zog an ihr, während er mit der rechten zu einem kraftvollen Schlag ausholte. Doch Polydeukes wich zurück, und der Faustschlag ging ins Leere. Er erwiderte ihn mit einem betäubenden rechten Haken gegen das Ohr, dem ein so unwiderstehlicher Kinnhaken folgte, daß er das Schläfenbein des Amykos brach und ihn sofort tötete.

Als die Bebryker ihren König tot am Boden liegen sahen, sprangen sie zu den Waffen; doch die jubelnden Gefährten des Polydeukes besiegten sie mühelos und plünderten den königlichen Palast. Um Poseidon, den Vater des Amykos, zu besänftigen, brachte ihm Iason ein Brandopfer von zwanzig roten Stieren dar, die unter der Beute gefunden wurden.

Die Argonauten stachen am nächsten Tag wieder in See und kamen nach Salmydessos im östlichen Thrakien, wo Phineus, der Sohn des Agenor, regierte. Er war von den Göttern mit Blindheit geschlagen worden, weil er die Zukunft zu genau voraussagen konnte; auch von einem Paar Harpyien wurde er arg geplagt: Es waren ekelhafte, geflügelte weibliche Kreaturen, die bei jeder Mahlzeit in den Palast flogen, ihm das Essen vom Tisch rissen und alles übrige beschmutzten, so daß es stank und ungenießbar war. Als Iason den Phineus um Rat fragte, wie er das Goldene Vlies gewinnen könnte, antwortete ihm dieser: «Befreie mich erst von diesen Harpyien!» Die Diener des Phineus breiteten vor den Argonauten ein Mahl aus, auf das die Harpyien sofort herabstießen und ihr übliches Spiel begannen. Kalais und Zetes jedoch, die geflügelten Söhne des Boreas, erhoben sich, mit dem Schwert in der Hand, und jagten sie auf in die Luft und weit über das Meer. Manche sagen, sie hätten die Harpyien bei den Strophaden-Inseln eingeholt, jedoch ihr Leben geschont, als sie sich umdrehten und um Gnade baten. Denn Iris, die Botin der Hera, hatte sich für sie eingesetzt und versprochen, daß sie in ihre Höhle im kretischen Dikte zurückkehren und Phineus nie wieder belästigen würden.

Jetzt erklärte Phineus Iason die Fahrt durch den Bosporos und gab ihm einen genauen Bericht über das Wetter, die Gastfreundschaft und das Schicksal, das seiner auf dem Weg nach Kolchis warte. Er fügte noch hinzu: «Und wenn du Kolchis erreicht hast, setze dein Vertrauen in Aphrodite!»

Phineus hatte zuerst Kleopatra geheiratet, die Schwester des Kalais und des Zetes, und dann, als sie später starb, Idaia, eine skythische Prinzessin. Idaia war auf Kleopatras beide Söhne eifersüchtig und ließ falsche Zeugen erscheinen, die sie verschiedener Laster anklagen sollten. Kalais und Zetes jedoch, die diese Verschwörung entdeckten, befreiten ihre Neffen aus dem Gefängnis, wo sie täglich von den skythischen Wachen gepeitscht wurden. Phineus schenkte ihnen nicht nur wieder seine Gunst, sondern schickte auch Idaia zu ihrem Vater zurück.

Von den Symplegaden nach Kolchis

Phineus hatte die Argonauten vor den schrecklichen Felsen, genannt die Symplegaden, gewarnt. Diese bewachten, stets vom Nebel umhüllt, den Eingang zum Bosporos. Wenn ein Schiff versuchte, zwischen ihnen durchzufahren, fielen sie gegeneinander und erdrückten das Schiff. Doch auf den Rat des Phineus ließ Euphemos eine Taube oder vielleicht einen Reiher los, der der *Argo* voranflog. Sobald die Felsen die Schwanzfedern des Vogels zerdrückt hatten und wieder zurückschwangen, ruderten die Argonauten, unterstützt von der Athene und der Leier des Orpheus, mit großer Geschwindigkeit hindurch und verloren nur ihren Heckschmuck. Im Einklang mit einer Prophezeiung blieben die Felsen daraufhin fest an ihrem Standort stehen, einer auf jeder Seite der Meerenge. Obwohl die Stärke der Strömung das Schiff fast unlenkbar machte, legten sich die Argonauten in ihre Ruder, bis sie sich wie Bogen krümmten, und erreichten ohne Zwischenfall das Schwarze Meer.

Sie zogen an der südlichen Küste entlang und legten bald an der kleinen Insel Thynias an.

Von dort segelten sie nach der Stadt Mariandyne. Sie wurden von König Lykos aufs wärmste willkommen geheißen. Die Nachricht, daß sein Feind, König Amykos, nun tot sei, hatte Lykos schon durch Läufer erreicht, und dankbar bot er den Argonauten seinen Sohn Daskylos als Führer für die Reise entlang der Küste an. Als sie sich am folgenden Tag wieder einschiffen wollten, wurde der Seher Idmon von einem wilden Keiler angegriffen, der im Schilf des Flusses Lykos lauerte und ihm den rechten Schenkel mit seinen großen Hauern aufriß. Idas sprang Idmon zu Hilfe, und als der Keiler wieder angriff, durchbohrte er ihn mit seinem Speer. Doch Idmon verblutete trotz aller Pflege, und die Argonauten betrauerten ihn drei Tage lang. Dann erkrankte Tiphys und starb, und seine Kameraden überfiel großer Kummer, als sie den Grabhügel neben dem von Idmon über seiner Asche errichteten. Zuerst bot sich Groß Ankaios und nach ihm boten sich Erginos, Nauplios und Euphemos an, den Platz des Tiphys als Steuermann zu übernehmen; doch wurde Ankaios erwählt und machte seine Fahrt gut.

Von Mariandyne setzten sie ihre Segelreise viele Tage fort, ostwärts, bis sie nach Sinope in Paphlagonien kamen. In Sinope fand Iason junge Männer, die die drei freien Plätze auf seinen Ruderbänken ausfüllen konnten, nämlich die Brüder Deileon, Autolykos und Phlogios von Trika, die Herakles auf seiner Fahrt zu den Amazonen begleitet hatten, aber von ihm durch einen Zufall getrennt wurden und nun in dieser Gegend gestrandet waren.

Nun segelte die *Argo* am Lande der Amazonen vorbei, dann am Lande der eisenverarbeitenden Chalyber, die weder den Boden bestellen noch Herden hüten, sondern nur vom Gewinn ihrer Schmieden leben, und vorbei am Lande der Tibarener, wo es Sitte ist, daß der Gatte wie im Kindbett stöhnt, während seine Frau in Wehen liegt, und entlang am Lande der Moisynoicher, die in hölzernen Festungen leben, sich wahllos paaren und unglaublich lange Speere und weiße Schilde in Form von Efeublättern tragen.

In der Nähe der kleinen Insel des Ares flogen große Vogelscharen über die *Argo* und ließen bronzene Federn fallen, von denen eine den Oileus an der Schulter verwundete. Da setzten die Argonauten, sich der Ratschläge des Phineus erinnernd, ihre Helme auf und schrien so laut sie konnten. Die eine Hälfte der Mannschaft ruderte, während die übrigen sie mit ihren Schilden schützten, auf die sie mit den Schwertern schlugen. Phineus hatte ihnen auch geraten, auf der Insel zu landen, was sie nun taten. Sie scheuchten Myriaden von Vögeln auf, bis nicht einer mehr übrig war. In dieser Nacht lobten sie seine Weisheit, als sich ein gewaltiger Sturm erhob und vier Aioler, die sich an einen Holzpfosten klammerten, in der Nähe ihres Lagers an die Küste geworfen wurden. Diese Schiffbrüchigen waren Kytisoros, Argeus, Phrontis und Melanion, Söhne des Phrixos und der Chalkiope, einer Tochter des Königs Aiëtes, und dadurch mit vielen der Anwesenden eng verwandt. Sie hatten auf einer Reise nach Griechenland Schiffbruch erlitten. Dort wollten sie auf das orchomenische Königreich ihres Großvaters Athamas Anspruch erheben. Iason begrüßte sie herzlich, und gemeinsam brachten sie Opfer auf einem schwarzen Stein im Tempel des Ares dar, wo dessen Gründerin, die Amazone Antiope, einst Pferde geopfert hatte. Als Iason erklärte, daß es seine Aufgabe wäre, die Seele des Phrixos und das Fell des goldenen Widders, auf dem er geritten war, nach Griechenland zurückzubringen, befanden sich Kytisoros und seine Brüder in einem Gewissenskonflikt: Obwohl sie dem Andenken ihres Vaters Achtung schuldeten, fürchteten sie andererseits, ihren Großvater mit der Forderung nach dem Vlies zu beleidigen. Doch was blieb ihnen schon übrig, als sich ihren Vettern, die ihr Leben gerettet hatten, anzuschließen?

Nun fuhr die *Argo* entlang der Küste an der Insel Philyra vorbei. Bald türmte sich die kaukasische Bergkette über den Argonauten, und sie betraten die Mündung des breiten Flusses Phasis, der Kolchis bewässert. Zuerst gossen sie den Göttern des Landes ein Trankopfer aus, aus Wein und Honig gemischt, dann verbarg Iason die *Argo* in einem geschützten Flußarm, wo er einen Kriegsrat einberief.

Medea, Wandgemälde (Nationalmuseum, Neapel)

gegenüber: *Die Sirenen, von einem dreibeinigen Arzneikasten (Britisches Museum, London)*

Iason nimmt das Goldene Vlies vom Baum, rotfigurige Vasenmalerei (Metropolitan Museum of Art, New York)

Die Eroberung des Vlieses

Auf dem Olymp beratschlagten Hera und Athene ängstlich, wie ihr Liebling Iason das Goldene Vlies gewinnen könnte. Sie beschlossen endlich, sich an Aphrodite zu wenden. Diese versprach, daß ihr schlimmer kleiner Sohn Eros Medea, die Tochter des Königs Aiëtes, mit einer plötzlichen Leidenschaft für Iason erfüllen werde.

Inzwischen schlug Iason bei dem Kriegsrat, der in dem verborgenen Flußarm abgehalten wurde, vor, mit den Söhnen des Phrixos in die nahe kolchische Stadt Aia zu gehen, wo Aiëtes regierte, und das Vlies als Gunstbezeugung zu erbitten. Nur wenn ihnen dies abgeschlagen würde, wollten sie List oder Gewalt anwenden. Alle hießen seinen Vorschlag willkommen, und Augeias, der Halbbruder des Aiëtes, schloß sich der Gruppe an. Als sich Iason und seine Gefährten dem Palast näherten, begegneten sie zuerst Chalkiope, die überrascht war, Kytisoros und ihre anderen drei Söhne so bald zurückkehren zu sehen. Als sie deren Geschichte hörte, überhäufte sie Iason mit Dank für die Rettung. Dann kam Aiëtes, begleitet von Eidyia. Er zeigte großes Mißfallen – denn Laomedon hatte es auf sich genommen, alle Griechen vom Eindringen in das Schwarze Meer abzuhalten – und bat seinen Lieblingsenkel Aigeus, diese Zudringlichkeit zu erklären. Aigeus antwortete, daß Iason, dem er und seine Brüder das Leben verdankten, auf Befehl des Orakels gekommen sei, das Goldene Vlies zu holen. Als er sah, wie Aiëtes' Züge sich in Zorn verfinsterten, fügte er sofort hinzu: «Als Gegenleistung für diese Gunst werden diese edlen Griechen gern die Sauromater der Herrschaft deiner Majestät unterwerfen.» Aiëtes lachte verächtlich und befahl Iason, dorthin zurückzukehren, von wo sie gekommen seien, bevor er ihnen die Zungen herausschneiden und die Hände abhacken lassen müßte.

In diesem Moment kam die Prinzessin Medea aus dem Palast, und als Iason freundlich und höflich antwortete, schämte sich Aiëtes seiner selbst und willigte ein, das Vlies herzugeben, doch – wie es schien – zu unmöglichen Bedingungen. Denn Iason sollte zwei feuerschnaubende, bronzehufige Stiere, Schöpfungen des Hephaistos, ins Joch spannen, das Feld des Ares in einer Ausdehnung von vier Tagwerken pflügen und dann die von der Saat des Kadmos bei Theben übriggebliebenen Zähne der Schlangen säen, die ihm Athene gegeben hatte. Iason stand benommen und überlegte, wie er diese unerhörten Aufgaben erfüllen könnte, da zielte Eros mit einem seiner Pfeile auf Medea und jagte ihn bis zu den Federn in ihr Herz.

Chalkiope, die an diesem Abend Medeas Schlafkammer besuchte, um sich ihrer Hilfe für Kytisoros und seine Brüder zu vergewissern, fand diese Hals über Kopf in Iason verliebt. Als Chalkiope sich als Vermittlerin anbot, nahm Medea es gern auf sich, Iason beim Einspannen der feuerschnaubenden Bullen zu helfen und das Vlies zu gewinnen. Sie stellte die einzige Bedingung, daß sie auf der *Argo* als seine Gattin zurücksegeln sollte.

Iason wurde gerufen und schwor bei allen Göttern des Olymps, Medea immer die Treue zu halten. Sie gab ihm eine Flasche mit dem blutroten Saft des doppelstieligen, safrangefärbten kaukasischen Krokus, der ihn gegen den feurigen Atem der Stiere schützen würde. Iason nahm die Flasche dankbar an, und nach einem Honigopfer öffnete er sie und rieb mit dem Inhalt seinen

Körper, den Speer und den Schild ein. Somit war er imstande, die Bullen zu unterwerfen und sie in einem diamantharten Joch vor den Pflug zu spannen. Er pflügte den ganzen Tag und säte die Zähne bei Einbruch der Nacht, aus denen sofort bewaffnete Männer hervorsprangen. Er forderte diese heraus, gegeneinander zu kämpfen, indem er einen Wurfring in ihre Mitte schleuderte, wie es schon Kadmos bei einem ähnlichen Anlaß getan hatte. Dann tötete er die verwundeten Überlebenden.

König Aiëtes hatte jedoch nicht die Absicht, sich von dem Vlies zu trennen, und verweigerte schamlos seine Herausgabe. Er drohte, die *Argo* zu verbrennen, die nun vor Aia lag, und ihre Mannschaft zu töten. Aber Medea, der er unklugerweise seinen Plan anvertraut hatte, führte Iason und eine Gruppe der Argonauten zu dem heiligen Bezirk des Ares, der sechs Meilen entfernt lag. Dort hing das Vlies, bewacht von einem ekelerregenden und unsterblichen Drachen, der tausendmal gewunden, größer als die *Argo* selber und aus dem Blut des Ungeheuers Typhon entsprungen war, das Zeus getötet hatte. Sie beruhigte den zischenden Drachen mit Liedern und tropfte den Saft frisch geschnittener Wacholderzweige als Schlafmittel auf seine Augenlider. Iason löste heimlich das Vlies von dem Eichenbaum und eilte zusammen mit ihr hinunter zum Strand, wo die *Argo* lag.

Aber schon war von den Priestern des Ares Alarm geschlagen worden. Zugleich laufend und kämpfend nahmen die Kolcher die Verfolgung auf und verwundeten Iphitos, Meleager, Argos, Atalanta und Iason. Doch gelang es diesen trotzdem, an Bord der wartenden *Argo* zu klettern, die in großer Eile davonruderte, verfolgt von den Galeeren des Aiëtes. Nur Iphitos erlag seiner Verwundung. Die anderen aber heilte bald Medea mit Heilmitteln eigener Erfindung.

Die Ermordung des Apsyrtos

Viele unterschiedliche Berichte über die Rückkehr der *Argo* sind uns überliefert, obwohl man allgemein darin übereinstimmt, daß die Argonauten gemäß dem Rat des Phineus der Sonnenbahn entgegengesetzt um das Schwarze Meer segelten. Manche behaupten, daß Medea, als Aiëtes sie an der Donaumündung überholte, ihren jungen Halbbruder Apsyrtos, den sie mit an Bord genommen hatte, tötete. Sie habe ihn in Stücke geschnitten und dann eins nach dem anderen in die schnelle Strömung geworfen. Diese grausame Kriegslist hielt die Verfolgung auf, denn sie zwang Aiëtes, jedes einzelne Stück für das nachfolgende Begräbnis in Tomi zu sammeln.

Der genaueste und geschlossenste Bericht jedoch lautet, daß Apsyrtos, der von Aiëtes zur Verfolgung Iasons ausgesandt wurde, die *Argo* an der Mündung der Donau in einen Hinterhalt lockte. Dort beschlossen die Argonauten, Medea an der Küste einer nahen Insel, die der Artemis geweiht war, auszusetzen und sie dort einige Tage unter Aufsicht einer Priesterin zu lassen. Inzwischen würde ein König der Bryger über den Fall urteilen und entscheiden, ob sie nach Hause zurückkehren oder Iason nach Griechenland folgen und in wessen Besitz das Vlies bleiben sollte. Doch Medea sandte eine persönliche Botschaft an Apsyrtos, in der sie behauptete, mit Gewalt entführt worden zu sein, und ihn bat, sie zu retten. Als er in dieser Nacht die Insel besuchte und somit den Waffenstillstand brach, folgte Iason, lauerte ihm auf

Eine Sirene, Terrakotta (Archäologisches Museum, Palermo)

gegenüber: *Medea gibt vor, den Pelias zu verjüngen (Vatikan)*

und schlug ihn von hinten nieder. Dann schnitt er die Gliedmaßen des Apsyrtos ab und leckte dreimal an dem vergossenen Blut, das er jedesmal wieder ausspie, um den Geist davon abzuhalten, ihn zu verfolgen. Sobald Medea wieder an Bord der *Argo* war, griffen die Argonauten die führerlosen Kolcher an, zerstreuten ihre Flotte und entflohen.

Nach der Ermordung des Apsyrtos kehrte die *Argo* durch den Bosporos zurück, auf dem gleichen Weg, den sie gekommen war, und passierte sicher den Hellespont, da die Troer sich nicht länger ihrer Durchfahrt entgegenstellen konnten. Denn Herakles hatte nach seiner Rückkehr von Mysien eine Flotte von sechs Schiffen versammelt und hatte die troische Flotte zerstört. Dann schlug er sich mit seiner Keule den Weg in die Stadt Troia frei und verlangte von König Laomedon die menschenfressenden Stuten des Königs Diomedes, die er vor einigen Jahren in seiner Obhut gelassen hatte. Als Laomedon abstritt, etwas von diesen Pferden zu wissen, tötete ihn Herakles und alle seine Söhne, mit Ausnahme des Säuglings Podarkes oder Priamos, den er zum König ernannte.

Iason und Medea befanden sich nicht mehr an Bord der *Argo*. Ihr Orakelbalken hatte gesprochen und sich geweigert, einen von ihnen weiter zu tragen, ehe sie nicht vom Mord reingewaschen worden seien. Von der Mündung der Donau zogen sie über Land nach Aiaia, der Inselheimat der Kirke, der Tante Medeas. Es war nicht das kampanische Aiaia, wohin Kirke später zog, um dort zu leben, sondern ihr früherer istrischer Wohnort. Dorthin führte Medea den Iason entlang eines Weges, auf dem die strohumwickelten Gaben der Hyperboreer jährlich nach Delos gebracht werden. Sie kamen als Bittsteller zu Kirke, und die Zauberin reinigte sie grollend und widerwillig mit dem Blute einer jungen Sau.

Ihre kolchischen Verfolger waren gewarnt worden, nicht ohne Medea und das Vlies zurückzukommen. Da sie errieten, daß sie zu ihrer Reinwaschung zu Kirke gegangen war, folgten sie der *Argo* über das Aigaiische Meer, um den Peloponnes herum und die illyrische Küste aufwärts. Wie sie richtig vermuteten, hatten Medea und Iason dafür gesorgt, daß sie von Aiaia abgeholt würden.

Die Argo kehrt nach Griechenland zurück

Als die Kolcher in Korkyra, dem damaligen Drepane, angekommen waren, fanden sie die *Argo* auf dem Strand gegenüber der kleinen Insel Makris. Ihre Mannschaft feierte freudig den erfolgreichen Ausgang ihrer Fahrt. Nun besuchte der kolchische Führer den König Alkinoos und die Königin Arete und verlangte im Namen des Aiëtes die Auslieferung Medeas und des Vlieses. Arete, an die sich Medea schutzsuchend gewandt hatte, hielt Alkinoos in jener Nacht wach und klagte über die schlechte Behandlung, der manche Väter gar zu oft ihre fehlgegangenen Töchter aussetzten. Endlich gelang es ihr, von König Alkinoos zu erfahren, welches Urteil er am nächsten Tage aussprechen würde. «Wenn Medea noch eine Jungfrau ist, soll sie nach Kolchis zurückkehren; ist sie es nicht mehr, darf sie bei Iason bleiben.»

Arete ließ ihn tief schlafend zurück und sandte ihren Boten mit dieser Nachricht zu Iason. Da heiratete er Medea sofort in der Höhle der Makris, der Tochter des Aristaios, die eine Zeitlang Amme des Dionysos war. Die Argonauten feierten die Hochzeit mit einem üppigen Gelage und breiteten das Goldene Vlies über das Brautlager. Das Urteil wurde, wie vorausgesehen, am Morgen ausgesprochen, Iason beanspruchte Medea als seine Gattin, und die Kolcher konnten weder die Befehle des Aiëtes erfüllen, noch aus Angst vor seinem Zorn heimkehren. Daher ließen sich einige von ihnen in Korkyra nieder, die anderen besetzten einige illyrische Inseln, nicht weit von Kirkes Aiaia.

Als Aiëtes ein oder zwei Jahre später von diesen Ereignissen erfuhr, starb er fast vor Zorn und sandte einen Herold nach Griechenland, der die Auslieferung Medeas und Sühne für das ihm Angetane verlangte. Aber es wurde ihm gesagt, daß noch keine Sühne für die Entführung Ios durch Männer aus dem Volk des Aiëtes geleistet worden war (obwohl sie in Wahrheit geflohen war, weil eine Stechfliege sie verfolgte), und daher sollte auch keine Sühne für die freiwillige Abreise Medeas geleistet werden.

Iason mußte jetzt nur noch um das Kap Malea herumfahren und mit dem Vlies nach Iolkos zurückkehren. Er kreuzte sicher an den Inseln der Sirenen entlang, wo die zauberhaften Melodien dieser Vogelfrauen durch noch lieblichere von der Leier des Orpheus übertönt wurden. Nur Butes sprang über Bord und versuchte, an die Küste zu schwimmen; doch Aphrodite rettete ihn: Sie brachte ihn über Lilybaion zum Berg Eryx und nahm ihn dort zum Geliebten.

Dann segelten die Argonauten bei schönem Wetter entlang der Küste des östlichen Sizilien, wo sie die unübertroffenen weißen Herden des Helios beobachteten, die an der Küste grasten. Doch beherrschten sie sich, eines der Tiere zu stehlen. Plötzlich wurden sie von einem schrecklichen Nordwind überrascht, der sie in neun Tagen bis zu den entferntesten Teilen Libyens trieb. Dort warf eine riesige Welle die *Argo* über die vor der Küste liegenden gefährlichen Felsen, zog sich wieder zurück und ließ das Schiff hoch und trocken eine Meile landeinwärts liegen. So weit ihre Augen reichten, erstreckte sich eine leblose Wüste. Die Argonauten hatten sich bereits auf den Tod gefaßt gemacht, als die Dreifaltige Göttin Libya, in Ziegenfelle gekleidet, dem Iason im Traum erschien und ihn beruhigte. Da faßten sie wieder Mut und bewegten die auf Rollen gesetzte *Argo* mit der Kraft ihrer Schultern zum einige Meilen entfernten Salzsee Tritonis. Diese Arbeit beanspruchte ganze zwölf Tage. Alle wären vor Durst gestorben, hätten sie nicht eine Quelle gefunden, die Herakles erst jüngst auf seinem Weg auf der Suche nach den goldenen Äpfeln der Hesperiden aus dem Boden hatte hervorspringen lassen.

Jetzt wurde Kanthos von Kaphauros, einem garamantischen Schafhirten, getötet, weil er dessen Herden forttreiben wollte; doch seine Kameraden rächten seinen Tod. Kaum waren die beiden Leichen begraben, als Mopsos auf eine libysche Schlange trat, die ihn in die Ferse biß. Ein dichter Nebel breitete sich über seine Augen, sein Haar fiel aus, und er starb einen qualvollen Tod. Nachdem ihm die Argonauten das Begräbnis eines Heroen bereitet hatten, wurden sie wieder von Verzweiflung erfaßt, da sie keinen Abfluß des Sees entdecken konnten.

Iason hatte jedoch vor Beginn der Reise die Pythia in Delphi befragt, und diese hatte ihm zwei feste, bronzene Dreifüße gegeben. Mit einem von ihnen, riet ihm Orpheus, solle er die Gottheiten des Landes besänftigen. Als er dies

gegenüber: *Medea täuscht Pelias mit ihrem Verjüngungskessel, Vasenmalerei (Britisches Museum, London)*

tat, erschien der Gott Triton und nahm den Dreifuß ohne ein Wort des Dankes; doch Euphemos versperrte ihm den Weg und fragte höflich: «Bitte, mein Herr, würdet Ihr uns freundlicherweise den Weg zum Mittelmeer weisen?» Als Antwort zeigte Triton nur gegen den Takapai-Fluß, dann aber, als ob es ihm nachträglich eingefallen sei, gab er ihm eine Erdscholle. Euphemos erkannte die Gabe mit dem Opfer eines Schafes an, und Triton erklärte sich bereit, die *Argo* an ihrem Kiel bis ins Mittelmeer zu ziehen.

Die Argonauten zogen nordwärts und erreichten Kreta. Dort hinderte sie Talos, der bronzene Wächter, eine Schöpfung des Hephaistos, an der Landung, indem er, wie es seine Art war, die *Argo* mit Felsen bewarf. Medea rief zärtlich nach diesem Ungeheuer und versprach, es mit einem gewissen Zaubertrunk unsterblich zu machen. Doch es war ein Schlaftrunk; und während Talos schlief, entfernte sie den bronzenen Nagel, der die einzige von seinem Nacken zu seinen Fußgelenken laufende Vene verschloß. Heraus strömte der farblose Lebenssaft der Götter, der ihm als Blut diente, und er starb.

In der folgenden Nacht wurde die *Argo* von einem Südsturm erfaßt, doch Iason rief Apollon an, und dieser enthüllte mit einem Blitz in der Richtung von Steuerbord die Insel Anaphe, eine der Sporaden, wo es Ankaios gelang, das Schiff zu landen. Aus Dankbarkeit errichtete Iason dem Apollon einen Altar.

Als sie nach Aigina segelten, hielten sie einen Wettbewerb ab: wer am schnellsten einen Krug Wasser schöpfen und ihn zum Schiff zurücktragen könnte. Von Aigina an war es eine gefahrlose Fahrt nach Iolkos, wie sie Dutzende von Schiffen jedes Jahr machen. Dazu hatten sie noch schönes Wetter.

Der Tod des Pelias

An einem Herbstabend kehrten die Argonauten zum Strand von Pagasai zurück, fanden aber niemand, der sie willkommen hieß. Tatsächlich ging in Thessalien das Gerücht um, daß alle tot seien. Daher hatte Pelias es gewagt, Iasons Eltern, Aison und Polymele, und deren kleinen Sohn Promachos zu töten, der ihnen nach der Abreise der *Argo* geboren wurde. Aison bat jedoch um die Erlaubnis, sich selbst das Leben nehmen zu dürfen, und als seiner Bitte stattgegeben wurde, trank er das Blut eines Stieres und atmete seine Seele aus. Daraufhin tötete sich Polymele mit einem Dolch, nachdem sie Pelias verflucht hatte, der mitleidslos den Schädel des Promachos auf dem Boden des Palastes zerschmetterte.

Als Iason diese Geschichte von einem einsamen Bootsmann hörte, verbot er ihm, die Nachricht von der Heimkehr der *Argo* zu verbreiten, und berief einen Kriegsrat. Alle seine Kameraden waren der Meinung, daß Pelias den Tod verdiente, aber als Iason einen sofortigen Angriff auf Iolkos forderte, bemerkte Akastos, daß man von ihm kaum erwarten könnte, gegen seinen eigenen Vater zu kämpfen. Die anderen hielten es auch für klüger, daß sich jeder zu seinem eigenen Heim aufmachen und dort eine Truppe für Iason aufstellen sollte. Iolkos schien in der Tat zu stark bewaffnet zu sein, um von einer so kleinen Truppe wie der ihren erstürmt werden zu können.

Da ergriff jedoch Medea das Wort und war bereit, die Stadt allein zu besiegen. Sie riet den Argonauten, das Schiff und sich selbst auf einem bewaldeten und versteckten Strand zu verbergen, der in Sichtweite von Iolkos lag. Wenn sie eine Fackel auf dem Palastdach erblicken würden, bedeute dies, daß Pelias tot und die Tore offen seien und sie die Stadt einnehmen könnten.

Während ihres Besuches bei Anaphe hatte Medea eine hohle Statue der Artemis gefunden und sie an Bord der *Argo* gebracht. Sie kleidete nun ihre zwölf phaiakischen Dienstmägde in seltsame Gewänder und führte sie, die jede abwechselnd die Statue tragen mußten, nach Iolkos. Als sie an den Stadttoren ankamen, gab Medea, selbst in der Gestalt einer alten, runzligen Frau, den Wachen den Befehl, sie passieren zu lassen. Sie schrie mit kreischender Stimme, daß die Göttin Artemis aus dem nebligen Land der Hyperboreer in einem von fliegenden Schlangen gezogenen Wagen gekommen sei, um Glück nach Iolkos zu bringen. Die erschrockenen Wachen wagten nicht, ihr den Gehorsam zu verweigern, und Medea versetzte mit ihren Dienstmägden, die wie Mainaden durch die Straßen tobten, die Einwohner in religiöse Raserei.

Pelias erwachte vom Schlaf und fragte voll Schrecken, was die Göttin von ihm verlange. Medea antwortete, daß Artemis beabsichtige, seine Frömmigkeit zu belohnen, indem sie ihn verjünge und ihm so erlaube, Erben zu zeugen, an Stelle des ungehorsamen Akastos, der erst jüngst bei einem Schiffbruch in der Nähe der libyschen Küste umgekommen sei. Pelias bezweifelte ihr Versprechen, bis Medea den Anschein des hohen Alters von sich warf und vor seinen eigenen Augen wieder jung wurde. «Dies ist die Macht der Artemis!» rief sie aus. Dann beobachtete er sie, wie sie einen alten Widder mit triefenden Augen in dreizehn Stücke schnitt und diese in einem Kessel kochte. Während sie kolchische Zaubersprüche anwendete, die er für hyperboreische hielt, und Artemis feierlich anrief, ihr zu helfen, gab Medea vor, den toten Widder wieder jung zu machen – denn ein junges Lamm war mit anderen magischen Gegenständen in der hohlen Statue der Göttin verborgen. Pelias, nun vollständig getäuscht, willigte ein, sich auf ein Lager niederzulegen, wo Medea ihn bald in Schlaf zauberte. Sie befahl dann seinen Töchtern Alkestis, Euadne und Amphinome, ihn in Stücke zu schneiden, wie sie es bei dem Widder gesehen hatten, und die Stücke im gleichen Kessel zu kochen.

Alkestis weigerte sich fromm, das Blut ihres Vaters selbst in guter Absicht zu vergießen. Doch Medea, weitere Beweise ihrer magischen Macht liefernd, überredete Euadne und Amphinome, entschlossen ihre Messer zu schwingen. Als die Tat vollendet war, führte sie sie auf ein Dach, ließ jede eine Fackel tragen und erklärte, daß sie nun den Mond anrufen müßten, während der Kessel zum Kochen käme. Aus ihrem Hinterhalt sahen die Argonauten das ferne Brennen der Fackeln und hießen das Signal willkommen. Sie stürmten nach Iolkos, ohne auf Widerstand zu stoßen.

Iason jedoch, der die Rache des Akastos fürchtete, trat die Königswürde an diesen ab. Auch nahm er ohne Zögern das Urteil der Verbannung an, das der iolkische Rat ihm auferlegte: denn er hoffte, anderswo einen einflußreicheren Thron zu erlangen.

Was nun die Töchter des Pelias betrifft: Alkestis heiratete Admetos von Pherai, mit dem sie schon lange verlobt gewesen war; Euadne und Amphinome wurden von Akastos nach Mantinea in Arkadien verbannt, wo sie nach Reinwaschung ehrenvolle Ehen schließen konnten.

Medea in Korinth

Zuerst besuchte Iason das boiotische Orchomenos, wo er das Goldene Vlies im Tempel des Laphystischen Zeus aufhing. Dann zog er die *Argo* auf den Strand des Isthmos von Korinth und weihte sie dem Poseidon.

Nun war Medea das einzige überlebende Kind des Aiëtes, des rechtmäßigen Königs von Korinth. Als er nach Kolchis auswanderte, hatte er einen gewissen Bunos als Regenten zurückgelassen. Da der Thron durch den Tod des Usurpators Korinthos, Sohn des Marathon (der sich selbst den Titel ‹Sohn des Zeus› gab), unbesetzt war und dieser keine Nachkommen hinterlassen hatte, wurde er von Medea beansprucht, und die Korinther erkannten Iason als ihren König an. Aber nachdem er zehn reiche und glückliche Jahre regiert hatte, schöpfte er den Verdacht, daß Medea seine Thronfolge durch die Vergiftung des Korinthos erlangt hätte. Er schlug vor, sich von ihr zugunsten der Thebanerin Glauke, Tochter des Königs Kreon, scheiden zu lassen.

Medea stritt ihr Verbrechen nicht ab, wies aber Iason auf den Eid hin, den er zu Aia im Namen aller Götter geschworen hatte. Als er protestierte, daß ein erzwungener Eid ungültig wäre, sagte sie zu ihm, daß er ihr auch den Thron von Korinth zu verdanken hätte. Er antwortete: «Dies ist wahr, aber die Korinther haben gelernt, vor mir mehr Achtung als vor dir zu haben.» Da er auf seinem Willen bestand, täuschte die starrsinnige Medea vor, sich seinem Willen zu unterwerfen: Sie sandte Glauke ein Hochzeitsgeschenk durch die königlichen Prinzen – sie hatte Iason sieben Söhne und sieben Töchter geboren –, und zwar eine goldene Krone und ein langes weißes Gewand. Kaum hatte Glauke diese angelegt, als unlöschbare Flammen in die Höhe schossen und nicht nur sie – obwohl sie Hals über Kopf in den Brunnen des Palastes sprang –, sondern auch König Kreon sowie eine Anzahl anderer hervorragender thebanischer Gäste und jeden im Palast verbrannte. Nur Iason entfloh den Flammen, indem er aus einem Fenster sprang.

Zu diesem Zeitpunkt verliebte sich Zeus in Medea, da er ihren Geist sehr bewunderte; doch sie wies alle seine Annäherungen zurück. Hera war ihr dafür dankbar: «Ich werde deine Kinder unsterblich machen», sagte sie, «wenn du sie auf den Opferaltar in meinem Tempel legst.» Medea tat dies und floh dann in einem von geflügelten Schlangen gezogenen Wagen, einer Leihgabe ihres Großvaters Helios, nachdem sie das Königreich dem Sisyphos übergeben hatte.

Medea im Exil

Medea floh zuerst zu Herakles nach Theben, der versprochen hatte, sie zu schützen, sollte Iason sich je als treulos erweisen. Dort heilte sie ihn vom Wahnsinn, der ihn seine Kinder töten ließ. Trotzdem wollten ihr die Thebaner nicht erlauben, bei ihnen zu wohnen, denn Kreon, den sie ermordet hatte, war ihr König gewesen. So zog sie nach Athen; und König Aigeus war froh, sie heiraten zu können. Aus Athen wegen ihres versuchten Giftmordes an Theseus verbannt, segelte sie nach Italien und lehrte die Marruber die Kunst des Schlangenzaubers. Nach einem kurzen Besuch in Thessalien, wo sie sich erfolglos mit Thetis in einem Schönheitswettbewerb maß, der von dem Kreter Idomeneus beurteilt wurde, heiratete sie einen asiatischen König.

Als sie schließlich hörte, daß ihr Onkel Perses den kolchischen Thron des Aiëtes an sich gerissen hatte, zog Medea mit Medeios, der Perses tötete, nach Kolchis. Dort setzte sie Aiëtes wieder auf seinen Thron und vergrößerte das Königreich von Kolchis, so daß es Media umfaßte. Manche behaupten, daß sie sich zu dieser Zeit schon mit Iason ausgesöhnt hatte. Die Wahrheit ist aber, daß Iason die Gunst der Götter verlor, deren Namen er mißbraucht hatte, als er sein Versprechen an Medea brach, und heimatlos, gehaßt von den Menschen, von Stadt zu Stadt wanderte. Im hohen Alter kam er wieder nach Korinth, setzte sich im Schatten der *Argo* nieder, erinnerte sich seines vergangenen Ruhmes und beklagte sein Unglück. Er wollte sich gerade am Schiffsbug erhängen, als dieser plötzlich vornüber fiel und ihn tötete. Poseidon setzte dann das am Mord unschuldige Heck der *Argo* als Bild unter die Sterne.

Medea wurde unsterblich und regierte in den Elysischen Gefilden, wo sie und nicht Helena, wie manche sagen, Achilleus heiratete.

Athamas, dem es mißlungen war, Phrixos als Opfer darzubringen, und der damit zur Ursache für die Argonautenfahrt wurde, sollte gerade selbst in Orchomenos als vom Orakel des Laphystischen Zeus verlangte Sühne geopfert werden, als sein Enkel Kytisoros von Aiaia zurückkehrte und ihn rettete.

gegenüber: *Medea und ihre Kinder, Terrakotta (Archäologisches Museum, Avignon)*

BILDQUELLENVERZEICHNIS

Der Verlag dankt folgenden Stellen für die Genehmigung zum Abdruck von Abbildungen in dem vorliegenden Werk:

Sonia Halliday: 25, 30 oben, 59, 118 oben, 123
Michael Holford: 18 oben, 19, 26, 30 unten, 36, 38, 42, 54 oben, 55, 69, 74 unten, 79, 106, 107, 128 unten, 138 unten, 147, 151, 156, 158, 160 links, 178, 179, 187, 210
The Mansell Collection: 5, 13, 27 unten, 47, 58, 64, 78 oben, 104, 112, 115 unten, 134, 160 rechts, 164 oben, 192, 194, 198
Photoresources: 51 oben, 63, 74 oben, 86, 87 oben, 91, 101, 115 oben, 131, 162, 203 unten, 206
Scala: 2, 50, 54 unten, 146, 202, 207
Rev. Professor Raymond V. Schoder, S. J.: 18 unten, 22, 43, 51 unten, 71, 87 unten, 93, 98, 99, 118 unten, 136, 143, 150, 164 unten, 168, 170, 171, 174, 175, 182, 183, 203 oben
Ronald Sheridan: 11, 23, 27 oben, 31, 34, 66, 78 unten, 88, 96, 110, 114, 126, 128 oben, 138 oben, 154, 190, 214
Weidenfeld & Nicolson: 16, 17

REGISTER

GN = geographischer Name